基于体育强国背景下
体育运动的教学与训练研究

马超 张静 ◎著

吉林出版集团股份有限公司
全国百佳图书出版单位

图书在版编目（CIP）数据

基于体育强国背景下体育运动的教学与训练研究 /
马超, 张静著. -- 长春 : 吉林出版集团股份有限公司,
2023.9

ISBN 978-7-5731-4251-1

Ⅰ.①基⋯ Ⅱ.①马⋯ ②张⋯ Ⅲ.①体育教学—教
学研究—高等学校②体育运动—运动训练—教学研究—高
等学校 Ⅳ.①G807.401②G808.1

中国国家版本馆CIP数据核字(2023)第172502号

基于体育强国背景下体育运动的教学与训练研究

JIYU TIYU QIANGGUO BEIJING XIA TIYU YUNDONG DE JIAOXUE YU XUNLIAN YANJIU

著　者　马　超　张　静
出 版 人　吴　强
责任编辑　孙　璐　牛思尧
开　　本　787 mm×1092 mm　　1/16
印　　张　15
字　　数　330千字
版　　次　2023年9月第1版
印　　次　2023年11月第1次印刷

出　　版　吉林出版集团股份有限公司
发　　行　吉林音像出版社有限责任公司
　　　　　（吉林省长春市南关区福祉大路5788号）
电　　话　0431-81629679
印　　刷　吉林省信诚印刷有限公司

ISBN 978-7-5731-4251-1　　定　　价　48.00元

如发现印装质量问题，影响阅读，请与出版社联系调换。

前言 Preface

　　体育是学校培养人才全面发展的一项重要教育内容，学校的体育工作直接影响着人才的素质。随着学校教育体制改革的不断深入，素质教育已成为我国教育体制改革的重要部分，新的教育理论和实践模式的提出，已成为体育教育工作者们十分关注的问题和研究的方向。随着课程改革的推广和普及，高校体育教学已开始突破旧的教学模式，从观念、内容到方法、手段全方位发生了变革，高校体育要贯彻终身体育，建立"健康第一"的体育教学思想，从以技能传授为主的教学转向使学生参与运动、养成习惯、掌握技能、学会保健、提高素质、增进健康的教学，使学生在校期间就能掌握科学锻炼身体的方法和手段，养成锻炼的习惯。因此，不管是从教学的角度来看，还是从强身的角度来看，体育教学都是一项非常重要的内容。体育教学要培养学生强健的体魄，就必须走体育教育与健康教育相结合之路，使学生能够明确学校体育健康教育在学校教育和全民健身战略中的地位和作用，正确理解学校体育健康教育工作的目标，提高学生的综合素质。这样才可以更好地为今后开展学校的体育教育和健康教育工作服务，真正实现学校体育课程改革的目标和要求。

　　本书是高校体育方向的著作，主要研究基于体育强国背景下高校体育运动的教学与训练，首先从体育强国背景下的体育文化入手，针对体育强国背景下大学生体质健康管理、大学体育教学改革与创新以及体育教学的有效优化进行了分析研究；其次对大学体育运动训练基础、球类运动实践及田径、武术等其他类型的运动实践做了阐述；最后基于体育强国背景对高校体育运动训练过程监控管理提出了一些建议，对基于体育强国背景下高校体育运动的教学与训练应用有一定的借鉴意义。旨在摸索出一条适合大学体育运动教学与训练创新的科学途径，帮助其工作者在应用中少走弯路，运用科学方法，提高效率。

　　在本书的撰写过程中，由于知识水平有限，书中如有不妥之处，敬请读者、同人和专家批评与指正。

目 录 Catalogue

第一章 体育强国背景下的体育文化

第一节 体育强国战略解读及现实背景分析

一、体育强国及其概念解读

体育强国概念的提出体现了我国社会进步与体育发展的需要。体育强国概念的提出为我国体育事业的发展提供了一个重要的思路,在该思路的引导下,我国不断探索体育发展的多元路径,深入挖掘体育的社会价值和文化功能,促进体育事业的可持续与创新发展。

改革开放初期,我国主抓竞技体育,希望通过发展竞技体育来促进民族自信心的提升和民族自尊心的强大,并将提高竞技体育水平作为实现体育强国梦的重要突破口。这一时期人们片面地认为我国竞技体育运动员在国际性大型体育比赛,尤其是像奥运会这样的比赛中所获得的奖牌名列前几名就实现了体育强国的发展目标。而在举国体制的领导下,我国竞技体育的发展确实突飞猛进。

随着体育事业的深入改革,加快建设体育强国成为我国发展体育事业的重要战略目标与努力方向,为实现这一目标,需要在体育强国战略体系的构建中树立新理念,探索多元化路径,促进体育事业各方面的协调发展,并体现出战略体系的层次性,突出战略体系的重点。

（一）关于"体育强国"概念的观点

1."内涵"和"外延"之说

判断一个国家是不是体育强国，目前还没有统一的评价指标，一般情况下主要从竞技比赛成绩和全民健身开展情况两个维度来进行体育强国的评价。我们应该着眼于体育的实质来理解体育强国的内涵。增强体质、促进体质健康是体育的实质，体质健康是全面的健康，包括生理健康、心理健康、社会适应能力强和道德素质好四个维度。具有强身健体功能、娱乐身心功能和社会交往功能的运动项目；为体育运动开展提供基础物质支撑的运动设施；承载着中华民族优秀传统文化的体育文化与体育精神以及推动体育规范持续发展的体育制度等都是体育的重要组成部分，理解体育的本质不能忽略这些方面，而全方位理解体育的本质有助于认识体育强国的内涵。

体育强国的外延主要从竞技体育、大众体育、校园体育、体育文化建设等体育多元化发展中体现出来，这些方面比其他国家优秀，可以作为判断体育强国的一个重要指标。

从体育强国"内涵"与"外延"之说的观点来看，体育强国指的是以大众体育、校园体育、体育文化为基础，以竞技体育为先导的体育事业体系内各领域的成就之和位于世界前列的国家。

2."硬实力"和"软实力"之说

体育强国的"强"体现在硬实力和软实力两个方面。硬实力指的是物质力量，它是有形的一面，软实力指的是无形的内在的精神力量。由体育大国向体育强国发展，不仅要重视硬实力的提升，还要注重软实力的发展，二者缺一不可，要一视同仁地对待，不可厚此薄彼，否则会阻碍从体育大国向体育强国进军的脚步。

体育强国建设中硬实力与软实力相互作用、相辅相成，在我国体育综合实力的构成中，硬实力是物质基础，软实力是精神基础，硬实力为软实力的发展提供物质基础，软实力对硬实力的发挥效力有决定性影响，促进物质力量聚积速度的加快，从而推动硬实力发展壮大。

发展体育事业，软实力最易被忽视，事实上软实力的重要性远远超出人们的想象。世界上最坚硬的东西能够被最柔软的东西战胜，这句话充分说明了软实力这一无形力量的重要性。从国家的宏观视角来看，国家形象，国际规则塑造力，体制、价值观及文化的吸引力等都属于软实力的范畴，软实力对内体现在凝聚力上，对外体现在吸引力与影响力上。

3."体育大国"和"体育强国"的比较

体育大国与体育强国，从字面上来看，一个是"大"，一个是"强"，虽然只有一个字不同，但二者的区别却体现在本质上。"大"偏重于强调规模与数量，"强"偏重于强调质量和实力，二者是"量"与"质"的区别，在发展层次与水平上大有不同。

说一个国家是体育大国，主要是说这个国家体育发展规模大，而且体育资源数量多，体育大国在世界体坛的地位举足轻重。当说一个国家是体育强国时，说明这个国家拥有超强的体育综合实力，体育发展总体水平在世界上位居前列。

（二）体育强国的基本内涵

探讨体育强国的内涵，关键是要在科学的发展理念下弄清体育强国的本质特征。任何事物都处于不断发展与变化中，体育强国的理念也是不断变化的，是随时代进步而发展与完善的，体育强国理念的发展与完善既是对原有理念的继承，也是在原来基础上的创新，在继承与创新的交替中体育强国的内涵越来越丰富。在新时代，我们可以从下面两个认知层面来理解体育强国的基本内涵。

一方面，"以人为本"是体育强国的根本，构建体育强国必须把这个"根"扎牢扎稳，要尽可能满足人民群众对健康和美好生活的需求，促进人民群众健康水平的提高，在发展竞技体育的同时兼顾全民健身和群众体育的发展，早日实践全民健康的健康中国战略目标。

另一方面，体育精神是体育强国建设的关键，要将体育核心精神、体育文化融入竞技体育和全民健身的发展中，促进和谐体育风尚的形成，提升中华民族的精气神，使全世界人民透过体育感知中华民族精神与优秀文化。

现在，体育强国建设随着时代进步、社会发展以及体育功能的完善而表现出多元化趋势。在全方位、多元化的大国体育战略下进行体育强国建设与布局，集中力量搞好竞技体育的同时，大力推行全民健身计划与奥运争光计划，并积极发展体育产业，不断完善体育文化体系，使竞技体育、大众体育、体育文化、体育产业成为体育强国的几大重要支柱。"体育强国"是最高层次的体育发展战略目标，要想实现该目标，就要先实现大国体育战略目标和全民健身战略目标，即分别要大力发展竞技体育与群众体育，与此同时，还要提升体育软实力，加强体育文化建设，而这又需要通过发展体育产业来提供基础保障。

总之，要结合时代背景对体育强国的内涵进行科学审视，对体育强国建设与发展体系进行科学构建与完善，积极探索实现体育强国战略目标的多元路径，这些是我们当前关于体育强国研究的重点，这些研究对早日实现体育强国梦具有重要的理论指导价值和实践意义。

二、"体育强国"的基本特征

（一）以人为本

促进人体健康是体育的本质，因此要把体育事业做大做强，要树立以人为本的理念，在体育强国建设中尽最大努力促进人民体质健康、促进全民体质增强，使人民群众参与体育运动的竞技、健身、娱乐及精神需求得到满足，真正体现出依靠人民办体育、使体育为民服务的宗旨。

当前，体育人口规模不断扩大，其绝对数量在世界上位于前列，但体育人口在总人口中所占的比例不足一半。另外，参与体育健身锻炼的人口在年龄结构上以青少年和老年人为主，中年人所占比例并不多。而且青少年学生和老年人的体质情况都不太乐观，一些身体指标呈明显下降趋势，可见，发展大众体育事业并没有很好地实现提高全民体质健康水平的目标，也未充分体现出体育的本质特征与价值意义。

建设体育强国要树立科学理念，"以人为本"是众多理念中的核心，开展体育强国建设的一系列工作都要将人民的利益放在第一位，对个体价值与社会价值的关系有清晰的认识，并予以妥善处理。人的全面发展是社会发展的最终目标，因此应该将人的全面发展作为重要的体育价值观来指导体育强国建设，并在这一观念下推动体育强国建设与社会经济发展的协同并行。

（二）全面协调

体育事业全面发展、协调发展以及可持续发展是体育强国的"强"的体现。全面发展指的是竞技体育、大众体育、校园体育、体育产业、体育文化等各个领域都要共同发展。协调发展指的是这些体育领域相辅相成，在各自发展的同时互帮互助。可持续发展指的是各领域的可持续发展和形成合力后整个体育事业的可持续发展。

体育强国的强绝不仅仅体现在竞技成绩上，其余体育事业的发展水平及各项事业之间的协调性也是体育强国之强的衡量指标，因此要大力推动不同体育项目的协同发展；不同地区体育事业的协同发展；竞技体育、大众体育、学校体育、体育产业的协调发展，等等。

（三）群众基础广泛

体育强国的发展需要有广泛的群众基础。如果没有广泛的群众基础，体育强国的发展目标是无法完全实现的。脱离群众的体育强国目标是虚无缥缈的，是不可能实现的。而且很多体育事业领域对人才提出了严格的要求和广大的需求，所以必然需要广泛的群众基础才能够提供充足的人才。随着社会的发展和进步，群众参与体育活动的积极性也在提升，体育运动的群众基础日益广泛。可见，在体育强国的建设中体现了群众基础广泛的特征。

（四）体育成绩优异

在体育强国建设中，提升国家体育成绩是一个关键目标。而且国家体育成绩也是衡量体育强国的一个重要指标。这里的体育成绩是综合性的，不仅仅是单个体育项目的成绩，更是国家整体的体育成绩。对于优势体育项目，要保持国际领先水平，对于

劣势体育项目，则要扩大成绩的提升空间。因而在体育强国的指导思想下，要求体育发展水平整体提高到一定的高度。

（五）体育市场成熟

建设体育强国要重视体育产业的市场化运作。如果忽视了体育产业的发展，商业性的体育活动就难以顺利得到开展。只有通过成熟的市场化运作，才能够真正推动体育产业的可持续发展，提高体育产业发展的强劲动力，从而推动体育事业的不断进步与发展。当前体育市场发展进程中，各类体育赛事的成功举办、体育广告与宣传力度的提升、体育推广活动的开展等都表明我国体育市场不断成熟。

第二节 体育文化体系构成

一、体育文化概述

体育文化属于社会文化的重要内容，其发展对于整个社会的发展具有重要的影响，并且这一影响随着现代社会的发展而不断加大。因此，加强体育文化的研究是非常重要的。

（一）体育文化的概念

1. 体育文化

关于体育文化的概念，很长一段时间以来并没有一个确定的说法。经过一段时期的探讨与研究，才达成了一定的共识。简单来说，体育文化就是一种利用身体锻炼来提高人的生物学与社会学发展的一种文化现象，这一文化现象在人类社会发展的过程中扮演着非常重要的角色，对于现代社会发展的影响越来越大。体育文化有着深刻的文化内涵，物质文化、制度文化以及精神文化是其重要的三个方面。这三个方面有着非常密切的联系，其相互促进、相互发展，而研究体育文化的内涵对于体育文化的发展具有非常重要的意义。

2. 体育亚文化

在体育文化中还存在着若干体育亚文化，这些体育亚文化依据不同的标准又可以划分为不同的内容，如按体育活动的类型划分，可以将体育亚文化分为竞技体育文化、健身体育文化、娱乐体育文化、职业体育文化等；按体育活动的场所划分又可以将体育亚文化分为企业体育文化、学校体育文化、社区体育文化、农村体育文化等内容。

本书主要从体育文化中的体育亚文化现象展开具体的研究与分析，涉及的体育亚文化内容主要包括竞技体育、学校体育、群众体育、农村体育等几个方面的文化内容。

（二）体育文化的特征

1. 体育文化具有主客体同一性

在体育文化众多的特性中，主客体同一性是一个非常重要的方面。对于参加体育运动的爱好者而言，他们的主要目的在于健身与娱乐，通过参加各种体育活动，不仅提高了人们的身体素质，还促进了心理水平的提升。可以说，体育运动这种改造人的身心的行为充满了自我超越的色彩。纵观整个体育运动的发展史，高难度的训练给运动员带来了较大的身心的摧残，但这也极大地推动了体育运动不断向前发展，对于运动员个体而言有利有弊，对于整个体育运动的发展而言则是积极的和具有重大作用的。

在体育文化发展的过程中，其对人类社会的发展产生了极为重要的影响，体育文化对社会的影响主要是通过人这一对象来实现的。体育文化的作用对象是人，而人则具有自然与社会两种属性，人们在参加体育活动的过程中体现出人的活动主体与客体的同一性特征，这是体育文化的一个重要特征。

2. 体育文化具有超越性和竞争性

众所周知，体育的来源有很多，其中源于人类的生产劳动是一个重要的比较一致的看法。在体育运动长期的发展过程中，始终存在着竞争与超越，这也是体育运动的一个重要特征之一。

体育运动是以人的身体动作为形式的，因此说体育文化就属于一种身体动作文化，在各种各样的体育比赛中，运动员通过技艺的展示与对抗来获取比赛的胜利，这使得体育运动充满了竞争性。综观当今体育竞赛的形式，可以将体育比赛竞争分为直接对抗、非直接对抗和不同场比赛三种类型。但是，不论哪一种类型，都体现出体育运动重要的对抗与竞争性特点。

伴随着现代社会的不断发展，体育运动的形式也变得越来越多样化，在各种高科技手段的利用下，体育比赛的竞争也越来越激烈。可以预见，体育文化发展的这一现象将持续不断地进行下去，这主要是由体育文化的内涵与特性决定的。因此，体育文化的超越性与竞争性特征也必将始终存在着。

3. 体育文化具有明显的亲和性

发展到现在，体育运动在人们的日常生活中扮演着越来越重要的角色，人们在休闲之余，不仅会观看各种体育赛事，而且会主动参与体育运动锻炼，体育已成为人们日常生活的重要内容。之所以如此，这与体育文化的亲和性特征是分不开的。随着时间的不断发展，体育也成为一种全球性的社会文化现象并获得持续不断的向前发展，这与其具有一定的亲和性特征是分不开的。体育文化的亲和性突出表现在，它能有效激发人的灵感，实现社会化的激励、教育等作用，除此之外，体育文化还能促进人的社会价值的实现。由此可见体育文化的重要意义。

（三）体育文化的功能

如今体育运动在一个国家国民经济中的地位越来越重要，尤其是一些西方发达国家，体育产业是其国民经济的重要组成部分。对于体育文化的发展而言也是如此，体育文化在整个社会中的地位也伴随着时代的不断发展而越来越高。体育文化的作用也越来越明显，促进人的全面发展成为新时期体育文化的一个重要功用。因此可以说，体育文化以其独特的功能和内涵，在整个人类社会中扮演着越来越重要的角色。发展到现在，体育已逐步渗透进社会的各个领域和角落，正发挥着难以磨灭的作用。

总体来看，在现代社会发展的背景下，体育文化主要呈现出以下几个方面的功能。

1. 教育功能

不同于其他文化现象，体育文化主要是以人体运动为载体的，通过参加各种形式的体育运动，人们的身心得到了全面的发展，这是体育文化的一个重要特色。由此可见，体育文化具有与众不同的教育功能，它属于现代教育的重要内容。通过体育教育，不仅能增强人的体质，掌握运动技能，还能很好地培养人们参加体育运动的兴趣和习惯，促进人们集体主义精神的培养和提高。

2. 调节功能

在现代社会不断发展的背景下，体育文化也逐渐成为社会的主流文化内容之一，体育文化深深渗透进人们生活的各个层面。之所以如此，其中一个重要的原因就在于体育文化对人们的各种行为和习惯具有重要的调节作用。在平时的生活中，人与人之间难免存在着一些分歧和矛盾，而不同年龄、不同性别、不同阶层，甚至是不同价值观念的人都可以通过体育运动而联系在一起，在参与体育运动锻炼的过程中相互沟通与交流，实现共同发展，在这一交流的过程中，人与人之间是平等的。这就是体育文化调节功能的深刻体现，通过体育文化的这种调节功能，人们的各种不良社会行为能够得到很好的控制，整个人类社会也因此获得健康持续的发展。

3. 凝聚功能

体育文化对人类社会的各个层面产生着极为深远的影响，这一影响也突出体现在它能够将不同价值观念的人凝聚在一起，实现共同发展。因此说，凝聚功能也是体育文化的一个重要功能。体育文化建设的目标就是建立一个团结的氛围，谋求更大的发展。体育文化可以将不同区域、不同信仰、不同价值观念的人凝聚在一起，通过相互间的交流与合作，实现共同发展。

二、体育物质文化

(一) 体育物质文化的呈现形式

1. 体育活动方式

人们为了生存与发展所从事的各种劳动也属于一定的运动方式，如各种农业和工业的劳动动作等都是人们满足基本生活的活动方式。我们平时所参加的各种体育活动是一种促进身心健康的方式。随着人类社会的不断发展，体育活动方式越来越多样化，通过参加各种形式的体育活动，人们的精神文化生活也得到了极大的满足。在当今社会背景下，我国全民健身运动如火如荼地开展着，在平时的生活中处处可见人们跑步、打篮球、打羽毛球等的身影，除此之外，体育赛事爱好者也变得越来越多，观看体育赛事逐渐成为他们的一种生活习惯，这极大地丰富了体育物质文化的内涵。

2. 体育器材和场地设施

在体育物质文化体系中，体育器材与场地设施等都是非常重要的内容。这是人们参加体育运动的重要载体和基础，缺少了这些内容，人们也就无法参与各种各样的体育活动。

在社会经济水平日益提升的情况下，人们有了多余的金钱和时间参加各种形式的体育活动，并通过参与这些体育活动来充分满足自身的精神文化需求。因此在这样的情况下，体育场地、体育器材、体育设施等获得了飞速的发展，这些设施与雨后春笋般涌现出来。

3. 各种体育文化典籍

伴随着人类社会的不断发展，产生了各种各样的文化现象，这些文化内容被各种手段记录和保存下来。如文字、图画、雕刻等都是非常重要的手段，其中，人类的文字产生是人类社会文明进步的重要表现，通过文字，人们得以了解之前社会的人类社会文化活动与文化现象，文字使人能更加直观地了解历史中所发生的各种事件，了解世界历史的发展进程。

(二) 体育物质文化的多种特性

1. 形态的物质性

形态的物质性可以说是区分其他体育文化形态的一个重要标志。体育场馆、体育设施、体育设备等这一类比较常见的体育物质文化内容就属于这一层次。这些内容属于物质的而非精神的。可以这样说，一个足球运动场，属于体育物质文化的内容，但是足球场也蕴含着某些体育精神，尽管如此，足球场仍旧是物质的而不是精神的，关于这一点，无论是体育工作者还是普通的运动爱好者都要理解。

2. 功能的基础性

众所周知，体育文化主要包括物质文化、精神文化和制度文化三个层次的内容，在这些内容的推动下，体育文化才得以形成并获得不断的发展。其中物质文化是体育文化发展的重要基础，没有了物质文化也就没有了精神文化与制度文化，体育文化现象便无法存在。这就是体育文化功能的基础性的重要体现。这也充分说明了体育物质文化的重要性。

3. 表现的易显性

体育物质文化的内容是普遍存在的，缺少了这一部分内容，体育文化也就无法存在。平时所看到的足球场、篮球馆、游泳馆等都是重要的体育物质文化内容，它的表现形式是显而易见的，因此说体育物质文化具有易显性特点。之所以如此，主要是因为体育物质文化与社会生产力要素之间有着极为密切的关系，而体育物质文化则处于体育文化的最表层，是体育文化得以发展的重要基础。

三、体育制度文化

在体育文化体系中，制度文化也是非常重要的内容。体育制度是体育运动顺利发展的重要保障，二者相互推动与发展。体育制度文化在发展的过程中也呈现出多种形式与特性。

（一）体育制度文化的呈现形式

伴随着时代的发展和进步，体育文化的内容和形式也不断完善，在这样的情况下，体育制度文化这一形态也日益发展和完善。发展至今，体育制度文化的内容主要呈现出以下几种形式。

1. 各种体育组织机构

体育运动之中涵盖着各种要素，这些要素之间相互配合、相互促进，共同推动着体育运动的发展。在整个体育系统中，体育组织机构的作用非常重要，它在一定程度上推动着体育文化的可持续发展。在当今社会背景下，人们要想参加各种社会活动必须有一定的组织机构，否则就无法进行。在体育活动中也是如此，体育活动属于人类改造自身、促进社会发展的活动，其发展离不开运动竞赛组织、各种官方或民间的体育组织等机构，因此说这些组织机构都属于体育制度文化的重要内容。伴随着体育运动的进一步发展，这些组织机构也越来越完善，其内涵也更加深刻和丰富。

2. 人的角色、地位以及各种体育活动的组织形式

人们生活在社会上，出于各方面的需要而扮演着各种各样的角色，这种角色扮演对于一个人的发展而言是十分重要的。在体育运动中，也存在着不同的角色，如比赛

裁判、教练员、运动员等角色，其中还存在着各种比赛赛制，这些都属于体育制度文化的重要内容。一名运动员扮演着众多的角色，在比赛场上是运动员，在家庭中是子女、父母等，这些角色并不是孤立的，而是在一定的组织下实现其功能与作用。与一般的社会角色相比，运动员在比赛场上承担的角色具有更大的自由性和灵活性，如在足球比赛中，门将被红牌罚出场，在换人名额充足的情况下可以换上其他门将，如果没有换人名额，则可以由场上其他队员替代，由此可见，运动员在比赛场上的角色转换具有很大的自由性。

3. 各种体育原则及体育制度

在体育文化不断发展的过程中，各种体育组织机构、体育组织制度等扮演着重要的角色，正是在这些机构与制度的推动下，体育文化才得以不断发展。这些组织机构、体育原则与体育制度等也属于体育制度文化的重要形式和内容。

（二）体育制度文化的多种特性

通过对体育制度文化的研究发现，体育制度文化主要呈现出以下几个方面的特性。

1. 俗成性

在体育制度文化发展的过程中，有一些制度是在长期的发展中约定俗成的，因此说约定俗成性也是体育制度文化的一个非常重要的特点，这种特点主要是在人民群众中约定俗成的，参加各种体育活动的人群是集体无意识的。我国民族众多，各个民族都有自己的特色体育文化，这些民俗体育就基本呈现出约定俗成的特性。

2. 内化性

体育制度文化的内涵非常丰富，其作用也是十分明显的。在体育文化发展的过程中，某些体育制度文化可以内化深入个人的意识，促使人们产生积极的自觉行为。如在足球比赛中，一方球员受伤倒地，对方将球踢出场地，在受伤队员返回场地后主动将球送回对方。双方运动员的这一表现就充分体现出体育制度文化的内化性特点。

3. 连续性

体育制度文化的内容并不是固定不变的，而是随着时代的发展和变化不断向前发展的。在发展变化的过程中，其中一些重要的内容会得到不断的传承，如古代奥运会中的一些比赛规则，至今还能见到其中的影子；足球比赛中的越位规则一直沿用至今，对足球比赛产生了极为深远的影响。

第三节 学校体育是体育强国战略下体育文化发展的重要基础

一、学校体育概述

(一) 学校体育的概念、目的与任务

1. 学校体育的概念

学校体育产生的时间也是比较早的，关于学校体育的概念，不同的专家有不同的见解。学校体育是指以在校学生为参与主体的体育活动，通过培养学生的体育兴趣、态度、习惯、知识和能力来增强学生的身体素质，培养学生的道德和意志品质，促进学生的身心健康。学校体育是教育的重要组成部分，是计划性、目的性、组织性较强的体育教育活动过程。

2. 学校体育的目的

总体来看，学校体育的目的主要体现在促进学生体质，提升学生心理水平，增强学生道德品质，使他们能很好地完成学习任务，从事社会主义建设和保卫祖国。

3. 学校体育的任务

具体而言，学校体育的任务主要体现在以下三个方面。

第一，全面发展学生的身体素质，促进身体形态结构、生理机能和心理的发展，提高身体素质和人体基本活动能力，提高对自然环境的适应能力。

第二，通过学校体育教育，能使学生学习和掌握体育基本知识、技术和技能，学会科学锻炼身体的方法，培养学生从事体育运动的态度、兴趣习惯和能力，从而养成终身体育锻炼的习惯。

第三，通过学校体育教育不仅能促进学生的个体社会化发展，还要对学生进行思想品德教育，培养良好的道德和意志品质。

(二) 学校体育的特征与功能

1. 学校体育的特征

(1) 基础性特征

第一，在整个学校教育系统中，体育教育是非常重要的内容和组成部分，它居于学校教育的基础地位，对学生的各方面发展起着重要的基础作用。

第二，学校体育教育的对象是在校学生，而青春期的学生身体各方面都处于发育的关键时期，对其进行体育教育有助于他们的健康成长与发展。

第三，在校学习阶段可以说是学生生活习惯和行为养成的重要阶段，通过体育教育，能为竞技体育和大众体育打下坚实的基础。

（2）普及性特征

学校体育的对象为全体学生，具有极强的普及性特点，在具体的体育教育中，应以全面传授学生体育知识、普及体育活动为宗旨。

（3）系统性特征

学校体育的系统性特征主要体现在以下几个方面。

第一，学校体育遵循青少年发育成长的基本规律，并根据教学规律设计各种形式的体育教学活动，促进学生的全面素质发展。

第二，教师严格遵循循序渐进的基本原则指导学生参加各种各样的教学活动和实践活动。

第三，体育活动主要包括课堂教学与课余锻炼两个部分，只有通过这两方面的结合才能实现预期的教学目标。

2．学校体育的功能

（1）改善学生身体机能状况的功能

校园体育活动的内容丰富、形式多样，在这样的情况下，能引起学生学习的兴趣，经常参加体育锻炼能增强身体素质，这是学校体育一个非常重要的功能。学生经常参与体育锻炼，能很好地增强体质，提高人体抵抗疾病的能力。

（2）提高学生心理水平的功能

大量的实践表明，经常参加体育锻炼还能提升学生的心理品质，完善学生的个性，通过各种体育文化活动，学生能从中获得深刻的感悟，能缓解学业与生活上的压力，能帮助学生提升精神状态，从而提升学习效率。另外，校园体育文化还能为师生营造一个良好的精神氛围，促进人与人关系的完善，促进学生的身心健康发展。

（3）教育学生的功能

学校体育还有重要的育人功能，这一功能主要反映在以下两个方面：一方面，教师传授给学生体育知识与技能，提高学生的体育运动水平；另一方面，通过各种形式的课余体育活动，满足学生的各种需求，促进学生的个性化发展。由此可见，学校体育具有显著的育人功能，在宣传与推广体育活动时，要将学校体育的这一功能放在突出的位置。

（4）促进学生智力提升的功能

智力是指人体集中精力以稳定的情绪从事艰难、复杂、敏捷和创造性活动的能力，这一能力对学生一生的发展都起着极为重要的作用。通过参加各种形式的体育活动锻炼,学生能在愉快的氛围下获得各方面的提升,其中智力的提升就是非常重要的一方面。学生在参加体育活动的过程中,大脑能源物质与氧气供应都非常充足,这能促进大学生大脑神经细胞的发育。除此之外,学生参加体育活动还能有效消除疲劳,放松身心,以良好的精神状态投入平时的学习和生活中。

（5）增强学生凝聚力的功能

学生参加体育活动锻炼不仅需要良好的体能和运动技能,同时还要具有良好的团队配合意识,这是因为许多体育项目都是集体性项目,需要团队成员的配合才能完成。因此学生需要具备良好的团队协作意识与配合能力,否则就会影响本团队的运动成绩。而要想形成良好的默契,完成良好的配合,必须经过长期的练习。此外,学生在练习的过程中能培养自己良好的大局观,能为集体的荣誉而奉献自己的力量。在参加各种体育活动的过程中,师生彼此间的感情逐渐加深,极大地增强了师生的内聚力,这对于学校体育的发展是非常有利的。

（6）娱乐功能

伴随着时代的不断发展,体育已渗透进社会的各个角落,在人们的日常生活中扮演着越来越重要的角色。另外,国家及政府部门也高度重视体育运动的发展,体育的影响力也越来越大,通过参加体育运动锻炼,人的身心都能获得全面健康的发展。

经常参加体育锻炼,除了能增强身体素质外,人的审美素质和个性品质也都能得到相应的提升。这对于学生的全面发展具有非常重要的意义。由此可见,一个良好的学校体育氛围能有效提升和完善师生的心理品质,并促进师生的全面发展。

二、"体育强国"与学校体育的关系辨析

（一）学校体育是实现体育强国的战略重点

在"体育强国"战略实施的过程中,学校体育在其中扮演着重要的角色。学校体育不仅是全面推进素质教育的重要突破口和切入点,同时还是竞技体育和大众体育的重要基础,更是学生实现终身体育教育的重要途径,对青少年的健康成长产生长远的影响。因此,学校体育的发展是实现体育强国的基础和前提,不断推进学校体育的建设与发展有利于体育强国战略的实施,也有利于体育强国目标的实现。

（二）学校体育是推动体育强国建设的重要支撑

"体育强国"战略并不仅仅指的是竞技体育,同时还包括群众体育、竞技体育、体育文化等体育综合实力的提升。学校体育的发展是提升体育综合实力的重要途径之一,在体育强国建设中起着至关重要的作用。随着社会经济的迅速发展和人民生活水平的不断提高,人民群众也越来越追求精神需求,注重身体健康,而学校体育以人为本,

一切从学生的全面发展出发，培养正确的世界观、人生观、价值观，它的发展直接影响着我国体育的发展，因此推动学校体育的建设与发展对于我国体育事业的发展具有重要的影响和意义。

三、"体育强国"战略下我国学校体育的发展策略

在我国学校体育发展的过程中，还要十分强调与"体育强国"战略的结合，因为"体育强国"战略的内容包含学校体育的发展，不仅如此，学校体育还是体育强国建设的重要基础。因此，加强学校体育的建设与发展对于我国"体育强国"战略的早日实现具有重要的意义。

（一）努力提升学生体育的科学认知范围和水平

伴随着现代学校教育的发展，现行的体育课程内容也越来越多，在这样的情况下，提升学生的体育认知水平也越来越重要。大量的体育理论知识，如体育属性、体育发展，竞技体育、大众体育、学校体育、休闲体育，体育与其他学科的交叉融合等内容，都应成为课堂讲授的重要部分。通过丰富多样的体育教学内容的传授，能逐步提升学生的体育认知水平。

（二）充分发挥体育的教育功能

体育教师在课堂教学中，应有意识地将体育教育功能和目标融入课堂教学内容中。这需要做到以下几点。

第一，将体育的众多功能与作用进行系统梳理，科学论证得出与高校教育目标相关联的内容和精神，作为体育课理论的讲授内容，更作为体育课实践部分的重要目标。

第二，根据目标要求，选取适宜的体育教学内容、方法和手段。

第三，严格控制实际教学过程和课程评价。如在体育课中设立"培养学生的团队合作意识与能力"单元目标，即可通过体育拓展活动或球类团队竞赛的实践教学内容，设计特定的教学情境，辅助相关理论讲解，以及恰当的教学方法等来完成。

（三）重视学校体育文化的挖掘与整理

学校体育文化的发展不能仅仅停留于表面，还要注重深层次文化的挖掘与整理。通过深层次的挖掘与整理，加深学校体育文化的历史厚度与内涵深度；借助全面、系统的横向地域整理，拓宽高校体育文化的内容界限和形式表现，这些都是形成体育思想，凝练体育精神的基础工作。除此之外，学校体育文化的交流也是必不可少的发展手段，同时也是推动社会发展的一个重要形式。另外，为推动我国学校体育的发展，还要加强我国高校与国际高校之间的交流与合作，借鉴先进国家的发展经验，以实现共同发展。

（四）构建学校体育发展的新格局

1. 加强"常规课程"建设与发展

学校体育中的常规课程主要包括体育课与阳光体育。学校相关部门要严格按照国家课程方案和课程标准开设规定的体育课程，不得削减、挤占体育课时间。鼓励有条件的学校可以适当地增加体育课时。要采取课内外一体化发展的形式促进学校体育的发展。还要鼓励体育教师自觉参加各种培训活动，不断提升自身的综合素质。

2. 着重发展"特色体育"

学校中的"特色体育"主要包括校园足球、冰雪运动进校园、各地民族特色体育及传统体育等。在未来的发展中，要以特色体育推进为突破口，努力响应国家号召，传承与弘扬地域文化，激发学生学习民族特色体育的兴趣，推动我国传统体育在学校中的推广与发展。

3. 促进"体教融合"

"体教融合"主要是探索普通学校体育与竞技体育的衔接，属于我国体育事业发展的一个重要的突破口。为实现体教融合的目标，我们应当通过体教融合探索发现有体育特长并有进一步发展意愿的学生，搭建适合的上升通道和竞技平台，培养一大批高素质的体育人才。"体教结合"可以说是促进我国学校体育发展，推动"体育强国"建设的一种十分有意义的探索，值得提倡和推广。

第二章　体育强国背景下大学生体质健康管理

第一节　体育强国建设与大学生体质健康的关系

一、大学生身心发展特点

（一）大学生身体发展特点

通常，大学生的年龄界定范围为18～25岁，这一年龄段正处于青春发育期的后期，从生理学上来说，这一时期是由青春期向成熟期过渡的关键性阶段，具有重要的衔接意义。在这一阶段中，人的身心各方面都会逐渐发展并趋于定型，主要包含身体方面的如体格、体态、体姿、体力、机能等，心理方面的如心理、性格等。

大学生身体发展特点主要体现在以下几个方面。

1. 身体形态发展特点

关于大学生的身体形态，首先，其在整体的发育速度上呈现出减慢的特点；其次，其身体形态的发育存在着性别上的差异性，且差异性较大。

（1）身体形态发育减慢

大学生是处于青春期和成熟期之间的一个过渡时期，会受到生长激素分泌减少的抑制作用，这就会导致大学生身体生长发育速度出现显著减慢的特点，各方面的身体指标已经处于相对比较稳定的状态，比如基本的身高、体重和各器官的生长发育。另外，大学生的身体各部分的比例、体格、体型和身体姿势等也趋于稳定。通常情况下，人体身高增长速度最快的时期为人体进入青春期后 2～3 年，具体在性别上是有差别的，一般情况，女子的身高增长高峰期处于 17 岁左右，男子的身高增长高峰期则在 19 岁左右，之后，大学生身高的增长速度就会呈现出逐渐减缓的趋势，直至完成骨化而终止增长。体重一般是男生 20 岁、女生 18 岁就趋于稳定。其他有关指标，如胸围、头围、肩宽、骨盆宽等生长指标在大学时期均日趋徐缓。在青春发育期的最后阶段，大学生要将身体的全面锻炼作为关注的重点，同时，随着年龄的不断增长，要广泛开展并参与到各种锻炼活动中，较为理想的活动有田径、体操、球类、游泳、舞蹈等。这些运动项目都是非常有利于大学生运动器官的发展和完善的，有助于身体的全面发展，长期锻炼，能起到匀称体形、健壮体格的显著作用。

（2）身体形态发育性别差异明显

当进入大学时期，人的身体发育已经逐渐趋于成熟。但是，在性别上的差异性也较为显著，尤其是在体型发育方面，男子的发育特点主要表现为上体宽粗、骨盆窄、下肢细；女子则主要表现为上体窄细、骨盆宽、下肢较短粗。

2. 生理机能发展特点

大学生在生理机能上的发展特点，在新陈代谢以及各个身体系统上得以体现。

（1）新陈代谢方面

新陈代谢，就是生物体与外界环境之间的物质和能量交换以及生物体内物质和能量的转变过程，为便于理解，通常会将新陈代谢分为物质代谢和能量代谢来加以分析。

大学生的生长发育已经趋于成熟，但从严格意义上来说，其还没有达到成熟的程度，物质代谢和能量代谢的水平均比较高。与此同时，体育锻炼能够有效促进并提升人体的新陈代谢过程和机能活动水平，所以，应该抓住大学生这一关键时期，来使其体质得到有效增强。如果错过这一时期，后面的效果就不会这么理想了。

（2）神经系统方面

进入大学阶段之后，人的大脑发育已经基本成熟，神经系统的发育也基本成熟，这就会使得其在神经方面的灵活性有所提高，血管的机能水平也已稳定。第二信号系统发展迅速，它与第一信号系统更加完善，分析与综合能力显著提高。所以，大学生在智力、记忆力、抽象思维方面都会有显著的发展和提升，分析综合能力也处于快速发展阶段。

（3）心血管系统方面

心血管系统的组成部分有两个方面：一个是心脏，另一个是血管。心血管系统的主要任务是人体新陈代谢的运输，其是人体发育时间最晚的一个系统。心血管系统的发育水平，是衡量人体健康的一个重要标准。大学阶段的人体，心脏的机能水平是比较高的，其发育特点主要表现为：每搏输出量增大，心率缓慢，收缩压增高，血液供应与机体负荷的增大需要相适应，所承受的运动负荷也相对较大。

大学生的心脏，不管是形态上，还是功能上，都已经与正常成人基本持平。对于部分大学生来说，可能会在刚入学的时期有青春期高血压的情况发生，这也是大学时期心血管系统发育方面所呈现出的一个特点。

（4）运动系统方面

运动系统的组成有三部分，即骨骼、关节、肌肉。

①大学生的骨骼发展特点

一般来说，人体的骨骼在 25 岁左右就基本上发育完成了。之后，随着年龄逐渐增长，骨骼内质地较柔软的有机物和水分则呈现出逐渐减少的状态，较坚硬的无机物逐渐增加，骨密质会进一步增多，骨骼在粗度和硬度上会有进一步的增加，这就导致其承受压力的程度也会增加。到了大学高年级时期，人体的骨化发育过程就基本完成了，之后要想再在身高上增加几乎是不可能的了。

②大学生的关节发展特点

大学生的关节发育特点主要表现为：软骨较厚，关节囊韧带伸展性大，关节周围的肌肉细长。这就决定了关节活动的范围是比较大的，但是同时，也会导致其牢固性较差，如果受外力的影响，脱位的情况会经常发生。这就需要通过锻炼来使其柔韧性得以发展和提升，同时，在关节的坚固性上也要加以注意，从而使关节脱位的情况尽可能避免。

③大学生的肌肉发展特点

随着年龄的增长，肌肉中水分明显减少，有机物增多，肌纤维增粗，横向发展较快，肌肉重量不断增加，肌力增强。因此，大学生要多参与力量练习，从而对肌肉的继续生长起到促进作用。

（5）呼吸系统方面

大学时期，人体肺脏也有了显著的发展，尤其是横径和纵径方面有了显著增加，肺泡体积也有所增加，从性别上来说，男生在这方面有一定的优势。在整个大学时期，呼吸系统发育的完善程度是逐渐增加的。

3．身体素质发展特点

身体素质，就是指人体的基本活动能力，同时，通过身体素质的发育水平，也能反映出人体各器官系统的机能。

大学生的身体素质发展特点，会在性别、地域等方面有所体现。

（1）性别差异方面

通常，男生在某些身体素质指标值方面，要比女生突出一些，比如，力量、灵敏度、耐力、速度等。但是，在某些身体素质指标上，女生要比男生突出一些，比如，柔韧性、平衡能力。由此可见，在身体素质的发展方面具有显著的性别差异。

（2）地域差异方面

我国地域广阔，地理位置的不同，经济发展水平也会有所差别，通常，经济发达的地区能够为学生提供良好的物质条件，因此，学生的速度、灵敏度、爆发力可以取得理想的发展效果；而经济不发达地区，为学生提供的物质条件就要差一些，更多的是对学生的力量、耐力素质起到了很好的锻炼效果。

（二）大学生心理发展特点

大学生的身体发展，也会促进其心理发展，并呈现出一定的特点，可大致归纳为以下几个方面。

1. 自我意识发展特点

自我意识，实际上是对个人身心活动的觉察，以及由此形成的对自我的情感。自我意识包含的内容、形式是丰富的，比如，自我观察、自我评价、自我体验、自我监督、自我控制和自我教育等。

可以将自我意识的形成与发展看作个体社会化的过程。

（1）自我认识和评价水平显著提高

大学生在自我认识方面，自觉性和主动性会有所提升，与此同时，还能根据周围的人对自己的态度来进行自我评价，并保证该评价的客观性，由此，来对自己有更加充分的了解与认识。

（2）自我控制的愿望非常强烈，自我控制水平明显提高

对于大学生来说，其在自觉性和主动性方面有了显著提升，同时，还逐渐以社会标准、社会期望、社会条件为转移。

（3）自尊心十分突出

大学生的自尊心是非常强的，这在很多方面都有显著体现，比如，他们对真诚的赞扬是非常尊重且受用的。同时，他们也会因为遭受批评而产生内疚和羞愧的情绪。另外，他们在面对别人的嘲笑等方面，通常是很难接受的。

2. 认知能力发展特点

人的最基本的心理活动之一就是认知活动，其包含的内容也是多方面的，比如，观察、记忆、思维等。人们进行各种认知活动时所表现出的能力，就是所谓的认知能力，通常将其称为智力。

大学生的认知能力已经成熟，并且基本达到了最佳水平。通过智力方面的测验发现，个体的智测分数随年龄的增长而上升。

3. 情感发展特点

情绪，可以理解为人对客观事物的一种态度体验，同时，也是环境对个体有意义的事件之间关系的一种反映。

大学生的情感世界是丰富的，但是，其情绪化的情况也非常容易出现，对事物表现出强烈的爱憎分明。如果大学生长期处于不良情绪的状态下，那么，就很容易出现精神障碍和身心疾病。通过体育运动锻炼，再加上学校体育教育的实施，大学生在运动锻炼的过程中就能学会交往，学会调节情绪，学会自我控制，使情绪获得适当表现和发泄的机会。

4. 意志品质发展特点

意志品质，实际上就是一种精神的反映，比如，果断性、坚韧性、自制力以及勇敢顽强等。意志品质在大学生身上所表现出的特点为：在克服困难上具有自觉性和主动性，在行动中能充分认识到自己行动的目的性和社会意义。

对于大学生来说，他们基本上具备了较高的坚持性和自制力，但是，这在不同的个体身上有着显著的差异性。此外，大学生意志品质的发展在稳定性上还需要进一步完善。对于大学生来说，体育运动是非常好的一个培养其意志品质的途径和方法，且能起到显著的成效，在体育运动锻炼的过程中，大学生能够学会坚持、坚韧、克服困难。

5. 性格发展特点

一个人对现实的稳定态度以及习惯性的行为方式，就是所谓的性格。

在大学时期，大学生的个性已经基本形成或者正在成型，自我意识越来越强烈，性格已基本形成并且具有较高的稳定性，且世界观、人生观，在意志、理智、情绪等特征方面也逐渐朝着稳定方向发展。即便如此，也并不能肯定大学生性格是成熟的，还要进行必要的性格的自我教育和自我培养。

二、大学生体质健康促进的理论框架

大学生体质健康促进是需要一定的理论基础作指导才能顺利实现的，具体来说，目标、主体和构成要素几个方面就组成了大学生体质健康促进的理论框架。

(一) 大学生体质健康促进的目标

体质健康促进，本身就是一种社会行为，这种社会行为是指运用组织或行政手段来积极协调社会各相关部门以及个人、家庭和社会等方面，然后一起维护和促进健康。

大学生体质健康促进，指的是宏观意义上的健康促进，并不局限于简单的体质获得与改善，身心全面和谐发展才是其精髓所在。可以说，只有在身心全面和谐发展的基础上，人具备可持续发展的潜能与条件、获得不竭的动力，可持续发展的目标才有可能实现。

通过各种手段的利用来服务于大学生体质健康促进，在满足他们体育需求的前提下，调动起他们积极参与到能有效增强其体质健康水平的体育运动锻炼的兴趣，使他们从心里上发生转变，动机也发生转化，是积极主动地而不再是被动参与体育运动锻炼。

从人的发展历程的战略高度着手，要充分把握大学生的当下，以此来充分把握国家的未来和发展。全社会将各自的力量发挥出来，共同努力，才能使大学生体质健康水平得到有效提升。

教育包含的内容非常广泛，学校体育只是其中的一个组成部分，学生的教育目标和增进学生健康的目标都要实现，其中科学的体育锻炼是增进健康最积极的手段。学校体育突出了健康教育的思想，也进一步体现了体育的本质，真正为社会的发展和进步作出了贡献。而健康教育通过体育教育的形式，其生动性、具体性、有效性都得到了进一步的提升。

另外，卫生与营养对于大学生健康促进也有着重要的意义。将卫生、教育、人力资源等行政部门联合起来，能够有效监测学生卫生与营养状况，从而对大学生体质健康起到积极的促进作用。

（二）大学生体质健康促进的主体

大学生体质健康促进的主体并不是单一的，而是多方面的，从不同方面有不同的划分和理解。

1. 宏观层面上的主体

从宏观层面上来说，大学生体质健康促进的主体是指相关的一些行政部门，比如，体育部门、卫生部门、财政部门、文化部门、公安部门、人力资源和社会保障部门等。

2. 中观层面上的主体

从中观层面上来说，大学生体质健康促进的主体是指相关的一些事业单位和组织，比如，类型不同的学校、社区组织、体质监测机构、医疗卫生单位等。

3. 微观层面上的主体

从微观层面上来说，大学生体质健康促进的主体是指一些参与其中具体工作的人员，比如，参与教学工作的体育教师、参与体质监测的体质监测人员、营养与卫生服务人员等。

（三）大学生体质健康促进的构成要素

大学生体质健康促进的构成要素是丰富的，包含的内容涉及多个方面。

1. 基本要素

大学生体质健康促进的基本要素是由多个方面构成的，主要有体育活动、体育场地设施、营养与卫生服务、健康教育、体质健康监测等，这些要素之间并不是相互独立的，而是相互联系、相互影响的，它们共同组成一个有机的动态整体。从客观意义上来说，基本要素会随着大学生体质健康需要的改变而发生一定的改变。

2. 核心要素

处于大学生体质健康促进的核心地位的要素是体育运动。大学生在速度、耐力、爆发力等方面的持续下降，将大学生在体育运动方面的不足直接体现了出来。体育运动是促进大学生体质健康最为积极、有效的方式。

3. 体育场地设施

大学生体育健康促进还需要重要的物质保障基础，这主要是指体育场地设施。对于大部分的体育运动来说，其开展是需要必要的场地设施来保证的，否则，运动就无法开展，或者无法取得应有的理想锻炼效果。

4. 营养与卫生服务

大学生是人，人需要营养和卫生方面的保障，这方面是不可替代的重要条件，也是大学生体质健康水平提高的重要基础，要保证这方面的服务质量，需要学校、家庭和卫生单位相互配合，从而使大学生营养摄入的均衡性以及卫生服务条件等能有较好的保证。

5. 健康教育

健康教育在大学生体质健康促进的过程中也发挥着非常重要的作用，其处于关键地位，主要表现为引领作用。

针对大学生，要有计划、有组织、有系统地开展相关的一些健康教育活动，通过这种方式，使他们在采取有益于健康的行为和生活方式上形成一定的自觉性，尽可能消除掉或者减少那些对健康产生影响的危险因素，对疾病起到预防作用，对健康起到积极的促进作用，在提高生活质量的同时还要客观有效地评价教育效果。

三、体育强国建设中促进大学生体质健康的重要机制

大学生体质健康促进机制，实际上就是一种活动模式，在这一模式中，家庭、学校、社区等资源与力量得到最优化组合。

从实质上来说，体育强国就是加强社会大众体质、提升全民族生活水平与身体素质的一项重要举措。大学生作为我国社会主义的接班人，是民族的希望，其体质健康对社会生产力、日后综合国力所产生的影响都是巨大的。现如今，我国大学生体质健康出现了诸多不容小觑的问题，这与大学生全面发展、社会大众的素质水平、我国体育事业长远发展都有着密切的关系。大学生体质健康既受遗传因素影响，还与后天干预关系密切。

大学生体质健康促进机制需要从决策、管理、保障、评价与监督等四个方面改进，

这四个方面相互衔接、相互补充，共同组成一个有机整体。

（一）决策机制

决策机制在体质健康促进机制中处于主要地位，其自始至终都包含在其他的机制运行过程中，同时还是其他机制设计的重要基础，是不可或缺的。

决策的有效性，在很大程度上取决于其所制定的决策体系是否完整，其所包含的内容有三个方面，即权力结构，责、权、利关系，组织保证体系，具体如下。

1. 权力结构

关于权力结构，其主要功能在于将一些权力关系直观地展示出来，并加以明确，这些权力关系涉及体育、卫生、教育等政府各相关部门。

首先，必须明确决策主体。决策主体具有多元化和多样性的特点，主要是指那些与提高大学生体质健康相关的部门和单位，对各个决策主体进行明确规定，主要目的在于使决策能力进一步增强，这对于大学生体质健康水平的提升是有帮助的。

其次，要保证权力分配的科学性，这是保证决策民主性的必要前提。如果在这方面出现权力过分集中的情况，这不仅与管理幅度原则是相悖的，对于其他相关部门的积极性也会产生不利影响。

从当前现有的条件出发，政府部门需要采取一定的措施，这些措施的实施是需要在其他社会组织力量的协助下进行的，同时也有助于其主导作用的发挥。

2. 责、权、利关系

大学生体质健康的促进需要一定的制度保障，因此，就要制定相关的条例，这时候，为了保证该条例的可行性和科学性，要求制定者一定要在责任约束和权力保证以及利益推动的基础上来操作。

所制定的条例必须是合理的，因此，就要求创建一个利益结构，使其可以和权力结构相互适应，使责任和权力以及利益相互统一。

3. 组织保证体系

大学生体质健康促进的决策主体是有着级别方面的差别的，不同级别的决策主体所履行的具体职责是不同的，而且大学生体质健康的促进需要有权力保证，对相应的组织也具有一定的依赖性。

（二）管理机制

在整个大学生体质健康管理系统中，管理机制处于重要的结构与机理地位，自身决定着其形成与作用，可以将其理解为一种内在运动过程。

构建优质的管理制度，对于体育强国视域下大学生体质健康促进来说，是非常重要且必要的，因其是大学生体质健康管理系统的重要组成部分，是不可替代的重要方面。

大学生体质健康促进的管理机制，可以大致划分为三个方面，即约束机制、激励机制、运行机制。不同机制在大学生体质健康管理系统中的作用和职责各不相同。

1. 约束机制

约束机制，实际上就是对大学生体质健康监管行为的修正与规约，从不同的内容上来说，约束的机制涉及三个方面。

（1）权力约束

权力约束，顾名思义，就是对权力的约束，具体包含两方面内容：一方面，是通过权力来约束大学生体质健康促进的管理和组织系统；另一方面，是约束权力的拥有与运用。

（2）利益约束

利益约束，即对利益的约束，具体是指有效调节卫生、教育以及体育等各级行政单位的利益关系，并且对利益因素进行有效控制，使其能保持在一定的互利范围内。

（3）责任约束

责任约束，则是指对责任的约束，通过明确相关系统及人员的责任，来对促进大学生体质健康的执行流程进行优化。

2. 激励机制

激励机制，就是通过积极的激励政策和措施来起到积极的督促作用。具体来说，激励机制的实施主体有学校、家庭、社区；激励的形式主要有激发、鼓励、支持、关怀等；激励的方式则主要有物质激励、精神激励、理想激励、制度激励、目标激励等，以此来使大学生体质健康水平得到有效提升。

通过积极的激励举措来鼓励社会力量融入促进大学生体质健康的活动之中，可以拿出适当的奖励，来激励那些贡献较大的个人或是单位。比如，可以设立国家体质奖，以此来激励那些获得最高健康百分比的学校或社区组织；设立个人体质奖，以此来奖励那些从事体质健康工作的管理者或体质比较突出的大学生。

3. 运行机制

运行机制，就是大学生体质健康促进的具体运行与操作方面的机制，具体来说，就是要让学校、家庭以及社区等多方面来实行不同的与大学生体质健康促进相关的策略，对合理分配其中所涉及的人力、财力以及物力有关的各项内容，以此来对机制的有效运行起到积极的推动作用。

第一，要根据体育、卫生、教育、社会保障等相关行政部门之间的密切关系，在它协调一致的基础上，制定出可行性较强的相关制度。

第二，将家庭、学校和社区有机联系起来，并且将三者之间的联动形式建立起来。

第三，大学生体质健康促进的管理与实施，是需要一定的资金基础的，因此，就需要通过激励约束机制的运行，来进一步拓展该方面投资的多元化渠道。

第四，要将大学生体质健康促进的利益诉求明确下来，同时，还要将相关的表达机制构建起来。

（三）保障机制

关于大学生体质健康促进的保障制度，提供保障的主体主要为学校、家庭以及社区等，所能提供的保障与支持主要涉及人、财、物、机制以及信息资源等方面。

在大学生体质健康促进的保障制度中，处于主导地位的是政府，处于关键地位的是学校体育，社会体育则起到重要的补充作用。其职责清晰，分工明确。

1. 明确政府的主导地位

政府在大学生体质健康促进的建设管理过程中，所发挥的主要职能是公共服务职能，具体是指对公共服务制度的优化，以及保证公共服务均衡化的实现。因此，将政府在公共服务中的作用与地位明确下来至关重要的。

2. 发挥学校的基础性作用

大学生体质健康促进是在学校中进行的，这就需要学校采取相关的政策和措施来加以实施，因此，学校在促进大学生体质健康方面具有基础性的显著地位和作用，是不可替代的重要方面。

学校与大学生体质健康促进之间是直接的关系，将学校的效用充分激发出来会对大学生体质健康促进起到直接的促进作用。具体来说，要将学校的优势和资源充分发挥并利用起来，其所指的主要为体育场地设施、健康教育以及师资等方面。同时，要充分结合学生具体状况和家庭背景，广泛开展形式多样的体育运动形式，比如，体育表演、体育竞赛、体育锻炼等，使大学生能够为了促进自身体质健康水平的提升，而有针对性和选择性地加入不同形式的体育活动中去，为大学生健康成长提供有效依据。

3. 重视社区体育建设

全民健身的实施，需要抓住的一个关键点就是大学生，可以说大学生是全民健身的根本与前提。大学生身心健康的维护，不能只在学校中开展，社区的体育俱乐部、文体活动中心等也是重要的场所。一般来说，社区体育项目所注重的娱乐性、健身性、自由性，大学生接受和喜爱的可能性会比较高，这对于他们终身体育习惯的养成是有帮助的。

加强社区体育建设，要将各种社会资源充分利用起来，还要在基础设施方面有所保障，比如，要在社区内修建相应的体育场地设施，保证锻炼需求。

另外，在体育组织建设方面也要加强，适当引入一些社会体育指导人员。还可以与学校体育结合起来，将学校体育资源最大限度地利用起来。

（四）评价与监督机制

评价与监督机制的建立，主要是为了对大学生体质健康促进实施的最终结果和效果进行评价，有效监督相关政府职能部门的政策制定、资金投入、人员配备等工作。由此可见，建立行之有效的监督与评价制度是非常重要且必要的。具体来说，其能够让管理制度、保障制度以及决策制度在大学生体质健康促进方面所起到的推动作用更加显著。

具体来说，大学生体质健康促进的评价与监督机制所包含的具体性质有以下三个方面。

1. 灵活的反馈机制

不仅要建立大学生体质健康促进的监督网络，还要使其进一步完善，以达到畅通公民监督渠道，使社会公众评价及时得以反馈的重要目的。

一方面，对监督机制进行定期的优化，采取的优化措施主要有举报机制、信息监督机制等，以此来使其效用与价值的最大化得到有效保证。

另一方面，要在机制中将信息网络技术充分利用起来，开辟新的渠道，使其在便利、快捷方面体现出优势。当前较为典型的有电子投票、电子民意测验、网上讨论等。尤其对于学校来说，设立体质健康教育网站更是有必要的，其能够为大学生针对体质健康进行全面探讨提供便利。

2. 科学的评价机制

大学生体质健康促进的评价主体是多元化的，大学生本人、家长、教师等都属于评价主体的范畴。

评价内容所涉及范围也较为广泛，比如，体育场地设施状况、人员配备情况、资金投入、体质健康促进的满意度等。

3. 严肃的监督机制

监督，实际上就是监视、督促和管理大学生体质健康促进的特定环节、过程，进行监视、督促和管理的一系列内外部力量。构建责任机制，能够有效明确大学生体质健康促进过程中产生的问题，并加以重视，还要根据实际情况客观处理犯错的单位或个人。

一方面，以不同职责部门为依据，从自身出发，将相关的监督组织建立起来，还要使其进一步完善，有效监督该过程中所涉及的人、财、物等资源。

另一方面，应将大众媒体的作用充分发挥出来，报刊、网络和电视等都起到相应的社会监督作用，形成具有一定倾向的议论、意见及看法，使对大学生体质健康促进中的偏差行为进行矫正和制约得以实现。

第二节 大学生体质健康管理的理论

一、健康管理的科学理论与发展

（一）健康管理的科学基础

健康管理的科学基础是健康状态与疾病状态的动态平衡关系；疾病的发生、发展过程；预防医学的干预策略等。当个体从健康状态进入疾病状态中时必定要经历一个完整的发生和发展过程。通常个体首先会从健康状态进入一个可能生病的低危险状态中，一旦个体在这一期间不能及时遏制疾病发展势头，如继续保持高压力、高强度地工作，或是喝水少、穿得少，那么低危险状态就会升级到高危险状态，然后从高危险状态过渡到早期的生病状态，即出现疾病的临床症状。在疾病发生前总是会存在一个时间过程，急性病症从预兆到发病的时间过程很短，而慢性病的这一过程就会很长，有的会有几年、十几年，甚至几十年。在这样长时间的疾病变化中，一些征兆的出现往往都不易被人察觉，病情来到不同阶段时也难以辨析出明显的标志线。在被诊断为疾病之前，进行有针对性的预防干预是有可能成功阻断、延缓，甚至逆转疾病的发生和发展进程的，如此一来健康就得到了维护。而这，也就是健康管理的科学基础。

现如今，通过健康风险分析和多样化的评估方法可以确定高血压、冠心病、癌症、糖尿病等慢性病的高危人群，然后便可对这类人群实施干预手段，控制他们生活中可能造成进一步诱发他们慢性病的健康危险因素，从而达到减少发病概率的目的，或是在疾病发展的早期以及尚未发展到不可逆转之前阻止或延缓疾病的进程。目前，在这些健康管理行为中已经不能缺少信息技术的加持了。信息技术带来的是大量的健康和疾病数据，从这些数据中可以探寻到与个人健康相关的、有价值的健康信息，使它最终成为健康管理决策和过程的依据。

（二）健康管理的基本步骤和常用服务流程

健康管理是一种先于健康危机情况发生的前瞻性卫生服务模式。鉴于它的这种特点，就决定了它能以较少的资源投入获得较大的效益，其最大意义在于能带动整个卫生医疗系统的良性运转，甚至是改变了过往这一系统的服务模式。健康管理行为要按照一定的步骤进行，如此才能保证它的有效性，通常情况下有三个步骤。

1. 了解个体的健康状况

人体的健康状况是要在一系列系统检查和判断之下才能基本确定的，只有全面了解一个人的健康状况才能谈及对其健康的维护。要想了解个体的健康状况，首先就要收集个体的健康信息，如年龄、性别等个人基本信息、体检信息、家族病史、生活方式以及大体上感觉到的当前健康状况等。

2. 评估健康状况及疾病风险等级

对个体健康状况和疾病风险等级的判断要以个人健康信息为基础，并在数学模型量化评估的帮助下进行。这种评估的目的在于帮助个体从更加全面的角度上认识自身的健康风险，以此鼓励人们改掉一些有害健康的行为或习惯，并且积极落实为其定制的健康干预措施。

这里所谓的健康风险评估含义相对广泛，它既包含简单的个体健康风险分级方法，也包含更加复杂的群体健康风险评估模型。人们对于健康风险评估技术的研究也更侧重于对发病或患病可能性的计算方法上，传统的那种以死亡率作为评价标准的评价方法已逐渐被对患病危险性的评估所取代，可以说这确实是一种根本上的理念转变。如此转变，使对患病风险评估的结果更能让个体脱离患病的可能，这对个体来说更具有实际意义。

患病危险性的评估是慢性病健康管理的技术核心。其评估思路为评估具有一定健康特征的个人在一定时间内发生某种健康状况或疾病的可能性。健康及疾病风险评估有单因素加权法和多因素模型法两种。

对患病危险性进行的评估有个最佳的优势，就在于它的结果是明确的、定量的和可比较的。通过结果的对比，就可以以危险等级对评估对象进行划分，如分为患上某种疾病的高危人群、中危人群或低危人群。如此可能针对不同级别的疾病患病程度来制定相应的健康方案。

在健康风险评估的基础上，便可以为个体或某个群体制订健康计划，这是对鉴别或有效控制个体健康危险因素非常有利的方式。方案中明确的可供人改变自身习惯或方式的内容基本都是那些可以改变或较为可控的指标，为这些易改变的指标设定一个改善目标，并为服务对象提供目标改善的行为方法。这个富有针对性的健康改善计划不仅为个体或某群体提供了一个健康干预的行动参考方式，同时也成了健康管理者与管理对象之间的一个沟通桥梁。

3. 进行健康干预

当完成了前两个步骤后，就要对个体进行健康干预了，这也是三个步骤中最为核心的一步，也是衡量健康管理是否见成效的关键。健康干预的形式大多为个体根据建议改变个人行为，如纠正不良的生活习惯或生活方式。要知道，大多数人的不健康因素都来自生活中的习惯与方式，因此，大多数对这些问题的纠正就是控制健康危险因素的主要方式。健康管理中对个体进行的健康干预与一般健康教育之间最大的不同就在于它是一种带有极强个性化色彩的干预，即它是根据个体特定的健康危险因素，由健康管理者制定并指导的，以及对干预的成效有所追踪。例如，为一名高血压患病风险很高的人制订一套健康干预计划，内容可能包括对个体的体重管理、饮食管理、睡眠管理等，每一项管理工作都有专门的个人健康管理日记，甚至有跟踪随访措施，多措并举来实现健康改善。

（三）健康管理的基本策略

健康管理的基本策略是以降低或控制健康风险实现维持人的健康程度的一系列方法。

对人进行的健康管理中包含有健康信息收集、健康风险评估和健康干预三个组成部分。其中前两个部分的实际意义在于提供有针对性的个性化健康信息，这一信息的重要作用在于其是调动个体重视自身可能存在或大概率出现的健康问题的要素。而最终的健康干预则是指导个体以正确的方式维护自身健康或降低健康风险的环节。

在健康管理中，常见的策略包括六大类，生活方式管理、需求管理、疾病管理、灾难性病伤管理、残疾管理和综合群体健康管理。这里对这六类健康管理项目进行逐一分析。

1. 生活方式管理

（1）生活方式管理的概念

从卫生保健的角度讲，对个人的生活方式管理是指以个人为核心展开的各种卫生保健管理行为。这一概念决定了个人是选择生活方式的决定者，而选择了哪种生活方式则决定着人的健康状况。生活方式管理会采用教育、纠正、倡导等手段来引导人们改变原有的不良生活习惯或生活方式，以最大化地减少那些危害健康的因素的存在，从而达到增强体质、预防疾病等使健康状况向好的目标发展。就目前我国民众的生活情况来说，对其进行的生活方式管理主要针对的是膳食平衡、戒烟、饮酒适量、精神压力等问题。

（2）生活方式管理的特点

①以个体为中心，强调个体的健康责任和作用

对于生活方式的选择都是由个人作出决定的，即便在社会舆论的引导下人们会接收到各种健康生活方式的信息，最终有些人听取了建议，有些人则没有，但这一切都不能改变个人是最终选择生活方式的个体的事实。即使现实中可能会出现一时替代性地帮助个体作出选择，但实践证明这种代替选择的结果是很难维持的。

②预防先行

生活方式管理的本质实际上是预防为先，并且除了预防疾病外，还在于逆转或延缓疾病的发展历程。为此，从阶段上来看就要整合好三级预防体系。其中，一级预防的核心在于对影响健康的危险因素予以控制，将疾病扼杀在发生之前；二级预防的核心在于早发现、早诊断、早治疗，极力阻止疾病的快速发展；三级预防的核心在于防止伤残，降低病死率，促进人体机能恢复。在三个级别的预防体系中，一级预防体系

无疑是最为重要的。只有在针对个体特点的基础上整合好这三个级别的预防，才能使生活方式管理的效率最高、效果最好。

③通常与其他健康管理策略联合进行

现实中往往当人们提到医疗保健措施时总与高昂的费用画上等号，然而在健康管理的预防环节中的措施则更多是简单、便捷、有效的，而且多数还不需要花费较多的金钱。如果能将以预防先行为核心的生活方式管理与其他健康管理策略相结合，那么无疑能给健康管理活动带来更好的性价比。

2. 需求管理

（1）需求管理的概念

健康管理所采用的另一个常用策略是需求管理。需求管理包括自我保健服务和人群就诊分流服务，帮助人们更好地使用医疗服务和管理自己的小病。这一管理策略基于这样一个理念：如果人们在和自己有关的医疗保健决策中扮演积极作用，其服务效果会更好。通过提供一些工具，比如小病自助决策支持和行为支持系统，个人可以更好地利用医疗保健服务，在正确的时间、正确的地点，利用正确的服务类型。

（2）影响需求的主要因素

对于人们卫生服务需求的影响因素主要有下列四种。

①患病率

患病率影响卫生服务需求，因为它反映了人群中疾病的发生水平。

②感知到的需要

个人感知到的卫生服务需要是影响卫生服务利用的最重要的因素，它反映了个人对疾病重要性的看法，以及是否需要寻求卫生服务来处理该疾病。

③病人偏好

病人偏好的概念强调病人在决定其医疗保健措施时的重要作用。与医生一道，病人对选择哪种治疗方法负责，医生的职责是帮病人了解这种治疗的益处和风险。

④健康因素以外的动机

事实表明，一些健康以外的因素，如个人请病假的需要、残疾补贴、疾病补助等，都能影响人们寻求医疗保健的决定。

（3）需求预测方法与技术

目前已有多种方法和技术用于预测谁将是卫生服务的利用者。归纳起来这些方法主要有以下两种。

①以问卷为基础的健康评估

以健康和疾病风险评估为代表，通过综合性的问卷和一定的评估技术预测在未来的一定时间内个人的患病风险，以及谁将是卫生服务的主要消耗者。

②以医疗卫生花费为基础的评估

该方法是通过分析已发生的医疗卫生费用，预测未来的医疗花费。这种方式与前面的问卷法不同，医疗花费所得的数据是确实已经存在的客观情况，不会出现个人自报数据对预测结果的影响。因此从准确度上来说，这种方法无疑更加可靠。

（4）需求管理的主要工具与实施策略

需求管理通常通过一系列的服务手段和工具去影响并指导人们的卫生保健需求。常见的方法有 24 小时电话就诊分流服务、转诊服务、基于互联网的卫生信息数据库、健康课堂、服务预约等。有时候，需求管理还会以"守门人"的面目出现在疾病管理项目中。

3. 疾病管理

疾病管理是健康管理众多项目中非常重要的一项，其发展时间最早、实践性最强，从表象上看也是最为直观见到管理成果的管理内容。其他国家曾对疾病管理做出过定义，认为其是一个协调医疗保健干预和与病人沟通的系统。疾病管理支撑医患关系和保健计划，并重在运用循证医学和增强个人能力的策略来实现防止疾病继续恶化的目标。该协会还认为，针对个体疾病的管理必须包含人群识别、循证医学的指导、医生与服务提供者协调运作、病人自我管理、过程与结果的预测管理以及阶段性成果反馈。

4. 灾难性病伤管理

灾难性病伤管理与疾病管理有一些相似的地方，但其也是一个特殊的健康管理项目。灾难性病伤管理的不同点着重体现在其"灾难性"的特点上，即个体或群体所受的是那种对健康危害极大的病症或伤情。这类伤病往往意味着要调动更多的医疗资源，付出更多的医疗花费才能得到妥善治疗的情况，如恶性肿瘤、肾衰、大面积烧伤等。

二、大学生体质健康管理的理论体系

（一）大学生体质健康管理的概念

大学生体质健康管理指的是高校在开展健康教育工作的过程中全面监测、分析与评估大学生的体质健康状况，并进行科学干预，以期提高大学生自我健康管理能力，使其维持健康的系统过程。

高校开展健康教育工作，对大学生进行健康管理，不仅是为了解决其健康问题，提高其体质健康水平，也是为了使其掌握健康管理的方法，能够客观合理地评价自己的健康状况，从自身体质状况出发制订科学有效的干预计划，从而在自我健康管理中达到理想的效果。

大学生虽然身心发展基本成熟，但与社会阅历丰富的成年人相比，他们的生理和心理能力还是不够强，受这方面的限制，大学生无法全面而深入地认识体质健康管理及其重要性。因此需要学校、家长及社会共同努力，才能有效推动大学生体质健康管理的顺利进行。

在大学生体质健康管理中，要将学生、家长、学校乃至社会相关部门的积极性都充分调动起来，并充分利用各种显性与隐性资源来提高健康管理效果，才能使大学生长期维持良好的健康状态。

（二）大学生体质健康管理的内容

1. 收集健康信息

对在校大学生的健康相关信息进行收集，包括身体健康信息、心理健康信息以及生活方式信息等，基于这些信息建立大学生体质健康档案，档案内容主要包括学生基本信息、体检情况、体质测试成绩、心理测试成绩等，参考学生的体质健康档案，能够更好地评价与干预学生的体质健康。在完善学生体质健康档案时，让学生自己填写个人基本信息，体质测试与心理测试分别参考《国家学生体质健康标准》和相关的心率健康测试表，健康体检由校医院负责。

2. 加强健康教育与管理

高校应在"健康第一"教育理念的指导下，切实加强对大学生的健康教育与健康管理，如开展健康知识讲座、发放健康丛书、引导合理膳食、提供心理咨询服务、普及健康生活方式等，通过落实这些具体工作来对大学生的自我健康管理意识、健康管理能力及终身体育锻炼习惯进行培养。

3. 开展体质健康测试

较为完善的大学生体质健康测试与评价体系，主要从身体形态测评、身体机能测评、身体素质测评等方面予以落实。各级各类学校应积极响应号召，落实政策，定期监测学生的体质健康情况，不能虚报测试结果，也不能敷衍了事。体测结束后要将测试结果及相关信息详细记录在学生体质健康档案中，以便为实施健康干预提供参考。

4. 预测与评估危害体质健康的因素

健康管理专家或体育教师全面分析与评估大学生体质健康状况，及时发现对学生健康有危害的因素，同时也要科学预测哪些因素可能会给学生的健康带来不好的影响，做好预防工作，为后面的干预管理减轻负担。运动锻炼是改善学生体质、提高学生健康水平的最佳手段，体育教师应从学生的身心健康情况及兴趣爱好出发对其设计具有针对性和个性化的科学运动处方。

5. 实施体质健康干预

健康管理专家或体育教师应将体育与健康、体质健康、运动处方等相关理论知识传授给大学生，使学生对这些知识有科学的认知。体育教师也要指导学生独立制定适合自己的运动处方，并鼓励与监督学生严格按照运动处方进行锻炼；此外还应定期对其锻炼效果进行评价，检验运动处方的科学性与实用性；在这个过程中还要观察运动处方中是否有不利于学生健康的因素，从而及时消除隐患，对运动处方进行合理调整，促进学生锻炼效果和体质健康水平的提高。

（三）大学生体质健康管理的方法

1. 评估体质健康信息

身体形态、身体机能以及身体素质是体质测试的三大内容，具体涉及很多测试指标，对大学生体质健康的测试主要以《国家学生体质健康标准》为参考。

2. 研制体质健康管理软件

大学生健康管理工程具有系统性、复杂性，涉及的部门及人员非常多，工作人员要处理大量测试数据，工作负担较重。为了实施科学化、规范化及现代化的健康管理，提高信息收集与数据统计的准确性与高效性，同时解决相关工作人员的负担问题，有关部门应重视对大学生体质健康管理软件的研制与运用。

3. 合理选用体质健康干预方法

在客观评价大学生体质健康信息的基础上进行健康等级划分，主要分为健康状态、亚健康状态和疾病状态三个等级。大学生可以进入校园网按学号对自己的体质健康测试结果及健康等级进行查询。高校在实施体质健康干预时，要考虑干预对象的健康状况，针对不同健康等级的学生采取不同的方法进行干预。

对于健康的大学生，要做好预防工作，使其长期保持健康状态；对于亚健康的学生，要及时干预，通过体育教育、健康教育、提供心理咨询等方法进行健康指导，以免其从亚健康状态进入疾病状态；有些学生患有某种疾病而不自知，学校要注意保护这些学生的隐私，单独通知这些学生及时去医院就诊。

4. 组建健康管理机构、设置管理人员

大学生体质健康管理机构的组建及相关管理人员的设置与安排主要包括以下内容。

（1）主管领导

通常由分管大学生工作的校长或院长担任主管领导职务。主管领导应对学生体质健康管理的内容及方法有一定的了解，要具有良好的决策能力，要相信通过各部门工作人员的努力可以达到预期效果，要对各部门的工作予以支持。

（2）执行机构

大学生体质健康管理的执行机构主要指的是学生体质健康管理中心，该机构主要负责健康管理计划的具体操作事宜，按照计划有序开展工作，以期实现预期目标。学校可以单独设立这个执行机构，也可以由学生体质健康研究所（室）兼任。执行机构要定期向主管领导汇报计划的执行情况，包括工作进度、取得的成绩以及遇到的问题等，

对于主管领导提出的意见，执行机构要认真听取，对于主管领导提出的政策，执行机构要认真落实。

（3）部门合作

大学生体质健康管理离不开学校体育部门、医务部门等多个部门的共同参与及部门之间的相互合作，如医务部门对大学生体质健康信息进行收集时，体育部门可以向医务部门提供大学生体质测试的相关信息，这样能避免一些工作的重复开展，避免物力、财力及人力等各种资源的浪费。

第三节　大学生体质健康管理的运行体系

一、大学生体质健康管理的规划

（一）树立终身健康管理的理念

健康管理必须贯穿人的生命的全过程。当大学生身体出现各种微小的病变时，要能及时发现、预防，这样不仅节约卫生资源，更重要的是提高了健康水平，减小发病率，延长健康寿命。

（二）了解自身健康状况并做出针对性规划

每个人都有不同的健康需求。处于不同阶段的人，健康的需求也是不同的。人的一生大体可分为生长发育期、成熟期和衰退期。在这三个时期里，人的生理、心理、社会学方面有不同的特征，因此具有不同的锻炼目标、内容和形式。具体来说，生长发育期的要求是促进生长发育；成熟期的要求是保持旺盛的精力和充沛的体力；衰退期的要求是延缓衰老、延年益寿。对于高校大学生来说，体育锻炼的主要目的是张扬个性和释放压力，因此可从事相对激烈、对抗或强度较大的运动。对于不同体型的大学生来说，瘦小型个体可从事健美锻炼，肥胖型个体可从事减肥锻炼。进入中年时期以后，在锻炼的强度方面要有所下降，进行运动时以长时间、低强度为主。至于老年时期，则应选择更低强度的运动。

（三）掌握养护身体的科学方法

体育运动的项目众多，每种项目都有自己的特点和功效，因此，对于不同的人群来说，应该根据自身的实际情况和需要选择不同的运动项目。在进行运动时也要注意运动强度的适宜，既不能缺乏，也不能过度。要做好健康管理规划，大学生应找到适合自己的运动项目和锻炼方式，并科学地进行健身锻炼。同时，要学会在运动中评估运动量与运动强度是否合适，并注意预防运动损伤的发生。

（四）坚持健康的生活方式

生活方式是人们较固定的行为方式，是人们长期形成的生活习惯、生活制度和生活意识。健康的生活方式有多种形式，并无定论，我们可以从影响健康的各种因素中去寻找健康的生活方式。影响健康的因素多种多样，既有先天的因素，也有后天的因素。先天的因素主要是指遗传因素，后天的因素则包括环境因素、营养饮食因素、生活作息规律等。这些因素也有可控与不可控之分。对于不可控的因素，我们难以干预；但对于可控的因素来说，我们要做好管理工作，这也是进行健康管理的重要方式。

健康的生活方式，也是健康的生活习惯，其形成是一个长期的过程，因此是需要慢慢培养的。

1. 锻炼的习惯

众所周知，体育锻炼是大学生维护管理健康的重要手段，而且这也已被大量的科研数据所证明。科学的锻炼对人的生理、心理和社会适应的发展都是有着积极的促进作用。大学生根据自己的实际情况和特点，经常参加适量的体育锻炼是保持生理机能、促进健康的有效方法。体育锻炼能够从根本上增强大学生各器官的功能，增强其免疫力，提高其对环境的适应能力，从而提高健康水平。

2. 合理的膳食

俗话说："民以食为天。"饮食营养是人体健康的物质基础，也是影响人体健康的最重要因素。随着经济和社会的发展，居民的生活水平不断提高，我国居民的膳食结构也随之发生了变化，肉类、油脂在居民膳食中所占的比例大幅度增加，这导致居民膳食向高脂肪、高热能、低谷类的方向发展。由此而导致的一些慢性疾病的发生概率不断增加，诸如心脑血管病、高血脂，糖尿病、肥胖症、恶性肿瘤等，这些慢性疾病日益成为新时代影响人们生命健康的重要原因。

造成人们不健康的重要原因之一就是膳食不合理。因此，为了身体的健康，人们要养成合理的饮食习惯。要做到合理的膳食，就意味着要摒弃不良的饮食习惯，注意饮食均衡。对于现在的大学生来说，因为晚上熬夜，早上贪睡，没时间吃早餐或错过了早餐时间不吃早餐的大有人在。而早餐对人的健康是很重要的，人体经过一晚的代谢，如果不吃早餐的话，会影响胆汁液的分泌，还容易形成胆囊结石。此外，还有一些不良的饮食习惯也要避免，如暴饮暴食、长期偏食、饮料当水、零食当正餐、光顾不卫生的小食摊等。

3. 良好的情绪

管理情绪是管理健康的重要内容。保持良好的心态是管理健康、预防疾病的重要环节。

大学生进行体质健康管理，就要注意防止受不良情绪的影响，这就需要学生学会控制和调节情绪，及时化解那些强烈的、持久的不良情绪。在高校中，对学生情绪管理的引导可以从以下两方面入手。

（1）加强道德和情操修养。通过教育，让大学生树立正确的世界观、人生观和价值观。

（2）掌握调节情绪的方法。如何调节与控制过量的情绪反应是学生的一项心理素质。其方法很多，主要有调节需求（降低欲望）、意志控制、转化控制、冷化控制、分散刺激、放松精神、积极预防、药物控制等。

大学生正处于青年时期，具有很大的可塑性，这一阶段是形成良好的生活习惯特别是锻炼身体的习惯的有利时机。一定要不失时机地注意培养学生锻炼身体的习惯，让大学生掌握体质健康管理的方法，做好体质健康管理规划。

二、大学生体质健康管理的服务体系

（一）大学生体质健康管理服务体系的架构

做好大学生体质健康管理工作，必须构建一定的服务体系。大学生体质健康管理的服务体系应该包括体育教学部门、校医院、心理健康中心、营养指导中心等服务机构。它们都是为大学生的健康服务的，但具体的职能不同，具体分析如下。

1. 体育教学部门

体育教学部门是大学生体质健康管理服务体系中非常重要的组织部门，发挥着至关重要的作用。体育教学部门要培养学生对体育运动的兴趣爱好，激发学生参与体育运动的积极性，向学生普及体育知识、传授体育运动技能，使其掌握丰富的体育锻炼方法，形成正确的健康观，养成良好的锻炼习惯。

2. 校医院

校医院主要负责疾病的预防与诊治。当大学生的身体出现伤病等问题时，校医院要及时有效地对其进行治疗，使学生少受或免受疾病之苦。在病后诊治之外，校医院尤其要做好疾病预防，可适当开展健康咨询服务，为学生普及健康与预防疾病的常识，宣传健康的生活方式，促进学生自我保健意识与保健能力的增强。同时，校医院还要做好疾病普查工作，了解大学生的常见疾病，并进行针对性治疗。

3. 营养指导中心

营养指导中心在大学生体质健康管理服务体系中也是必不可少的组织，其主要有以下两方面的服务职能。

（1）普及营养知识

营养指导中心应不定期开展关于科学饮食和健康饮食的知识讲座，提供一日三餐科学搭配与合理膳食营养的方案与建议，为大学生的健康饮食提供科学指导，促进学生良好饮食习惯的形成。

（2）进行膳食指导

根据大学生健康档案中的健康状况为学生提供个性化的健康饮食指导。营养指导中心重点关注的对象是肥胖和偏瘦的学生。对于肥胖的大学生，营养指导中心要提供科学减肥食谱，并强调配合体育锻炼来减肥；对于偏瘦的大学生，营养指导中心要提供能够增加体重的食谱，使其体重达到正常范围。

（二）构建大学生体质健康管理服务体系的意义

1. 提高大学生健康水平，为建设"健康中国"奠定基础

构建大学生体质健康管理服务体系，主要是为了促进大学生健康水平的提高，为保障大学生的健康而提供规范、系统的服务，并进行科学有效的管理。我国为推动"健康中国"建设、促进全民健康水平的提升而颁布与实施了《"健康中国2030"规划纲要》（以下简称《纲要》）。构建大学生体质健康管理服务体系与《纲要》的文件精神相符，并有助于早日实现《纲要》的目标。

2. 解决大学生体质测试存在的问题，改进大学生体质测试工作

为了及时了解大学生的体质健康状况，贯彻落实"健康第一"的思想，我国颁布实施了《国家学生体质健康标准》，并对大学生进行体质测试。但目前高校体质测试存在"只为测而测"的问题，严重影响了体质测试的效果，也使体质测试失去了原本的意义。

高校虽然每年都会组织一次体质测试，但大都是"例行公事"，并未真正将体质测试内容与体育教育结合起来，也未在体育教学评价中将此作为一项重要指标。高校集中花几天时间完成体质测试工作后，就将此事搁置一边，没有针对性地分析学生的体质测试数据，也未对学生体测成绩不理想的原因进行调查与研究，更没有根据体质测试结果对体育教学内容进行调整。因为学校本身就对此不够重视，所以学生在参加完体测后也就放弃了体育锻炼，这对学生的健康成长与综合素质的提升造成了严重的制约。

（三）大学生健康管理服务体系的运行

大学生健康管理服务体系的运行包括以下几个环节。

1. 采集学生健康数据

对于刚入学的新生，要采集其健康数据，包括身体与心理健康数据，这个工作主要由高校体育部门、心理健康中心和校医院负责。

2. 整理与记录学生健康信息

建立学生健康档案，将上面收集的数据与信息加以汇总后记录在档案中。

3. 分析和评估学生健康信息

从专业的角度科学分析与全方位评估学生个人健康信息，并将分析与评估的结果记录在学生健康档案中。

4. 对学生进行健康指导和干预

根据学生健康档案中的信息有针对性地制定与实施健康干预策略，提高不同体质群体的健康水平，使其养成健康的生活方式和良好的体育锻炼习惯。

大学生体质健康管理服务体系的运行是一个循序渐进与不断提高的过程。经过上述几个环节后，要再次监测学生健康情况，采集健康数据、整理健康信息、进行健康分析与评估以及提供干预服务，从而不断更新学生健康管理档案，不断调整健康服务与健康管理的方式，如此才能促进大学生体质健康水平的不断提高。

（四）大学生体质健康服务体系的优化

1. 开设健康教育通识课，普及健康知识

为了使大学生学习与掌握丰富的健康知识，提高其健康知识素养，高校应该在举办健康知识讲座的基础上开设健康教育通识课。在课堂上，教师要选用丰富有趣的教学方法来传授健康知识，营造轻松愉悦的课堂氛围，使学生以饱满的情绪和积极的心态去学习。同时，教师要鼓励学生将课堂上所学的健康知识运用到学习、生活以及自我健康管理中，形成良好的生活方式，健康饮食、合理作息、科学锻炼，保持良好的健康状态。

2. 部门协同配合，建立健全大学生健康信息共享机制

大学生体质健康管理服务体系中的部门比较多，要想取得良好的管理效果，必须各部门协同配合。只有各部门在发挥各自职能的基础上密切合作，才能充分整合高校在健康管理方面的优势资源，并将这些资源的作用发挥到极致。

各部门之间通力合作最直接的表现就是共享学生健康信息，共同为学生的健康服务，因此要科学构建大学生体质健康信息共享机制就显得很有必要。通过健全与完善大学生健康信息共享机制，可以为各部门各自开展健康服务工作及相互之间的配合提供重要参考。此外，也可避免一些工作重复开展导致的学校资源浪费，从而提高大学生体质健康管理效率与健康服务水平。

3. 构建学校、家庭及社会三位一体的服务体系

学校因素、家庭因素、社会因素都是影响大学生体质健康的重要因素，因此要做好大学生体质健康管理，就要把这三方面的影响因素都考虑在内，构建起学校、家庭、社会三位一体的大学生健康管理服务体系。

大学生不仅生活在校园中，更是生活在社会中，现代社会生活中的一些不科学、不规律、不健康的生活方式会对大学生造成严重的不良影响，影响其正确健康观和生活方式的建立。这时，高校就要发挥其教育作用，让大学生能够明辨是非，树立起正确的健康观，减少社会不良因素对大学生的影响。在培养学生健康观、引导学生健康生活等方面，高校具有家庭和社会无可比拟的优势。高校有关部门要充分发挥自己的教育作用，促进大学生健康发展，为大学生将来的健康生活打好基础。

一个人从出生开始，就受到家庭环境的影响，这种影响可以说是伴随其一生的。良好的家庭氛围与和谐的家庭环境有助于促进大学生正确健康观的形成和健康意识的提高。家长要注重培养孩子的良好饮食习惯、运动习惯及作息习惯，这样孩子在步入大学甚至将来步入社会后才能将这些好习惯延续下去，这有助于其一生的健康发展。

作为影响大学生体质健康的三大重要因素，学校、家庭、社会要相互配合，共同为促进大学生健康发展而努力。三者在配合中，高校要发挥带头作用，主动争取与学生家长、社会有关部门的合作，从而在大学生健康管理中获得家长与社会的支持与帮助，提高管理效率。

4. 充分发挥高校资源优势，构建体医融合机制

许多高校都有体育教学部门和直属校医院，这使得高校在构建体医融合机制方面具有自身的优势。体育锻炼能提升人的免疫力，促进人的全面发展，而医学能够对健康起到保护作用；体育与医学相结合，建立体医融合机制，能够为大学生的健康发展提供双重保障。

体育锻炼能够增强大学生的体质，提高大学生抵御疾病的能力，因此大学生进行科学的体育锻炼具有重要意义。但在体育锻炼中，要保证安全性与实效性，就要发挥医学的作用，根据学生的不同健康水平，结合医学来制定科学的运动处方，使学生通过体育锻炼真正提高免疫力与体质水平。此外，还要结合运动医学的原理评估运动中的危险因素，预防运动风险，提高运动的安全性，降低风险发生率。

高校构建体医融合机制，能够更好地监测、预防及干预学生的体质健康，为学生提供更全面的健康服务与更有效的健康指导，从而切实提高学生的健康水平。

5. 充分利用现代科技手段

现代科技发展迅速，大学生体质健康管理服务体系的优化中要充分运用科技手段，建立相配套的网络服务平台，开发线上服务项目，提供便捷化、现代化与多元化的服务。通过互联网、大数据和即时交流技术，建立学生电子健康档案，运用网络手段收集数据，

不断完善电子档案，并根据不同学生的体质健康情况而提供个性化的线上健康指导。

三、大学生体质健康管理的方案研究

（一）制订大学生体质健康管理方案的目标

以"健康第一"为重要理念制订大学生体质健康管理方案，其主要目的是为大学生制订具有针对性的健身计划，并提出关于提高体质健康水平的要求和建议，传授健身知识与保健技能，使大学生了解科学健身的方法，形成自我健康管理的意识，养成健身锻炼的好习惯。

（二）制订大学生体质健康管理方案的原则

1. 全面性原则

制订大学生体质健康管理方案，应在充分考虑各相关因素及其影响的基础上进行，尽可能使方案全面、完善。

2. 安全有效原则

制订大学生体质健康管理方案，其主要目的就是提高大学生体质健康水平，因此管理方案中若涉及运动锻炼的内容，要对安全性和有效性多加关注，保证安全参与锻炼，提高锻炼的效果。

3. 易调整原则

大学生体质健康管理方案的制订不是一蹴而就的，制订出来的方案也不是一成不变的，而且大学生的体质状况也是随时发生变化的，因此，体质健康管理方案制订出来后需要根据实际情况及时进行调整。这就要求制订大学生体质健康管理方案时要遵循易调整原则，避免需要重新制订方案的情况出现，使体质健康管理方案与大学生的体质健康现状更贴近。

（三）大学生体质健康管理方案的应用

大学生体质健康管理方案涉及的内容非常丰富，其中运动干预方案是重要的一部分，下面就以此为例进行分析。运动干预是改善大学生身体机能与身体素质的重要路径，运动干预方案中主要包括课堂干预和课外干预两大部分。

1. 课堂干预方案

课堂干预方案主要是针对大学生的身体素质（力量、速度、耐力、柔韧、灵敏）在体育教学课堂上进行干预。在实施方案的过程中，各项身体素质的练习依次轮换，并根据测试结果而调整干预内容与方法。方案实施结束后测试被干预者的体质健康情况。

2. 课外干预方案

课外干预是课堂干预的补充与延伸，能够进一步拓展干预内容，弥补课堂干预的不足，更好地帮助学生改善体质，提高健康水平。课外干预方案不仅包括运动干预，还包括培养学生的健康意识、引导学生形成正确的生活方式。

四、大学生体质健康管理的平台研究

（一）大学生体质健康管理平台构建的需求分析

在大学生体质健康管理平台的建设过程中，要充分考虑多方面的需求，以下几个方面的需求是需要重点分析的。

1. 用户需求

不同的用户有着不同的需求，大学生体质健康管理平台的构建主要关注的是大学生用户。因此，要对大学生的具体情况进行分析，包括大学生的身心发展特点、体质现状及健康需求，以此为根据进行体制健康管理平台的开发。

2. 功能需求

用户需求决定了大学生体质健康管理平台的功能需求，因此，大学生的需求决定了大学生体质健康管理平台的功能设置。大学生体质健康管理平台的功能要以大学生的需求为根据，也要考虑不同地域和学校的差别，以实际情况为依据设置与完善系统的功能。

3. 管理需求

管理是组织对所拥有的人、财、物、信息等的计划、组织、协调及控制的活动过程。高校管理中最主要的是对学生的管理，近些年来大学生体质健康日益受到国家的关注，这使得大学生体质健康管理成为高校管理的重要内容，并且占据着越来越重要的位置。为了大学生体质健康水平的提高，高校必须想方设法以更科学、更便捷的方式对大学生进行体质健康管理。但是，目前体质健康管理平台的应用并不广泛，有的学校只是具有简易的查询体质测试成绩的系统，有的高校甚至连这样的平台都没有，只是利用国家学生体质健康标准数据与分析系统进行体质健康测试方面的管理。

4. 科技发展需求

现代科技在高校管理中发挥的作用越来越重要，随着科学技术的进步，很多管理都呈现出网络化趋势，如学生选课、学生档案与信息管理、学生成绩管理等。但是就目前的状况来看，针对大学生体质健康管理，还缺乏一个比较令人满意的平台。因此，大学生体质健康管理平台是顺应时代潮流的新生事物，构建这个平台需要高校的重视和加强。

（二）大学生体质健康管理平台构建的原则

1. 可行性原则

运用互联网等现代技术构建大学生体质健康管理平台，要遵循可行性原则，即使用者可通过计算机、手机等终端即时访问，操作要简便，具有人性化，凸显平台的实用性。

2. 标准化原则

大学生体质健康管理平台中的各个模块所采集的信息格式要统一，选用量表、调查问卷及评分标准均要有权威来源，从而方便数据的分析与处理。

3. 全面性原则

构建大学生体质健康管理平台要注意全面性，即在对学生信息进行采集时要做到全面、完善。通过采集基础信息、采集反馈信息构成连环通路，这体现了大学生体质健康管理的循环性，即形成一个"收集—干预—反馈—再收集—再干预—再反馈"的连续过程。

4. 扩展性原则

大学生体质健康管理平台要具有扩展性，即可根据要求和新的变化对平台中的信息库进行更新与修改，也要支持用户统计查询及数据传输，为平台的丰富与完善留有余地。

5. 保密性原则

大学生体质健康管理平台要注意保密性，因为平台中记录的大学生健康信息都是大学生的个人隐私，不能随意查看与传播。大学生体质健康数据，除了用户自己在自己的权限内以及拥有相应权限的健康管理人员浏览查询外，其他人不得随意查看，以便减少用户之间的相互影响，最大限度地保护用户的隐私。

（三）大学生体质健康管理平台的设计

大学生体质健康管理平台的设计，主要应围绕大学生体质测试数据进行，并考虑大学生用户和管理员管理的需求，以便相关人员的便捷使用，充分发挥平台的作用。具体来说，大学生体质健康管理平台要从功能模块与数据模块入手进行设计。

1. 功能模块

设计大学生体质健康管理平台时，首先要思考平台应具有哪些功能。前面已经提到，平台的设计要考虑大学生体质测试数据的记录，考虑大学生和管理员的使用，因此大致应包含登录模块、统计模块、导入导出模块、学生模块、管理员模块。

其中，导入导出模块涉及大量统计数据的处理，因此是一个难点，在大学生体质健康管理平台这一功能模块的设计时，可参考国家学生体质健康上报系统，并在此基础上进行一定的优化，包括对体质健康数据上报格式的改善，使上报格式更加简单化、多样化，可以分批上报数据，而且对没有身份证的学生，系统可以自动生成一个临时身份信息，这样可以正常上报数据。

由于管理员肩负着整体管理和维护的职责，因此管理员模块的设置也有一定的难度，需要得到技术人员、政策以及资金的支持，如需要计算机专业人员设计和研发大学生体质健康管理平台，需要教育部和学校的资金支持等。

2. 数据模块

大学生体质健康管理平台的数据模块主要是对管理员、学生、数据库三个方面的数据进行管理。由于系统数据繁杂，而且数据处理工作的多样性，因此在设计时要做到方便、快捷和准确。

（四）大学生体质健康管理平台的优化

1. 加强支持

各方面的支持是大学生体质健康管理平台得以建设与运行的前提。

教育部和学校的支持能够为大学生体质健康管理平台的建设提供良好的环境。为了大学生体质健康管理平台的优化，教育部和学校应加强支持力度。

（1）教育部应提供政策和资金来支持大学生体质健康管理平台的建设。

（2）学校应提供人力、物力和财力资源来支持平台的建设、管理与维护。此外，学生的支持也是大学生体质健康管理平台运行的重要保障，他们可以从使用平台与反馈意见两方面对平台的运行提供支持。

2. 及时调整

没有什么事物是一成不变的，对于新出现的大学生体质健康管理平台来说，也是如此。大学生体质健康管理平台出现后，需要经过试运行才能知道它的优势和问题，然后有针对性地解决这些问题，进一步完善平台，然后在实践中投入使用，这是一个普遍的过程。在试用过程中，要通过各种途径获取对平台使用情况的反馈，主要包括高校大学生基于自身体验的反馈、高校教师的反馈以及学校的反馈。可以制作一些调查问卷让管理人员、教师和学生回答，了解他们在使用这个平台的过程中遇到了哪些不方便的地方，由专门人员收集、整理这些反馈内容，然后根据反馈提出修改方案。最后根据反馈情况和修改方案进行及时的修改调整，使大学生体质健康管理平台更切合实际，更具实用性。

3. 进行创新

大学生体质健康管理必须坚持与时俱进的原则，树立新的理念，学习先进理论和先进技术，紧跟时代的步伐。在构建大学生体质健康管理平台时，也要依托先进的网络技术，使健康管理更加便捷、高效。

创新是时代的主题，也是大学生体质健康管理平台不断完善的重要途径。大学生体质健康管理平台的创新包括技术方面的创新、平台功能方面的创新以及管理方式的创新等。只有创新才能真正推动大学生体质健康管理水平的提高，才能利用先进的科技和科学的方法对大学生的体质健康进行有效管理。

不同高校有着自己的实际情况和特色，因此在各自的大学生体质健康管理平台建设与运行方面也要有针对性，真正发挥出自身的优势，做出特色，这也是创新的重要内容和要求。

五、大学生体质健康管理的机制创新

（一）大学生体质健康管理机制概述

1. 大学生体质健康管理机制的类型

大学生体质健康管理机制包括宏观机制、中观机制和微观机制三种类型。它们相互联系、相互作用、相互影响，每种类型都不可缺少。具体对三种管理机制分析如下。

（1）宏观机制

宏观机制是指从国家政府层面出发，对各个层级、对象进行协调管控，以政令决策等形式将各组织、各部门有效串联起来，通过建立标准、制定措施、综合评价等手段，发挥其在整个管理机制中的主要引导作用。

大学生体质健康管理的宏观机制以纵向管理为主，实行"国家—地方—高校"三级管理机制。教育部设立了全国学生体质健康监测中心、省级教育行政部门设立了检测站、市级教育行政部门设立了检测点，并出台了《国家学生体质健康标准》（以下简称《标准》），明确指出《标准》的实施是在教育部、国家体育总局的领导下，由各级教育行政部门管理，体育行政部门指导，学校组织实施。按教育部要求，我国各级各类学校每年要通过中国学生体质健康网将本校学生体质测试数据报送至教育部国家学生体质健康标准数据管理系统。同时，教育部每年还会对各地实施《标准》的基本情况进行统计，并以省、自治区、直辖市为单位公布基本情况。

（2）中观机制

中观机制涵盖于宏观机制之中，但与宏观机制相比，中观机制更详细和具体。中观机制多指由国家政府领导的下属行政单位对自身属性管辖范围内进行管理监督，对外同级部门、单位进行沟通互联，主要起承上启下的协调作用。

在宏观机制管理下，市级教育行政部门成立了专门的机构与领导小组，并安排专人负责，实行岗位责任制。同时，教育部门和体育部门分工合作，教育部门负责培训师资、组织测试、数据统计等工作，并提供经费、器材等方面的保障；体育部门则主要对指导、辅导、协调、监督和统计资料等多个方面的工作负责。

（3）微观机制

微观机制是宏观机制最基本的组成部分，微观机制受到宏观机制的引导，同时对宏观机制有直接的影响。

微观机制有着个体性差异，如各高校因地域、财政等多方面的不同而存在或多或少的差异，但基本相同的是，各高校大都是在学校分管校长的领导下，由学校体育部门牵头，在教务部门、校医院、院系协助下，对体质测试工作进行协调分工，从而完成大学生体质测试任务。

各高校在微观机制管理方面，主要以完成体质测试任务，上报体质测试数据为主，部分高校成立专门的测试机构，并指派专人负责，只有少数高校会在整理完测试数据后向学生提供反馈，让学生了解自身体质状况，并为其制定个性化运动处方。

2. 大学生体质健康管理机制的特征

（1）自主性

长久以来，高校都是在教育部的要求下进行体质测试，然后对测试数据进行汇总整理、录入系统，并在指定期限内上报至中国学生体质健康网。教育部在对高校体质测试的实施情况进行监督时，只是抽查部分学校的测试数据，看是否存在问题，抽查范围非常有限。在现实操作过程中，高校自行组织测试、自行上报数据的形式依然占主体地位。

（2）指导服务性

指导服务是今后我国大学生体质健康管理的一个发展趋势，是在"大健康"背景下的一种由健康管理机构提供专业化指导、人性化服务的形式。

（二）大学生体质健康管理机制的完善

大学生体质健康管理机制的完善，应从体质健康管理机制的构成要素着手，具体分析如下。

1. 决策与组织机制方面

影响大学生体质健康情况的因素有很多，也存在体育教师、辅导员、校长、相关领域专家团体、各级行政部门的负责人等多个决策主体。因此，确定权利结构、责任权利关系统一和构建组织体系是必要的工作。

2. 激励与约束机制方面

家庭和社会的力量在提高大学生的体质健康水平方面发挥着重要作用，因此，政府在出台制度或文件的同时，还要运用物质激励、精神激励、制度激励、目标激励等多种形式来激发家庭、学校、社区等多方面的积极性，为大学生体质健康水平的提高创造一个良好的发展环境。

在大学生体质健康管理中，要构建涉及利益、权力和责任的约束机制，管理者和组织者要利用权力对系统运行进行约束，有关部门也要约束组织管理者对权力的运用。此外，还要调节体育部门、卫生部门、教育部门等有关部门的利益关系，把利益因素约束在一定范围内。

3. 运行与保障机制方面

大学生体质健康管理运行与保障机制的完善，需要政府、社区、学校、家庭和体育社会组织合理分配资源，充分发挥自身作用，以保证机制的高效运行。

第三章 大学体育教学改革与创新

第一节 大学体育教学新思路

一、当代大学生体育发展新要求

当前体育呈现出前所未有的全新发展态势，对于高校体育教育来说，应如何把握新形势下体育的新特点，利用好这个教育平台，培养大学生的体育能力，是值得我们深思的。

（一）新形势下体育呈现的特点

1. 体育的社会功能增强

日常健身的运动场作为社会的缩影，其社会功能明显增强。形形色色的人聚集在这里，除健身强体外，青少年从中培养社会所需要的平等参与意识、公平竞争意识和创新意识；成年人则为共同利益或兴趣，在运动中结交朋友，融洽关系，商谈业务，显示社会地位；老年人，消除孤独，激发活力，颐养天年。

2. 体育向身心和谐方向发展

未来社会的快节奏、高时效、高技术密集型的生活方式，使人们心理紧张加剧，体力耗能降低，体脑倒置。为补偿这种偏差，缓解脑力紧张，人们对体育活动的要求也会提高。因此，体育的趣味性增加。人们可以从身体活动中得到美感，享受愉悦。

3. 健心健脑的，新型的运动项目出现

未来社会向脑力型转变，体育必将适应社会需求随之发生相应变化，以提高精力，培养脑力为主要目标，兼顾体力耗能的运动项目将日益受到欢迎，如球类、赛艇等。新型的运动项目可能被创造出来，如电子游戏、虚拟情境的运动等，都可能发展为新的运动项目。

4. 体育的形式信息化

信息时代所提供的信息共享，使人们能很快接收各式各样的运动形式，只要感兴趣就可学习，通过媒体传播，形成一阵热潮，如我国曾出现过的呼啦圈热潮等。同时信息社会的灵活性、自由性，使得大众能各取所需、各尽所能，按照自己的意愿活动。因此个人体育增加，个体化明显；有共同兴趣的小团体活动增加，家庭体育活跃；非竞技体育蓬勃发展。

（二）大学生体育能力的培养方向

体育能力是一种特殊能力，它是由知识、技术、技能和智力构成的一种个性身心品质的综合体。这一综合体，在体育运动中表现出来，就是能顺利地、成功地完成一系列体育活动的实践，逐步形成和提高体育能力。

1. 身体锻炼能力的培养

随着我国体育的社会化、终身化和经济的不断发展，越来越多的人进行身体锻炼，这就给高校体育提出培养大学生具备独立进行体育锻炼能力的问题，使他们进入社会后，能够更好地进行自我身体锻炼，并充当家庭和社会的指导者。为此，就必须在大学体育中加强对他们身体锻炼能力的培养。

2. 开拓创新能力的培养

发展大学生个性与提高学生的心理素质，与培养大学生开拓创新思想和能力有着极其密切的关系。在体育教学活动中，学生是主体，进行各种身体活动、游戏竞赛，并通过人与人的频繁交往，人的兴趣、性格和气质等个性心理特征容易表现出来，这对培养和发展良好的个性心理是有利的。

3. 组织和管理能力的培养

为了培养大学生的组织管理能力，在体育课和课外体育活动中，按照明确的计划，尽可能地让学生自己去做，充分发挥每个人的积极性，协调地进行工作，以此来培养他们的组织管理能力，如尽可能让学生承担校办运动会的各项工作事务。

4. 保健能力的培养

大学生自我保健能力的培养，是体育教学中的一项任务，也是增强体质的需要，同时，也反映一个国家和民族文化教养的程度和社会的良好风尚。每个人都应该有讲

究卫生和自我保健的行为与习惯，为此，教学中要使学生自己能运用所学的课程知识，掌握和控制运动量和运动负荷，防止在教学中产生伤害事故，同时，还必须培养和提高学生在做练习时的自我保护的能力。

二、大学体育教学发展新思路

我国大学体育课程改革可借鉴优秀的国际课程改革经验，进行基于核心素养的大学体育课程改革探索，提升我国人才的国际竞争力。

（一）核心素养的内涵

核心素养是关于大学生知识、技能、情感态度和价值观等多方面能力的要求，是个体适应未来社会、促进终身学习、实现全面发展的基本保障；核心素养强调的不是知识和技能，而是获取知识的能力，是学生应具备的适应终身发展和社会发展的必备品格和关键能力；核心素养是根据人的全面发展，注重"提升学生能力水平，促进学生全面发展，适应社会需要"的教育，解决培养什么人的问题。核心素养更适应当前社会对人才的全面发展和综合能力的要求。核心素养融入课程体系，需要明晰核心素养与学科能力之间的对应关系，因为其对于教材编写、指导教师课程实施和学生能力培育具有明确的导向作用。

核心素养融入课程体系主要包括具体的教学目标、教学内容标准、教学建议、教学资源、学业质量标准等内容。在构建基于核心素养的课程体系时，需要清楚几个关系：具体的教学目标与学业质量标准是学生核心素养的具体体现；教学内容标准与教学建议促进学生核心素养的形成；学业质量标准是教学结果导向的标准；教学内容标准是教学过程导向的标准。教学过程标准促进学生核心素养的形成，教学结果标准体现核心素养的具体要求。综上所述，核心素养即培养和逐步形成学生适应社会发展和个人终身发展必备的品格和关键能力，它既包含学生的自主发展方面，又包括学生社会参与和文化修养方面的铸造。

（二）核心素养给予大学体育课程改革的启示

1. 课程改革取向与社会生活价值有效统一

正确的社会生活价值观是乐观积极融入社会、推动社会发展的前提条件。大学体育课程的教育目的是健身育人。大学体育在人的智力发展、身体塑造和健全人格方面均有效果，是一种综合效应的表现。因此，大学体育课程改革的取向是促进学生终身学习，培养全面发展的人才。大学所培养的人才，最终是要走向社会、融入社会生活，并要发挥推进社会发展的作用，因此，培养能适应社会生活和社会发展需要的人才是大学所肩负的责任和使命，大学体育自然责无旁贷。应将社会生活价值观融入大学体育学科核心素养教育之中，使大学体育课程改革的取向与社会生活价值观相统一，发挥大学体育课程在学生核心素养铸就中的角色担当。

2. 凸出个体需要与社会需要的有效融合

个体终身发展与社会发展需要是培养大学生核心素养的终极目标，两者是一脉相承的，没有截然的分界点。我国的教育方针在宏观层面提出了人才培养的方向性要求。学生终身发展所需的品格和必备能力，实则是在社会发展这个大环境中得以实现。通过教育，逐渐形成学生的核心素养，是一个动态发展的过程。体育课是学生自幼儿园至大学学习过程中陪伴学生成长时间跨度最长和课程变化趋于稳定的一门课程，致力于健身育人，满足个体在成长中的体育需要。体育课程是一门社会化和国际化的课程，从其项目的规则、内容和组织形式来看，与个体终身发展和社会需要的核心素养是内在一致的。因此，在大学体育课程中，要更加关切凸出学生个体终身发展需要和社会发展需要的有效融合。

3. 核心素养与学科核心素养的有效衔接

核心素养指向的是大学生适应社会发展和个人终身发展所需的品格和必备能力，是抽象而又客观存在的。学科核心素养是核心素养的具体化，服务于核心素养的实现，核心素养是学科素养的目标指向。大学体育课对学生健全人格、意志品质和社会适应方面有着特别的含义，是学生在大学体育学习过程中形成的基本知识、能力、态度和情感、价值观、方法等的综合表现，包括运动能力、健康行为和体育品质等方面的内容。因此，有效地将体育学科核心素养与核心素养进行科学衔接，是有效铸就学生核心素养的关键环节。

（三）基于核心素养的大学体育课程改革思路

1. 以社会主义核心价值观为指导思想和价值取向

大学体育在塑造学生家国情怀和大学文化传承上有着天然的联系，应以社会主义核心价值观为指导思想和价值取向，来精心研制大学体育学科核心素养体系。以社会主义核心价值观为指导思想和价值取向，是中国特色社会主义建设的需要，也是落实党和国家的教育方针的需要。

2. 探究大学生核心素养体系的建构

基于大学时期的不同教育阶段，探索大学生核心素养体系的建构或框架，在语义学意义上界定为学生大学时期的核心素养指标体系总框架，并将其明晰化、细化和具体化，以更好地指导课程的编制。学生核心素养指标体系是在大学体育教育中支持和践行核心素养理念的前提。应在认真分析当前及未来一段时期内的国家与社会需求的基础上，透析国家和社会发展对人的能力和素质的基本要求，以学生个人终身发展和适应社会发展需要为指向，结合大学体育对人能力和素质培养的特征，紧密与国家和社会发展对人才的要求相衔接，构建学生核心素养体系框架。有此基础之后，可为大学体育课程体系的建立、学业质量标准的建立、教育质量评价等提供参照依据，同时，也为它们之间的整体性和统一性的有效融合提供壁垒。

3. 构建基于核心素养的大学体育课程体系

核心素养不应该是被悬空的抽象和理论性框架，而是一个根据学生的成长细化为不同教育阶段的培养目标。培养目标的落实，关键在于课程，建立基于核心素养的课程标准体系是核心素养具体化的有力体现。构建大学体育课程标准体系，要突出课程的整体性，关注学科之间、专业之间的互补与融合，凸显课程的整体性，进而培育整体性的素养。以大学体育课程为载体，以能力和素质培养为目标，以学科知识为素材，注重的是能力和素质的培养，构建基于核心素养的大学体育课程体系，应包括具体化的教学目标、内容标准、教学建议和质量标准四个部分。

4. 建立学业质量评价体系

大学体育课程标准是大学体育课程体系的统领性文件，基于大学体育课程标准建立的学生学业质量评价标准体系，将更加贴合教学目标和教学实际。以大学体育课程标准为目标诊断的内容，进行学业质量评价，是对学生核心素养培育的检验和总结，不同年级学段的学生学业质量评价标准是不一样的，呈递进的层次关系；同时，也能为今后教材的建设、教师教学操作、进行过程性诊断和学生学业评估提供有力依据，可作为教师在教学中进行自我评估的依据，也是对"应试教育"评价的一种超越。

5. 加强教师在职继续教育，提升教师素质

大学体育课程的改革，是依靠大学体育教师的教学改革来助其推进；大学体育课程的教育，依靠大学体育教师的教学来助其实现；学生核心素养的培育，依靠大学体育教师教学创新来逐渐实现，因此，大学体育教师的素质，直接对大学体育课程改革成果的实施产生影响。大学体育教师的在职继续教育，应根据学生核心素养体系的培养要求，重构大学体育教师培训的目标、课程和模式等，如此方能与学生核心素养的培育保持一致性。

三、大学体育创新发展策略

教育的本质就是全面提升人的综合素质，体育作为大学的重点学科，其所具备的学科优势是其他学科教育所无法比拟的。为此，在高等教育改革深入推进的大环境背景下，高校体育教育应明确创新发展方向，加大对教育模式创新的研究力度，不断创新思路和方法，紧握时代脉搏，以全面提升体育教育质量，为学生的可持续发展护航。

（一）大学体育教育创新发展的必要性

发展学生的综合素质是学校教育教学活动的终极目标，这一目标的实现有赖于学生对学校教学活动的配合。学生只有积极参与到学校各项教学活动中，才能在教师的指导下、自身的努力上提高综合素质。对于大学体育教育来说，教学活动并不是简单的师生互动问答，而是围绕学生的思维模式、身体素质的发展而开展的一系列体育活动，其不仅能够很好地提高学生的主体能动性，还能够让学生在参与的过程中获得身心健康发展，为其日后的终身体育意识产生潜移默化的影响。可见，实现体育教育创新发展，在体育渗透教育的过程中充分体现了"以学生为本""人性化"的实质，从而深入学生心理深层，以有效提升学生参与体育运用的积极性，是大学体育教学过程中的必然要求。

（二）新课标视野下大学体育教育创新发展策略

1. 革新教育理念，构建大学体育教学的新结构

体育教育的创新发展离不开各教育人员现代教育意识的提高。新形势下，大学应脱离传统体育教育理念的禁锢，树立一种全新的、符合教育改革发展态势的良性理念，并用新的理念贯彻到教学活动的各个环节，对体育教学中所有关联的要素进行深入分析和研究，以实现教学目标的最优化，力求在教师、学生以及教学活动、教学内容、教学方法之间达成最佳结构。一方面，大学在新建体育教学结构时，要进行体育教学目标的定位，组织新颖的教学内容。另一方面，学校还需要把自身的办学特色以及教学宗旨融入进去，在实施体育教育活动时充分考虑本校的教学设备、教学环境和学生特点等，使教学内容能够充分体现本校特色。

2. 更新教学模式，创新课程设置体系

大学应针对自身办学特色以及体育师资配备建设情况，立足学生的年龄特征和性格特点，有选择地对现有的教学模式和教学方法"取其精华，去其糟粕"，尽最大可能提高学生的运动意识，增强学生体魄。此外，大学的体育教学还应根据不同院系、不同专业发展方向和学生的职业特点，对体育课程进行调整，适当地减少一些必修类体育课程，增设符合学生兴趣发展的选修课程，以激发学生对体育的兴趣，扩展他们的体育知识面。

3. 完善评价体制，采取多样化评价方式

积极的评价，对于增强学生的体育运动主动参与意识，保护学生的参与积极性尤为重要。为了凸显评价的激励功效，帮助大学生体验体育的魅力，各体育教师应把评价作为手段，转变传统的评价方式，实行"全员锻炼"的教学理念，切实将学生的身体健康与体育教学结合起来，以此促进教学和学生的发展。譬如，学校可以实现结果

评价与过程评价、他人评价与自己评价、定性评价与定量评价、过程性评价与终结性评价相结合的方式，对学生实现多层面、多维度评价，使评价结果更加客观、科学和合理，更能真实反映学生的学习情况。

四、新课改背景下大学体育教学的转变

随着新课改的不断推进，许多新的教学理念也在不断地深入人心。例如，素质教育这一新的理念就不断地被人们呼吁从而得以深入实际的教学活动中。因此，通过新课改的一些标准来研究高校体育教学的这些实际教学环节的转变，切实地解决教学活动中存在的问题，为以后的教学发展提供可行的方法。

（一）教学理念以及课程设置中的转变

1. 教学理念中的转变

新课改下高校体育教学也不断地在实际的教学活动中产生了一些新的思路。根据素质教育的要求以及高校体育教育自身的特殊性，在实际的教学反思中高校体育教学越来越追求教学的实践性与规范性。针对非专业学生，高校体育教学优化了课程设置，改变了以往过于追求理论知识的研究，转而追求学生积极性，参与性的培养。例如，目前的高校体育教学中会注重通过实际的体育活动来使学生掌握一些技能，引导学生的体育运动逐渐专业化、规范化。这一教学理念中的新思路能够更好地指导实际的高校体育教学，符合新课改的标准以及要求。

2. 课程设置的优化

高校体育教学在以往的课程设置上会过于追求理论知识的研究，许多课程都是在实际的课堂上、教学中完成的，所教授的形式也过于偏重书本知识以及专业知识的讲解，缺乏实际运动技能的锻炼。因此，在新课改背景下，在素质教育理念的指导下，高校体育教学优化了课程设置，开展了许多实际的户外教学，能够把一些体育运动技能通过活动锻炼的形式讲授给学生，避免了学生过度偏重理论知识的这一弊端。另外，在课程设置中也会有许多比赛课程，这些课程能够很好地激励学生的参与性和积极性。

（二）教学方式以及评价标准的转变

1. 教学方式的转变

丰富且多元的教学方式能够在很大程度上提高实际的教学效果。高校体育教学在长期的教学活动中也不断地转变优化教学方式，结合体育教学自身的特点以及学生的喜好来采用切实可行的教学方式。例如，在目前许多高校体育教学中引入多媒体教学丰富了实际的户外教学，能够把实际的体育运动动作具体的分解、细化，使学生能够形象具体的掌握动作，再结合实际的操场教学，这样就会大大地提高体育教学效果。除此之外，

学生也能够利用多媒体教学这一优势进行反复的学习、练习，更好地掌握运动技能。

2. 评价标准的优化

高校体育教学是为了促进学生的身心健康，培养学生健康的体质，养成良好的积极的生活工作态度。因此，高校体育教学的评价标准也不会是单一的。在实际的高校体育教学评价中，多样化的评价标准已经受到了高度重视，引入完备的评价方式与标准能够弥补以往单一的考试的不足。最为常见的评价标准即体质监测，通过定期检测学生的身高体重、肺活量、跳远跳高等，再结合以往学生的身体基本素质能够全面、实际地对学生的身体健康状况以及发展变化状况做出综合的评价，学生也可以根据每次的评价结果来给自身制订一套完整可行的发展计划。这样的评价标准能够很好地指导高校体育教学的发展。

第二节　面向未来的大学体育教学模式

一、大学体育教学理念的改革

近年来，体育专业毕业生就业方向呈现出多元化的趋势，传统的体育教学理念已经无法适应目前社会的用人需求，教学改革势在必行。

（一）体育教育专业本科毕业生就业择业时的主要影响因素

近年来，随着社会经济的发展，高校体育专业毕业生的就业范围更加广泛，呈多元化发展趋势。学生在考虑就业问题时，通常会从以下几个方面出发：薪资、发展空间、职业发展以及工作地、工作环境、个人意愿、薪酬体育教育专业本科毕业生就业择业时的主要影响因素。第一，薪酬直接影响了学生的生活水平，所以这也是学生最关心的问题。第二，是个人的发展空间，除了能够保障衣食住行的薪酬因素外，学生对于发展空间的考虑最多，学生普遍重视在以后的发展前景。学生在就业中，都希望能够随着自身能力的提高，在职位上也有一定的上升空间，从而提高自己的薪酬以及社会地位。第三，职业发展，在学生就业初期，需要考虑到以后的职业发展方向，即在一定时间以后需要达到一个什么职业发展结果。第四，专业匹配，体育教育专业大部分本科毕业生就业择业时希望能够从事与本专业相关的工作，这样能够在工作中更好的发挥已掌握的知识技能。第五，工作所在地。由于一、二线的大城市能够为体育专业本科毕业生提供的就业机会数量多，且形式多样。所以在就业选择时，一本学生会选择大城市就业，从而获得更多的就业机会以及更广阔的发展空间。在体育事业蓬勃发展的今天，人们对于体育的重视程度越来越高，体育行业的发展越来越好。所以，对于体育人才的需求量也在不断地增多。体育行业的发展虽然为体育专业毕业生增加了工作机会，但同时也对毕业生的知识技能专业水平提出了更高的要求。

（二）高校职业能力导向体育教学改革对策

1. 打造新型的体育教学模式

在素质教育的要求下，高校应积极寻求新型的教学模式，既能够完成教学任务的又具有院校特色。在教学改革中，打破以往高校体育专业教学的观念束缚，在职业能力导向下完成体育教学模式的改革。高校应注重高校体育教师的队伍建设，引起教师对体育教学模式创新的重视，在提升学生自身的知识能力同时培养学生的就业能力。教师在备课过程中，需要将体育教学和社会事业标准进行整合，在教学实践中具有针对性的培养学生的职业能力，为高校体育专业毕业生就业打下基础。打造新型的体育教学模式，在课程方案中，注重社会实际岗位需求的分析，依据需求去做学生的综合培养。

2. 提升我国高校体育专业的整体目标

在重视知识技能教学目标的同时，应提升对培养职业能力目标的重视。研究分析体育专业毕业生的就业现状，分析体育专业的优劣势，以及结合学生的情况来制定教学目标。

3. 创新体育教学手段

在教师的教学过程中，应不断地创新体育教学手段。在课程中，以职业能力作为重要的导向，营造良好的课程氛围。例如，教师在授课过程中可以采用情景模拟的教学方法，营造一个环境，让学生处于某个职位，思考在这个职位上应具备什么样的能力。从而提高学生的主观能动性。学生也会在生活中举一反三，积极思考，为日后的就业做好充分的准备。

二、大学生体育素养的培养

当今社会发展速度越来越快，竞争越来越激烈，对当代大学生的素质要求也越来越高，要有较强的适应能力、创新能力、竞争意识，而大学生的体育素质培养包括身体素质、体育心理素质、体育文化素质三个部分，可促进大学生身体健康、心理健康的综合发展，促进学生综合素质的培养。

（一）培养大学生体育素质的意义

培养大学生体育素质是大学素质教育中重要的组成部分，大学生的体育素质培养包括身体素质、体育心理素质、体育文化素质。身体素质是人的生理机能的外在表现形式，是学生其他素质发展的载体。大学生体育心理素质是指体育运动中敏捷的思维能力、敏锐的洞察力、良好的自控能力、坚强的意志、稳定的情感等，体育心理素质的培养有助于提高学生的整体心理素质，克服心理障碍，建立健全的性格和心理品质。大学生体育文化素质包括体育道德意识、体育道德行为、体育知识、体育意识等，培养大学生体育文化素质可提高大学生的道德素养、增加自信、树立终身体育意识。总之，大学生体育素质的培养有助于大学生形成正确的世界观、人生观和价值观，使大学生能更好地适应社会，促进个人、社会的发展。

（二）大学生体育素质的培养

大学生体育素质的培养主要通过体育课教学和课外活动、课余体育训练等几个方面进行，而体育课教学是学生获取体育知识和体育技能的主要来源。下面详细讲述大学体育课教育的特点和内容。

1. 大学生的发展水平和体育课特点决定大学课堂教学应坚持以下特点

（1）授人以渔

古语说"授人以鱼，不如授之以渔"，体育课堂教育也是如此。学校体育教学课时有限，教师不可能将所有的体育知识和技巧都传授给学生，所以，体育课堂教学更重要的是要使学生掌握能够长期使用的基础理论知识和基本体育锻炼方法，使学生树立终身体育意识，自觉进行体育锻炼，提高体育素质。

（2）科学性

科学性是教育教学活动中必须坚持的原则。大学体育课应综合考虑大学生的年龄特点、心理特征、身体素质情况、运动能力和运动技巧，设计好课堂教学模式和教学内容，满足大学生的身体和心理需求。另外教师在教学中还应注意每个学生的性格和身体特质，在教学中引导学生发挥自己的特长，展现自己的个性。

（3）多样性

大学生体育课应以学生为中心，教师必须精心地去设计、组织与管理体育课教学，不断地培养学生的参与意识，调动学生练习的积极性、主动性与自觉性，实现"教"与"学"双方密切配合。在体育课教学中可开展多样性教学模式，如举办体育知识讲座、体育知识竞赛、开展体育竞赛等，使教学实用性、娱乐性、文化性相互结合。

（4）教师教导

无论是什么专业，还是什么科目的教学，教师都起着举足轻重的作用，体育教师需要具有精深的专业知识、广博的文化知识、良好的语言表达能力、丰富的教学技巧，熟练掌握体育技能和体育技术，引导学生自觉自愿学习体育知识和体育技能，使学生通过教师的教学学到有用的知识，满足求知欲和好奇心。

（5）完善教学设施

设施和器材的完备是顺利进行体育课教学的基础。大学生体育项目丰富多彩，涉及篮球、排球、网球、足球、跑步、跳远等多项活动。

2. 大学生的体育素质培养

大学生的体育素质培养包括身体素质、体育心理素质、体育文化素质，身体素质是基础，体育心理素质是关键，体育文化素质是灵魂，三者相互作用、相互补充、相互促进，缺一不可。

（1）身体素质方面

注意发展大学生的身体素质，增强体能，并学会体育保健，教师引导学生根据自身的身体情况，选择适合自身的锻炼项目，掌握基本的锻炼方法，避免过度、过量、盲目运动，养成良好的体育卫生习惯和自觉、持久的锻炼身体的习惯，并能根据自身身体素质的变化不断改变锻炼计划，提高身体健康素质。

（2）体育心理素质方面

通过各种各样的体育活动，增强学生对自然环境和社会环境的适应能力，如对天气气候变化的忍耐力，对疾病的抵抗力，对社会快速发展的适应能力，对社会不良因素的抗压能力等，培养学生积极向上不服输的精神，自强自信，锻炼思维能力和洞察力，提高抗压能力和自我心理调节能力，使学生学会主动融入所处的社会环境，增强竞争意识，适应竞争激烈、生活方式和工作方式都高度紧张的社会现状。

（3）体育文化素质

体育文化素质是身体表现形式和内在意识形态的融合，培养正确的体育文化素质，使大学生在体育运动中能公平竞争、尊重对手、遵守比赛规则，培养与提高主动参与意识、公平竞争与顽强拼搏意识、健身意识、终身体育意识和体育法规意识，培养大学生健康的体魄、健康的心理、健康的生活方式。课外活动和课余体育锻炼也是培养体育素质的途径，课外活动和课余体育锻炼相对于体育课来讲，学生有较大的自由性，可按照自己的爱好和特长进行体育锻炼，有利于激发学生学习的兴趣、在运动中培养学生的组织能力和人际交往能力。大学生积极开展课外活动和课余体育锻炼，对于养成持久的锻炼身体的习惯有重要的作用，有助于树立终身体育意识，对于大学生体育素质的培养也有重要作用。

大学生体育素质的培养，不仅关系到大学生个人，也关系整个社会的发展和进步，培养大学生优秀的体育素质，是当今大学生素质教育中不可缺少的部分。

三、大学生体育运动能力的提高

能力不仅是掌握知识、技术与技能的必要前提，而且是影响一个人活动效果的基本因素。大学生体育能力水平，集中反映了大学体育的质量。在高校体育教学中，突破单位纯运动技术教学，加强培养体育能力，适应现代社会进步的需要，迫切要求提高每个大学生的素质，这些素质包括每个人对自己的身体能够自行培育，锻炼和养护的能力。从事的体育活动越多样，掌握的知识越丰富，体育能力发展就越全面；体育技能的训练越复杂，体育能力就越能提高。

（一）体育运动能力的内涵

体育运动能力是指人在顺利完成某一活动时所表现的身心统一，协调配合的才能，是一种特殊能力，它是由知识、技术、技能和智力构成的一种个性身心品质的综合体。这一综合体，在体育运动中表现出来，就是能顺利地、成功地完成一系列的体育活动的实践。按能力的性质，可分为一般能力和特殊能力。一般能力是指人在日常活动中必须具备、广泛使用的一般智力，如观察能力、想象能力、思维能力、记忆能力、注意能力等等。特殊能力是相对于一般能力来讲的，它是指人在进行某项专业活动中所表现出来的能力，如美术设计、音乐、绘画及体育的运动能力等。

（二）如何培养和提高大学生体育运动能力

1. 培养大学生体育锻炼兴趣

兴趣是个人对事物所持的选择态度，它是属于感情和情绪的状态，兴趣是快乐学习的源泉，是维持注意的保证。二者关系密切，互为因果。在体育教学中，体育的兴趣是影响学生学习自觉性和积极性的重要因素。因为每个学生对体育产生的兴趣与爱好不尽相同，有的学生好动对一些竞争激烈的项目产生兴趣，好静的学生就对一些竞争不激烈的项目感兴趣。所以体育教学应根据不同学生的自身需要而进行有计划、有针对性的教学，这对促进学生体育兴趣的发展具有深远的意义。在体育教学中有兴趣与没有兴趣产生的结果是不同的，对于感兴趣的活动可以持久和集中注意，学习是主动积极的，即使遇到困难，也会努力地去克服，产生愉快的情绪。在没有兴趣时，会使学生的情趣低落，感到厌烦。教师在体育教学实践中要善于科学灵活的安排教材，采用多种教法和组织措施，把课上得生动活泼，充分发挥学生的学习积极性。使学生能够利用体育课这个平台，更好地进行体育锻炼，并养成自觉进行锻炼的习惯。

2. 培养大学生身体锻炼能力

随着越来越多的人自觉地、经常地进行身体锻炼，这就给高校体育提出培养大学生具备能独立地进行体育锻炼能力的问题，使他们毕业走上社会后，能够更好地进行自我身体锻炼，并充当家庭和社会的指导者。为此，就必须在大学体育中加强对他们身体锻炼能力的培养，这不仅是对大学生本人的事，也是关系到增强人民体质和提高人民文化素养的大事。大学生身体锻炼能力，是指学生能运用所学的科学锻炼的理论和方法，结合环境和自身条件加以创新，培养成独立地进行体育锻炼的能力。这就要求在体育教育教学过程中，一方面，要培养学生明确体育锻炼的意义，学习有关体育知识和方法，能够结合环境和自身条件，制订锻炼计划和方法，能够结合环境和自身条件，制订锻炼计划和方案，坚持经常持久地锻炼。并养成良好的锻炼习惯。使学生能把所学到的体育知识、技术和方法，综合运用到体育锻炼实践中去，使锻炼活动成为日常生活、学习中不可缺少的一部分；另一方面，使学生在身体锻炼的活动中，能够根据自己的身体条件，健康水平，掌握和合理安排运动负荷，运动强度及运动的时间、并能进行自我调节。执行锻炼计划的自我控制能力，即在身体锻炼效果自我评价基础上不断修正并实施锻炼计划的能力。这里需要强调的是，在体育教学中，培养自觉锻炼能力是主要的，但是，不可忽视各要素之间相互联系、相互制约，互为补充的关系，体育教学中必须有意识地进行身体的全面培养。

3. 培养大学生掌握运动技能

体育运动能力，是指人在社会生活中，在掌握一定的体育知识、技术和技能的前提下，所获得从事各种运动的本领。运动能力是反映体育运动总体特征的一种能力，是锻炼身体和参加劳动、军事活动及各种文化活动的基础，培养大学生的运动能力，应贯穿体育课程的始末。这就要求：第一，在体育教学中，要不断改进体育课的教学方法，丰富课堂内容，多给学生练习的时间，同时也要避免运动教学走过场或只重视学生的技术，而不顾学生实际锻炼的情况，体育教学应从学生的实际情况出发，应遵循因材施教、循序渐进、身体全面发展等教学原则。正确地引导学生进行科学的身体锻炼，使学生的身体素质得到全面的发展。从而提高学生的体育锻炼能力。第二，在体育教学中，要创造良好的运动环境、提供足够的体育设施，使每个学生都有条件、有兴趣、有可能地多参加体育锻炼，有更多的时间参与运动，以发展他们的体育运动能力。第三，在体育教学中，培养学生的体育兴趣，激发学生的自觉性和积极性。要使学生主动、积极地参加各项体育锻炼活动，这对提高运动能力具有重要作用。在体育教学中，教师应正确地运用启发、鼓励、表扬和批评的教育方法。

4. 培养大学生开拓创新能力

在体育的教学活动中，学生是主体，是独立的行为活动，体育课教学有着较广阔的大地。发展学生个性与提高学生的心理素质，是培养学生开拓创新思想和能力有着极其密切的关系。学生在较广阔的领域中学习技术、技能，进行各种身体活动、游戏竞赛，并通过人与人的频繁交往，人的兴趣、性格和气质等个性心理特征容易表现出来，这对培养和发展良好的个性心理是有利的。在体育运动中，学生要根据自己的身体条件勇于创新，科学地、系统地进行体育锻炼。在强调培养和提高学生个性心理素质的同时，学校的体育活动与竞赛应广泛开展，发扬学生拼搏、进取的体育精神。

四、领会教学式的体育教学模式

（一）再从体育的特性上谈谈"会"与"怎样才能会"

1. 体育运动的"会"与"不会"因运动项目的不同而不同

（1）游泳、滑冰、器械体操的某些动作，舞蹈中的有难度的动作等在学习过程中都存在着"会"与"不会"的本质性区别，这些动作往往和日常生活中的动作有较大的区别。

（2）相反，跑、跳、投等动作在学习过程中基本不存在"会"与"不会"的本质性区别，一般只有"好"与"不好""正确"与"不正确"的区别，这些动作往往和日常生活中的动作比较相像。

（3）集体性球类项目是介于上述两者之间的运动，由于存在有技术和战术的多种问题，"会"与"不会"和"好"与"不好""正确"与"不正确"同时存在。

2. 根据运动项目的性质不同教学顺序和教学方法也不同

（1）游泳、滑冰、器械体操、舞蹈等都有"会"与"不会"的本质性区别的项目，必须从分解法开始学习，这种学习要求有从易到难的"循序渐进"过程。

（2）跑、跳、投等动作在学习过程中基本不存在"会"与"不会"的项目，有时不必从分解法开始学习，大部分时间是可以从完整法来开始教学的（如我们可以让没上过跑道课的学生直接上跑道去跑），"分解教学法"是为了学习细节的技术（如专门练习一下摆臂），"完整教学法"是为了学习整体的技术（如跑全程以培养学生的速率感和整体动作的连贯和协调）。这种学习有时不需要从易到难的"循序渐进"过程。

（3）集体性球类项目由于存在技术问题，因此有时需要先从整体来体会整个运动的战术和运动特性，此时是要求"整体教学法—分解教学法—整体教学法"的教学过程。

（4）个人性球类项目和用器械性运动项目（持拍类，持球类），由于其器械的有无关系到其基本运动特性的有无，因此在教学中不要将器械与学习者分开，如让学生做过多的徒手练习。

上面的思想中包含了"领会教学法"的思想。其中集体性球类项目由于存在有技术的问题，因此有时需要先从整体来体会整个运动的战术和运动特性，此时是要求"整体教学法—分解教学法—整体教学法"的教学过程，就是领会教学法的基本含义。

比如说足球，足球运动的灵魂是"足球的意识"（足球的跑位和战术配合意识等）。有了好的足球意识，足球战术才能活起来，足球技术才能发挥作用。篮球运动、手球运动、棒球运动等也有同样的特性，要先让学生掌握了足球的基本意识，不仅不影响这些运动的技术学习，还能使技术学习的目的性和实效性增强。

（二）领会教学模式的提出

领会教学法的教学模式被归纳成如下过程。

1. 教学过程结构特点

其教学过程的特点，主要体现在单元教学过程的改造上，是由过去从局部开始分解教学改变为从整体开始教学再到局部，最后回到整体教学。并让学生从一开始就领会到项目（特别是集体性的球类项目）的基本概况和概貌，以及早地形成球类意识和战术概念等。

2. 领会教学法的教学模式特点

（1）从项目整体特征入手，然后回到具体技能学习，最后回到整体的认识和训练中。

（2）强调从战术意识入手，把战术意识贯穿在各个教学环节中，整体意识和战术为主导性的特征很强。

（3）突出主要的运动技术，而忽略一些枝节性的运动技术。

（4）注重比赛的形式，并在比赛和实战中培养学生对项目的理解，教学往往从尝试性比赛开始，以总结性比赛结束。

（三）关于领会教学法的几点讨论

1. 领会教学法的教学模式是不是适合所有项目

领会教学法主要适用于那些需要对一个项目特点进行整体领会和认知，而这种认知又是联结具体技术学习，有利于把这些技术有机地联系起来，有利于学生灵活地、深入地进行技能学习的项目。比较典型的有篮球、足球、排球等到集体球类项目，还有一些枝节动作较多，但在创编上需要有变化的项目，如武术、健美操、艺术体操等。其他不具备这两个特性的运动项目，则不适用或不必用此教学法，但如果在某一个阶段运用完整教学法来帮助学生进行整体全局的认识也是很有必要的。

2. 所需要教学条件的分析

能不能很好的运用领会教学法，关键要有以下条件为支撑。

（1）教师要对所教的教学内容有一个整体性的梳理，要从教学指导思想改变过去从枝节入手、从简单入手的教学程序，建立一个从"整体—分解—整体"的教学程序和相应的方法体系。

（2）教师要对运动项目有比较深入的理解，特别是各个运动技术之间的关系有比较清楚的分析和把握。

（3）教师要在比赛教学法方面有新的开发，这种比赛法不同于过去的教学比赛，是一个尝试性比赛和为发现问题的比赛，比赛中要有一定的限制性手段，如限制防守的比赛、限制进攻的比赛、验证问题的比赛等。

3. 领会教学法教学模式与教学时数的关系

由于领会式教学法的特殊性，它对教学时数有一些特殊要求。用领会教学法与教学时数来结束，而不是教到哪里算哪里，那么它必须有一个能完成阶段性教学任务的基本时间，应该说一般不应少于 12 课时，即采用中大单元来教学，这是领会教学法这种教学模式的特点，也是这种教学模式能切实保证学生可以学好学会的特性。

五、大学体育的自主学习模式

自主式学习在当今的大学教育中发挥着重要的作用，不仅可以在思想上对大学生进行提高，使其在竞争日益激烈的社会中脱颖而出，同时对于社会来说，它的作用也是不可小觑的。大学生的体育教育是我国体育教育的重中之重，因为大学生本身就代表着祖国的希望。大学生的身体素质是我们整个民族的身体素质的一个缩影，更关系着我国未来在国际上的综合竞争力。当然身体锻炼是一个持续的过程，也是一个终身学习的过程，在大学期间要学习的主要是一种方法。

（一）自主学习的定义

自主学习顾名思义是一个与自己的主动性有密切联系的学习过程，但是它没有表现出来的是自主学习还应是一个独立学习的过程。自主学习的特征可以进行这样的总结：首先自主学习需要学习者对其设立一个目标，其次针对这一目标进行一系列的规划，最后对学生的个人、外在环境、外在结果进行总结，而自主学习就是这个总结的过程。在这个总结的过程中，无疑会激发学生的创造力，从而对学生的能力进行锻炼，相应地在这一过程中，不可忽视的是对学生自我控制力的一种锻炼。因此，可以把自主学习进行这样的阐述，即学习动机是在自我驱动下产生的，学习内容是自己主动做出的选择，学习策略是按照自己的意愿进行调节的，学习计划是自己制造的，学习时间是自己安排的，并且能对学习结果进行一个客观的自我评价。

（二）大学体育教学自主学习模式的应用

1. 通过对自主模式的运用，树立全新的教育理念

大学生的体育教育课程已经从单纯的对学生的身体素质进行锻炼的初级阶段，进化到了对学生的身体、心理各方面进行锻炼的高级阶段。在现阶段，大学生体育教育的关键就是发展出一种新的适应当今高级阶段素质教育的教育方法。这个最适应素质教育的大学生体育教育的方法就是自主学习模式，它不仅可以对大学生的身体素质进行锻炼，同时也可以使大学生形成一套自我约束的严格法则，从而完成对当今大学生体育教育的美好希冀。

2. 通过对教育方式的改变建立一种适应自主学习模式的外部环境

为了适应自主学习模式的应用,应该改变思路,在体育教育中尽量全面地体现"以人为本"这一教育理念,挖掘学生的兴趣,激发学生的个性,使学生自觉自愿自我地在体育课程中得到训练。为达到这一目标,首先应当进行改变的就是教师,在体育课程中,教师往往将自己定位为管理者这一高高在上的角色,这是不利于自主学习推广的,应转变思想,将自己定位为体育指导者。其次由学生进行配合,教学是一个相互的过程,因而只有二者积极地配合才能使外部环境真正地得以改变。

3. 以学生为中心,选择自主学习的内容

在以往的体育课程中,教师需要依照大纲的指引,按部就班地完成任务,结束课程。在自主学习模式中,应当由教师来对教学内容进行选择,要结合学生的实际选择相应的教学内容,因为教师处于教育第一线,对学生最为了解,更容易起到教育教学的目的。

六、大学体育的合作学习模式

(一)合作学习的概念与大学体育教学中应用合作学习的意义

合作学习是指在课程开始之前,教师根据学生的课程学习情况不同、性格不同、成绩高低等方面,将学生分为几个小组,通过小组之间相互合作与交流,完成相应的学习任务,掌握课程内容,完成教学目标。这种教学方式主要以学生学习为主,教师讲解为辅,开展小组合作学习,能够提高学生的学习兴趣和学习效率。在大学体育教学中应用合作学习的意义,可以从三个方面进行说明。第一,可以从大学体育教学本身来说。教师想要应用合作学习的模式,就必须在上课之前明确课程目标,并且进行小组划分,在上课过程中,要时刻把握课堂动向,引导学生进行体育知识自主学习,因此,教师将大部分精力都投入体育教学研究之中,能够切实提高体育教学水平。第二,可以从学生的角度来说。合作学习使学生脱离了传统的教师讲学生听的单一体育授课模式,学生可以通过小组合作,进行体育运动和知识探讨,培养团队精神与集体精神,提高解决问题的能力,因此,合作学习有助于学生在提高体育成绩的基础上,进行全方位的发展提升。第三,可以从人才的培养上来说。由于合作学习是一种新兴的学习模式,想要在大学体育教学中应用合作学习,学校就必然要投入相应的资金与资源进行研究,这有利于培养相关的合作学习探究型人才。

(二)大学体育教学中合作学习的步骤

大学体育教学中合作学习主要有五个步骤。

第一,教师在进行合作学习之前应当先通过调查问卷的方式,了解学生的体育水平与性格特点,为以后的小组分配打下基础。

第二，教师确定体育教学的主题，明确体育教学目标，不仅包括学生的体育知识学习目标，还包括学生的个人发展综合素养目标，在确定好目标后，教师应提前做好课程内容的安排。

第三，教师在课堂知识讲解和体育实际训练过程中，要按照课堂之前的分组，对学生进行课堂主题的讲授、交流以及讨论引导，以学生定位为主体，不过分干预学生的讨论过程。

第四，小组通过交流讨论，选择出讨论代表对讨论内容进行说明讲述，教师对学生的讲解与讨论进行总结，加深学生学习印象。

第五，教师收集学生课堂反馈，并且由学生交流讨论对该堂课的意见和异议，进行反馈，学生对课堂中所存有的疑问，提出对教师讲解过程中的意见与建议，教师通过收集课堂反馈，形成闭环，从而提升大学体育教学水平。

（三）大学体育教学中合作学习的应用探索

1. 以学生为教学主体，针对性进行体育教学

以学生为教学主体，又分为两个方面。一是关注学生的大学体育学习需求，教师了解学生缺乏的体育知识与锻炼技巧，对其进行针对性的补充，针对体育知识水平较差的学生进行重点教学。二是在进行合作学习小组讨论的课堂步骤中，教师应当以学生的讨论为主体，引导学生进行学习，而不是单方面地进行体育知识的传授。

2. 明确合作教学目标，提高学生综合水平

大学体育教学中应用合作学习，不仅是为了提高学生的体育成绩，还能够使学生在合作学习的过程中，学习到团体应用与集体精神，提高学生的综合水平。比如在进行接力跑的过程当中，学生通过小组讨论的合作学习模式，得出接力跑的注重点，在实际的跑步过程当中，通过接力棒的传递与集体参与跑步过程，培养学生的集体荣誉感，提高学生的综合水平。

3. 科学安排小组学习教学内容

教师在对学生进行小组分配时，应当按照学生的体质、擅长的体育运动、对体育知识的学习理解能力等个体特征对其进行分配，避免出现随意分组的现象。在讲课过程当中，应当科学的安排小组学习教学内容，既有学生交流讨论的内容，也有教师进行讲解的内容，相互穿插，激发学生的自主学习积极性。

七、大学体育注重个性化的教学模式

（一）大学生个性的偏向性及个性化教学模式在体育教学中实施的必要性

1. 大学生的个性偏向性

（1）大学生对体育运动的认知需要

对于大学生来讲，它对体育运动的认知，是体育教学的一种需求。而这样的需求，是通过大学生对某一项或者某一些运动项目产生了好奇之后，而衍伸出来的。换句话来讲，正是由于大学生对某一些运动有了好奇之心，才会最终产生需要了解并切身体验的需求。

（2）大学生获取体育知识技能的需要

对于这一方面的需求来讲，它所指的是大学生由于自身对体育项目的一种胜任能力而产生的，希望能够在全体学生中占有一定的地位的需求。这样的需求，是每一个人都具有的，每一个人都希望得到别人的尊重，都希望实现自我的提高。而大学生通过这样的提升，就能够在体育教学中得到满足感和成就感，最终获得老师和学生的共同尊重。

2. 个性化教学模式在大学体育教学中应用的必要性

第一，在大学体育教学中，实施个性化的教学模式，能够有效地促使其他学科的个性化发展。

第二，在大学体育教学中，实施个性化的教学模式，能够帮助体育生形成自身独有的特色教学风格。

（二）个性化教学模式在大学体育教学中的有效应用

1. 设定个性化的教学目标

要想促进大学生实现个性化的发展，最关键之处就在于高校要为学生设定培养目标。而对于大学生来讲，个性化的教学目标，能够帮助其实现个性化的发展，个性化教学目标的设定，对学生的成长趋势会产生直接的影响。需要注意的是，教学目标的设定，不仅仅会受到社会发展水平的影响，更重要的是和学生的身心发展规律、学生的学科功能特点等都有着直接的关系。所以，对于高校来讲，在进行体育教学培养目标的设定的时候，一定要体现出个性化，在尊重学生个性的基础上，体现出自身的特色，尽可能地在进行教学目标的设定时，就要明确个性化加特色的培养目标，通过此目标，把学生培养成为一个合格的人才。这里所说的合格，实际上包含两个方面，第一，就是说大学生需具备高校体育层次所要求的体育文化素养；第二，就是说大学生要能够和高校体育教学目标的要求相符合。

2. 构建个性化的课程体系

在设定好了个性化的体育培养目标之后，就需要为这一目标的实现而努力，而这一目标的实现，离不开课程的实施。在个性化的体育教学模式之下，体育课程体系的构建，必然也需要充分地体现出个性化。具体来讲，在进行个性化的课程体系的构建时，可以从以下的三个方面来进行。

（1）课程的内容要多样且个性

从这一点上来看，课程内容的多样化是每一个高校体育发展不平衡的需要，也是和学生个性化差异相满足的需要。课程内容的多样化且个性，就是要在课程的编制风格上，要在课程的适应对象上，明显地区别开来，在此基础上，还应该把课程内容的可选择性充分地体现出来。所以，对于高校来讲，首先需要做的就是要将目前以竞技类体育项目为主的课程内容做出调整，适当地把那些具有实用性的健身体育课程、民族体育课程、娱乐体育课程等内容增加。同时，要适当地把体育理论课程的内容加以更新，并进行恰当的充实。不仅如此，还要把那些综合性强，针对性强并且趣味性强的课程内容加入进来。

（2）课程的结构要多样且个性

从这一点上来看，它实际上就是要本着科学合理且系统的原则，适当地拓宽基础，通过此原则，来保证体育课程在课程的结构上面变得更加灵活，从而让学生拥有开放性的教学空间，让学生享有开放性的教学时间。而这一课程结构目标的实现，必然需要高校能够把目前必修课过多，而选修课过少；把目前重视必修课，忽视选修课的教学现状加以改善。适量地把体育必修课减少，并随之把选修课程的比例适当增加，大力地把课外体育活动予以强化。

（3）课程的形式要灵活且个性

从这一点上来看，就是要在体育课程设置的时候，把有的课程设置为教师讲授；有的课程设置为辅导答疑；有的课程则是由学生自主学习，并且要把自主学习的课程比例增加。另外，对于那些理论课程来讲，在进行教学时，可以通过专题理论研讨会、演讲比赛等方式来进行，当然，也可以让学生走上讲台。对于那些实践课程来讲，可以通过公开课的方式来进行，当然，这样的方式，应该把学生为主体的思想充分展现出来，体育教师只是起到指导和组织的作用。

不仅如此，为了使学生能够独立地完成体育任务，在体育教学中，还可以适当地开设一些运动体验的课程。通过这样灵活多样，并且极富个性的体育课程的形式，不仅能够使学生的兴趣被调动起来，而且能够促使学生的心智得到发展，更能够促进学生的个性化发展。

3. 创建个性化的教学氛围

对于这一点，主要可以从两个方面来进行。第一，教师要为学生营造出良好的教学氛围，打造出良好的教学环境。而在个性化的教学模式之下，必然需要营造出个性化的教学氛围。所以，对于教师来讲，需要做的就是要尽可能地在体育课堂上，创设出平等、和谐且愉快的学习氛围，那么，教师就必须把以往的课堂管理者和主导者的角色加以转换，以学生为中心，扮演好自身的促进者和执行者的角色。当然，在具体的体育课堂教学过程中，教师还要对每一个学生的需要，对每一个学生的个性差异给予足够的尊重。第二，教师在进行学习评价时，也应该体现出个性化的特点。这就要求教师要对学习评价的目标有一个充分的理解，要对学习评价的功能有一个充分的把握，在此基础上，逐渐把教师和学生之间的互动评价体系建立起来。

第三节　新时代大学体育教师的发展

一、新时代大学体育教师需具备的素质及其培养

随着国家对高校体育课程的改革，新时代高校体育教学对教师的专业素质提出了新的要求，需要教师具备更加良好的政治素质、道德素质、思想素质、知识素质、能力素质。分析高校体育教师需要具备的这些素质的内容，在了解这些素质的基础上有针对性的加强对高校体育教师素质的培养，有利于促进高校体育教学改革的进程。

（一）高校体育教师应具备的素质

1. 政治素质

政治素质是高校体育教师需具备的基本素质，主要指高校体育教师在教学过程中需要具备的政治条件和政治品质，包括坚定的共产主义信仰、高水平的政治鉴别力等。坚定的共产主义信仰是指高校体育教师要始终坚持党的基本路线、坚持坚定不移、坚持四项基本原则，以及贯彻和执行党的路线、方针及政策树立实现共产主义的崇高理想。高水平的政治鉴别力是指教师鉴别各种不良政治思想的能力，只有具备这个能力的教师才能拥有清晰的头脑，保证教学的正确方向。

2. 道德素质

高校体育教师具备良好的道德素质对教师自身的发展和教学的开展有巨大的促进作用。首先，高校体育教师必须爱岗敬业。高校体育教师作为一种职业，爱岗敬业是高校体育教师的道德基础。爱岗敬业能力是高校体育教师保持工作的积极性和激发教

师的创造能力，是促进教师在工作中不断提升自己的能力，从而满足教学的需求。其次，奉献精神，高校体育教师在教学过程中不计个人得失，以国家和集体的利益为重，是高校体育教师为人师表的重要表现。最后，高校体育教师要热爱和尊重学生，这是高校体育教师有效开展教学的基本前提，因为只有这样，学生才会更加亲近和信任体育教师，才会对教学内容做出积极反应，使教学更加有效。

3. 思想素质

高校体育教师思想素质包括思想观念和思维方式。思想观念是客观现实在人们意识中的反映，思想随着新时期体育教学现状的改变而改变。我国体育教学在改革的过程中，不仅教学课程、教学环境不断改变，新时期的教学对象对教学的要求也有所提高，需要高校体育教师具备与时俱进的思想观念，才能适应新时期体育教学的改革。思维方式是决定高校体育教师认识教学能力的重要因素，在教学过程中保持敏捷和科学的思维方式有利于教师发现教学中存在的问题，轻松找到解决问题的方法，推进教学的新发展。

4. 知识素质

体育教师的知识素质是教师在教学过程中需要掌握的理论知识。首先是体育理论知识，体育专业理论基础知识是教师知识素质的根本体现，高校体育教师在教学过程中要加强学生体育教学需要强大的理论支撑。其次是与体育教学相关的学科知识，这一部分的理论知识是高校体育教师的知识素质的重要组成部分，比如心理学知识、健康饮食知识等，其在高校体育教学的过程中发挥重要的辅助作用。

5. 能力素质

能力素质是指高校体育教师在进行教学过程中具备的能力。在教学过程中高校体育教师具备的能力多种多样。一是教学组织能力。高校体育教师在教学过程中往往是进行班级教学，要顺利开展体育教学需要教师具备很强的组织能力。在教学过程中有效地组织学生开展自主学习、探究学习，打破以教师主导的教学模式，让学生具有更多的机会主动参与教学。二是高超的教学方法运用能力。教师需要熟练地掌握多种教学方法懂得教学方法的运用艺术，合理的采用教学方法开展教学活动。三是教学评估能力。高校体育教师需具备科学的评估手段，才能对自己的教学成果有充分的认识，教学中的不足才能被及时发现和改进。

（二）高校体育教师素质的培养

对于教师素质的培养需要从多方面、有针对性地开展，这样才能使高校体育教师的素质切实地得到提高。

1. 加强理论学习

教师的政治素质、知识素质等需要丰富的理论基础知识来支撑，加强高校体育教师的理论学习是提高教师素质的重要手段，也是高校完善体育教师的管理手段。首先是完善体育教师的考核手段，对学校体育教师相关理论基础知识进行定期考核，检测教师的理论水平；其次是完善体育教师学习理论知识的激励机制，建立普惠、长期、公平的激励机制，促进体育教师学习理论的积极性。

2. 实施培训

培训是提高高校体育教师素质的另一种重要方法。教师在培训过程中可以吸收优秀的教学经验，来弥补自身的不足。在对高校体育教师开展培训的过程中也要讲究科学，必须保障培训具有针对性，针对本校体育教师的不足进行针对性的培养；必须保障培训方式的多样性，采取多样的培训方式能够提高体育教师在培训过程中对于培训内容的接受效率；必须保证每一位教师的培训次数，这样才能使教师在培训中尽快纠正自己的问题。

3. 开展实践活动

实践是检验真理的唯一标准。通过开展实践活动是提高高校体育教师教学素质的又一重要手段。首先是开展体育教师教学比赛的实践活动，通过开展教学比赛的实践活动可以使教师在参与比赛的过程中激发自己的潜力，使教师的素质得以提高；其次是开展教师互评的实践活动，在这一过程中，体育教师能够以旁观者的身份为其他教师的教学提供有效的指导意见，促进其他教师教学素质的教学水平。

二、大学体育教师教学能力提升路径

慕课建设成为推动高校教学改革，促进教育资源均衡化和提高教学质量与效率的重要手段。互联网、大数据等信息技术与体育教学的融合发展，优化了体育教学的环境、改善了信息的传播路径，学生信息获取途径也由单一转向多元，这都对大学体育教师的教学能力提出了新的要求，为适应大学体育教学的新变化，体育教师要转变教育教学理念，提升道德修养和个人涵养，提高课堂的掌控能力，学习专业知识和现代教育技术，科学化运用智慧教育手段。

互联网技术的迅猛发展催生了教育教学的改革，以慕课为典型代表的在线课程建设风靡全球，慕课以自身特有的规模巨大、开放性、网络性等特点，赢得了高校管理者以及师生的肯定。

（一）慕课建设与体育课堂教学改革

体育课堂教学在慕课建设中悄然发生着变化，传统的运动技能"传授—接受"式教学模式受到了挑战，翻转课堂、合作学习、俱乐部教学改革、探究式教学模式成为体育教学改革的热点。学生的学习过程不再局限于体育课堂活动，课前学习、课后练习成为体育课堂教学的重要延伸，而且体育课堂教学活动也发生了很大的变化，运动技能传授、学习、练习的课堂教学模式将变成学习与练习为主。课前、课后学生将会利用课余时间通过网络观看、学习更多的运动技能，能够借助现代媒体手段让学生从多个角度、多个维度学习、观看、了解运动技术的每一个细节，而且观察到的技术动作更加标准、规范，最为关键的是学生可以多次重复观察一个技术动作，对于动作的方向、动作的速度、动作的节奏、动作的姿势有着更好的理解，能够更加直观地引起大脑对于运动技术动作的皮层反应和视觉的感官刺激。练习过程中技术动作信息的即时反馈也为学生提高学习的速度和效果提供了很大的帮助，教学方法和手段也应随着现代信息化建设或者慕课建设进程的加快而适时进行总结、提炼，以适应新时代慕课建设背景下教学的需求。

（二）慕课建设与体育教学环境升级

体育教学环境对于教学质量提高的影响毋庸置疑，优美、舒适、富有文化气息的体育教学环境能够提高学生参与体育运动的兴趣。随着高等教育的投入增加，对于青少年健康尤其是体质健康的关注，高等学校体育教学的场地、器材已经发生了翻天覆地的变化，高规格的塑胶场地与人工草皮已经替代了碳渣场地。体育教学的器械设施尤其是辅助器械的"人性化""智能化"设计也更适应体育教学的需要，很多运动项目的教学从室外露天搬到了豪华的室内，室内运动场馆教学条件大为改善，为现代化、智能化体育教学设施的使用创造了良好的基础。人工智能、互联网等技术得以在体育教学中很好地运行，体育教学环境在新时代发生了翻天覆地的变化，新兴运动项目或者竞技运动的群众性、普及型、学校化改良增加了运动项目的趣味性、健身性、教育性，以其便捷、舒适、适用以及良好的感官的人性化设计吸引了广大的大学生从事体育锻炼，商谈、休闲、健身、学习一体化的智能化健身场馆更是点燃了广大青少年的锻炼激情，在社会资本的现代运作和高等教育教学的变革中，校企合作和吸纳社会资源办学成为高等教育发展的新契机，社会资本注入高校，诸如健身房、游泳馆、高尔夫场地和其他便捷体育设施进入了高校体育课堂，体育教学的环境、设施、条件等大为改善，在新的体育教学环境下，高校体育教师再沉浸于"一个哨子两个球"的教学时代已不能满足现在高等体育教学的要求，而适应现代体育环境的教学设施使用将成为提高教学质量和效果的必选之路。

（二）慕课建设与学生学习信息获取

"互联网＋"教育改变了学生获取信息的途径，学生获取体育学习信息不再仅仅来源于课本和教师的讲解，学生可以通过网络媒体获取多样性的体育运动项目的教学信息，电视转播、互联网等对于大型比赛的即时报道和精彩回放，可以让学生获得多项运动技术、运动战术等信息，运动项目发展历史的精彩节目制作能够让学生对于运动项目的发展历史有更加直观的了解，同一运动项目有多名体育名师、奥运冠军、体育明星等制作的体育慕课，譬如篮排足等集体项目、乒羽网等小球项目、民族体育项目、时尚运动项目、健身体能运动项目以及田径、体操、游泳等基础运动项目的慕课资源相当丰富，既有一流高校教师建设的慕课，也有师范类、专业类普通本科院校建设的慕课。民族地区高校或民族高校建设了具有民族元素的慕课，这些慕课的建设、开放为学生获取学习信息提供了便利的条件，学生不仅便于获取体育运动项目的学习信息，还能很好地甄别信息的优劣，这都会对体育教师的教学提出新的要求，大学生的辨别能力已经趋于成熟化，教学内容、教学方法、教师的魅力等都将是学生进行比较、谈论的焦点，体育教师如果不提高自己的教学技能、运动技术水平将会在学生进行选课时处于尴尬的境地，这也势必会促使体育教师不断去学习、去提高。学生学习方法在发生变化，自适应学习、个性化学习、分布式学习、泛在学习等深度学习的方法广泛盛行，慕课教育环境下，学生随处可学、随时可学、随地可学，学生可以自己选择适合的运动项目，跟同伴约好时间、约好运动场地，以学伴、团队的方式进行自我运动技术的练习和运动战术的配合，这些学习方式方法对于体育教师的教学提出了新时代的要求，不提高教学方法、教学手段、教学技巧将不能适应慕课时代的教学。

（四）体育教师教学技能的提升路径

1. 强化基本理论知识的学习，转变体育教育教学理念

中国高等教育正处于新的变革之中，"双一流"建设和"六卓越一拔尖"计划的实施对于高校体育教育影响深远，新时代高等教育必须将立德树人放在首要地位，要在学生品德修养上下功夫，使广大的学生践行社会主义核心价值观，"互联网＋"的时代要充分利用全媒体的积极作用，掌握主流意识形态的话语权，充分利用各种传播平台传播新时代教育的理念，培养社会主义现代化建设的践行者和接班人，把握新时代学生的成长规律，结合学生在新时代教育理念下的新特点，创新、完善价值引领理念，丰富价值理念的引领方法，帮助学生树立为国家富强、民族复兴奉献的精神，养成敢于担当民族复兴大业的积极态度。新时代的教育教学理念的转变以及传播方式的改变对于新时代的高校体育教师提出了新的要求，不仅要学习现代体育教学、信息传播等基础理论知识，而且要将信息技术与高等体育教学的基础知识相结合，体育教育的价值理念、体育教育的理念传达、以体育人路径的培育等要与新时代大学生的体育观念、体育学习习惯、体育知识获取途径等相契合，通过体育教学激发学生利用新媒体等现代化信息传播手段获取知识，培养"又红又专"的新时代大学生，通过民族传统体育文化的传播激发大学生的热情和创业激情。

2. 提升道德修养和情感素养，发挥体育教师引领作用

新时代的大学体育教师是青年人的"引路人"，是实现中华民族伟大复兴、实现中国梦的"筑梦人"，大学体育课程思政教育是新时代对大学体育提出的新的要求，

体育教师的思想道德水平、道德修养、道德情操对于新时代的大学生有很大的影响力，大学体育教师的历史观、民族观、国家观、文化观对于学生人生观、价值观等影响深远，大学体育教师言传身教的榜样作用将会引领学生更好地践行社会主义核心价值观，体育课堂教学中弘扬中华民族的优秀传统体育文化和体育精神，使学生认识、肯定中国教育、中国体育取得的举世瞩目的成就，引导学生投入教育强国、体育强国建设中。在体育教师在课堂教学中与学生进行情感的交流、领导班集体的情感互动是体育学科的优势，学生可以在线观看到优美的运动技术和知名体育专家教授、奥运冠军、体育明星对于运动技术恰到好处的讲解与演示，但在运动技术的学习和练习过程中同学之间、师生之间的合作与竞争，在参与运动竞赛过程中凝聚的团队意识、培养的吃苦耐劳的精神品质，这些真实的情感是在网络、慕课学习中体验不到的，体育教师在课堂教学中自身的情感素养的提升对于学生、团队、班集体情感的认知、培养、表达等都有直接或者间接的影响，教师应提高自身情感的控制能力，培养体育课堂教学中的积极情感，以此来涵养学生、团队、集体的积极情感体验。

3. 做好专业知识的自我提升，提高体育课堂掌控能力

慕课时代体育教师的教学能力的提升至关重要，体育教师对于教学方式方法、自身角色的定位、对于高等教育人才培养理念和目标的深入理解脏及学习提高，都会提高体育教学的质量和效率，学科教师同行之间的教学竞赛、金课建设等都会激励教师对于自身业务水平的提高，教师利用慕课的优势资源、技术和自身专业知识的学习来提高课堂教学质量和进行教学改革创新，改变传统的教学方法，提高课堂教学的效率和效果。教师自我学习能力的提升才能适应慕课对于高校体育教师的新时代的要求和挑战，教师不主动学习而满足自身现有学科专业知识结构将会跟不上新时代发展的步伐，对于现代信息计划、互联网技术、大数据等的学习将会提高高校体育教师对于新知识的学习，将新技术、新理念、新思考与教育教学相融合，加强自身专业技术、专业知识的学习提升，突破、提升、优化自身原有的教育教学知识体系。传统体育教学中的教材、教师、讲授"三为主"的教学模式，在慕课时代任课体育教师已不再是学习资源的唯一掌握者，以运动技术、运动竞赛、教学组织等内容已悄然发生了变化，学生的主体地位得到了充分的体现，体育教师和学生之间知识的传递更重要的是教与学方法的选择，体育教师应主动优化教学资源和教学方法，充分利用线上教学资源的优势，进行线上、线下教学的深度融合，通过教学方法、练习方法、竞赛方法的多层次、高深度的改善与创新，打造高校体育课程的品牌和特色，娴熟的体育运动技术的展现、教学艺术与技巧的运用、课堂教学竞赛组织的掌控能力等都将会提高高校体育教师的专业素养和人格修养。

4. 融合信息技术与学科知识，运用智慧体育教学手段

教育现代化、智慧化建设与信息技术的快速发展密不可分，云计算、人工智能、

物联网、区块链等信息技术在体育教学领域的应用随处可见。智慧社会、智慧教育、智慧校园是大学体育教师不得不面对的现实问题，信息技术如何与体育教学进行结合成为提高课堂教学质量、展现教师教学艺术、提高学习兴趣的难题，智慧教学手段成为教学反馈、教学评价的重要方式，VR（虚拟现实）技术的即时反馈能够使学生在练习后即刻了解自己动作技术的优缺点，可穿戴设备可以让学生掌握运动全过程的运动负荷状况、运动能量的消耗等，教师在进行运动技术的讲解前学生可能已经通过在线课程、慕课资源等进行了很好的学习，这些问题都需要大学体育教师具备很好的学习信息技术并将信息技术应用到大学体育教学中。

第四章　大学体育教学的有效优化

第一节　因材施教在大学体育教学中的应用

一、大学体育教学因材施教策略分析

随着知识经济时代的到来，人们对教育也越来越重视。教育的普及化和通俗化，也让大学体育这一课程逐渐受到学生和家长的关注。大学体育教学不同于其他基础学科，可以通过文字或教师讲述，学生就能理解，体育教学讲究的是理论联系实际，因此这就要求体育教师在教学过程中采用因材施教的方法，将体育技能直观地展示在学生眼前，提高学生学习兴趣。

（一）因材施教的目的

1. 因材施教可促进学生身心健康全面发展

在现代体育教学中，教学目标不仅仅是限于身体锻炼与动作技能的掌握，还必须有健康的心理。因材施教正是根据每个学生自身存在的差异，为每个学生的发展提供平等的机会。只有为每个学生提供适合自身发展的学习机会，才能促进其自身的发展，也才能达到身心健康的目的。

2. 因材施教可提高学生学习的积极性

因为教学目标的设定都是根据学生的实际水平而定的，在这样的教学中每个学生都能处于积极活跃的练习状态之中，不断感受到求知和进步的乐趣，使每个学生都能学有所得，这增强了学生的学习积极性。

（二）因材施教在现代体育教学中的具体应用

1. 根据学生差异进行分层

学生的身体形态、运动能力与身心素质等不尽相同，体育教学应该正视这些实际情况，根据教学总目标，按合理的因素分成不同的教学层次，并对不同层次提出相应的教学目标和要求，才能使不同水平的学生都学有所成，从而都能体验到体育课的快乐。

教学中可以采用"按素质、运动能力"分组、"按兴趣爱好自由结伴"分组等。比如，在短跑教学中可按素质能力分组。将能力相近的学生编为一组，这样可以保证学生在不同水平起点上共同进步，各有提高；在球类课中，它的技术性较强，所以教师上课时把运动能力强，四肢协调性好的学生分为一组，增加教学难度，提高运动技术水平。把运动协调能力较弱的学生分为一组，降低教学难度，只要求其掌握基本动作，让他们感到通过自身不懈努力也能掌握动作，从而增强信心、提高兴趣。

2. 采用灵活多变的教学手段

教学有法，教无定法，贵在得法。这就要求教师根据不同的教学内容和学生的能力水平，设计出符合学生身心发展的教学方法，使每个学生通过努力都能体验运动的乐趣、成功的快乐。如体育教学大纲规定的跳远内容，它也是锻炼标准达标内容之一。为了解决跳远教学的枯燥，教师可以根据场地情况以及学生体能的差异，设计多种形式的教学方法，来满足学生不同身体需求，同时也能达到教学要求，完成教学任务。如设计"蛙跳""自由跳""助跑练习""立定跳"等几种练习交替进行，让学生自由发挥，不仅使体育能力好的同学展示了自己的才能，也使体育能力弱的同学完成了教学任务。

3. 对学生进行分层评价

人的身体素质、运动能力又有强弱之分。传统教学目标的确定未考虑学生个体的差异，考试和评定体育课成绩模式单一，易挫伤学生的积极性。体育基础好的、身体素质强的学生，不需要努力就可轻易获得好成绩；体育基础差的、身体素质差的学生，即使刻苦练习，成绩也不理想。在教学中，除采用传统的考试评分外，还应增加平时"积极练习"的评分方法，即平时说的"态度分"。这样身体素质好的学生，不认真练习，就无法获得优秀；身体素质差的，通过刻苦勤奋的练习，既能学会体育技术技能，增强体质，又能获得良好的成绩。这种方法采用后，不仅促进好的学生会更精益求精，而身体素质差的学生也不会因为自己的身体素质、体育能力差，而对体育课失去信心。

（三）因材施教对于大学体育的意义和方法

随着素质教育的普及以及新课标的不断改革与完善，大学体育在不断发展中教学方式也越来越多样化。因材施教是很多高校在体育教学中都应用的一种教学方式。因材施教从理论上讲是从学生的实际出发，以激发学生的学习需求为目标，发挥学生的主体作用的一种教学方式。

从理论上讲，因材施教是指针对学习的志趣、能力等具体情况进行不同的教育。因材施教的教育方式始于孔子，发展于王守仁、陶行知。目前，这种教育方式在中国教育中被普遍应用，尤其是在大学体育教育中涉及身体技能的学习，因材施教在整个教学过程中起到了很重要的作用。

1. 体育教育中因材施教的重要性

通过大多数地区在大学新课改教育中对体育教学方法的改革发现，因材施教是一种很有效果的方法，无论是对学生还是对学校都有着很重要的作用。其重要性表现在以下几个方面。

（1）有利于新课改教育的完善

大学体育课作为课程改革的一部分，在教学中贯彻了新课改的新理念。很多大学响应新课改，倡导体育教师在教学过程中注重因材施教。可以说，这种由于新课改要求而出现的因材施教的方式在教学过程中，更注重学生的心态与体改，获得了很好的效果。

（2）有利于调动学生学习体育的积极性

大学体育教育中采用因材施教，能够通过对学生优点以及缺点进行分析，采用不同的教学方式来获得教育效果。学生的生理状况存在差异性，譬如有的学生体能比较好，而有的学生弹跳能力比较好，加之学生的"生物钟"不同，如果教师在体育教育中因材施教引导学生正常训练，就会让学生发挥优点，避开缺点，从而调动学生学习体育的积极性。

（3）有利于大学体育教育的发展

因材施教的教学方式在体育教学中的运用，一方面使学生在认知水平、生理、智能乃至气质等方面都有提高；另一方面也可以提高教师的业务能力，可以让教师在今后的教学中更具针对性地制定教学战略。这样对于体育教育的发展有着极其重要的作用，还可以推动大学体育教育的发展。

2. 因材施教的教学方法

在大学体育教学中，因材施教的教学方法多种多样，主要表现在以下几个方面。

（1）分层次教学法

分层次教学法从理论上讲就是指教师根据学生现有的知识、潜力倾向把学生各自水平相近的群体分成几组，并根据他们的特点进行不同的教育。这在大学体育教育中表现得极为明显，譬如铅球运动，由于大学男生和女生身体发育有着极大的区别，从他们的身体素质考虑，投掷铅球，男生一般是以 5kg 为主，而女生一般则是以 4kg 为主。

（2）结对教学法

结对教学法主要是让能力比较强的学生纠正能力比较差的学生的动作，这样可以减轻差生的自卑心理，在他们结对学习的过程中，能力强的学生可以潜移默化地去帮助差生提高能力。譬如跳山羊，有个别的女生，她们始终不敢去跳，在这种情况下，考虑到大学生的敏感心理，体育教师就可以给她们安排一个跳得比较好的女生去开导、辅导她们，这样起到的效果比教师自己去教要好。

（3）竞赛教学法

竞赛教学法主要是学生在体育活动中进行相互竞争以决胜负的一种方法。大学生在发展过程中正处于好强心理比较强的年龄段，体育教师可以根据他们的这一心理，以一种标准定制一定的奖项，提升学生学习体育的积极性。比如，在跳远运动中，根据不同的身高分不同的组，各组之间竞赛，获胜的组可以获得相应的奖励，这样就会极大地挖掘学生的潜力。

（4）困难教学法

困难教学法主要是指根据教学目标来设置不同程度的障碍以提升学生能力的方法。大学体育教育方式主要是在体育教育中给大学生设置困难。譬如跳高，可以给学生设置一个他们未曾跳过的高度，让他们达到这个目标，这样学生的好强心理就会让他们不断练习，从而提升他们的跳跃能力。

3. 因材施教教学方法起到的效果

因材施教教学方法的应用，起到了良好的效果，主要表现在以下几个方面。

（1）提升了学生综合能力

体育教师采用因材施教的教育方式，能够不同能力和不同层次的学生都会获得学习的成就感和身体素质的提升，这就使得学生的总体技能水平不断提高。可以挖掘学生的潜力，尤其是对于正在发育时期的大学生，可以提高他们的身体素质和心理素质。通过体育锻炼，还可提升学生的综合能力，这样对于大学生的综合素质以及心理素质都有比较好的提升，为其今后的发展奠定比较好的基础。

（2）提升了教师的业务能力

大学体育教师进行的因材施教源于大学体育教师对教材的认知钻研以及对大学生心理的了解，因此这督促着体育教师不断钻研教材，学习了解大学生的心理，这样，他们才会制定有效果的课案。这就潜移默化地提升了教师的业务能力，提高了教师的教学水平，教师业务水平以及教学水平的提升又可以推动大学体育教育的发展。

（3）推动了新课改的发展

随着教育的发展，新一轮基础教育课程改革正在进行，新课改要求根据新课程的培养目标对现行课程结构进行调整。在体育教育中，应用因材施教的教学方式，有利于学生学习兴趣的提升，相对于传统的教学方式，更能获得教师和学生的喜欢，这就推动了新课改的发展，推动了素质教育的改革。

因材施教在体育教学中的应用，对大学教育极为有利，一方面可以调动学生学习的积极性，使学生怀着兴趣去学习体育；另一方面可以获得技能方面的提升。在今后的体育教育中，大学体育教师要在实践中总结经验，进一步提高教师业务发展水平，更好地完善因材施教，推动大学体育教育的发展，为新课改的发展作出贡献。

二、女生体育教学的特点和指导实践

今天的女生，未来的母亲。女生的身体健康与否，直接影响到下一代的健康。从优生优育的角度来说，女生的体育教育将关系到中华民族的兴衰，关系到提高我国人口质量，强国强民的大事。重视与加强女生的体育教育，是一项具有现实意义、又有战略意义的工作。

（一）女生体育课的特点与指导

1. 提高女生对体育课的认识

应努力提高女生对体育课的认识，使学生充分认识到掌握"三基"（基础理论、基本技能和基本知识）对锻炼身体，提高自身的文化素养终身受益，振兴中华的深远意义。有针对性地加强女生体育卫生保健基础知识的教育，引发她们对正确的学习动机和深厚的体育锻炼的兴趣，采取多样手段与方法，培养她们勇于拼搏、积极进取的精神。

2. 教材要适应女生的生理与心理特点

选择一些形体训练教材，如韵律体操、艺术体操、平衡木、高低杠等教学内容。

形体训练是发展学生感受美、欣赏美、表达美的能力，特别是女生进入青春期后，由于乳房的发育，致使一些女生因为害羞的心理而常常含胸驼背形成脊柱弯曲等不良体态。通过形体美的训练，进行身体美，动作美的教育，有助于她们养成正确的姿势，形成健美的体型，促进她们身心正常发育。艺术体操是融体育、音乐、舞蹈于一体的女生运动项目，它以独特的音乐伴奏、健美的造型和富于韵律的动作组合极具感染力，吸引更多的女性参加锻炼。

3. 教法手段重在提高身体素质和运动能力。

在教法手段上，选用一些多样化的诱导练习、辅助练习，努力提高女生身体素质和运动能力。教学中可以编选一些双人操、绳操、球操、纱巾操等。还可以通过一些小型活泼的游戏方法来发展女学生的体能，创造一些身体素质练习。例如，体育课尽可能采用音乐伴奏等方法，以提高女生的情操和动作的美感。

（二）注意处理好女生和教师的关系

作为一名体育教师对学生的态度要好，特别是女生，她们对有些动作本来就存在不敢做、怕羞、胆小等心理障碍，如果用生硬的言语教导她们，不但效果更差，甚至会起反面影响，因此师生关系一定要处理好，教师态度的平和是师生情感融洽的一种表现。当师生相互尊重，相互爱护，学生与老师在心理上就会亲近。反之，如果教师总是生硬的态度，对学生发号施令，要求学生绝对服从，从表面上看是严，实际上说重了是"蛮"。久而久之，学习兴趣会荡然无存，而且会对体育课产生怕的感觉，教学效果可想而知。所以，教师与学生的关系应保持平等相待、互相尊重，使学生爱上体育课。教师的言谈举止所流露出的情感信息，能被学生敏锐地感觉到，能沟通师生思想，加强情感交流。

总之，教学过程中，要想提高女同学的学习积极性，必须根据年龄特征，正确引导，培养她们终身体育意识，把她们的积极性调动起来，使上体育课难的问题得以解决，使学生的身体健康得到保证。

三、体育教学与个性心理品质

注重学生德、智、体等方面全面提高，促进学生个性生动活泼主动的发展是当前教育改革的指导思想，是各级各类学校对课程设置的总体要求。所谓个性，是指一个人在生理素质和个性心理特征的基础上以及在一定的社会历史条件下，通过社会生活的实践锻炼与陶冶，逐步形成的观念、态度、习惯与行为等。它是一个人比较稳定的生理、心理素质和社会行为特征的总和。个性并不是社会环境的消极产物，而是人类在掌握社会经验和周围现实的活动中，通过动机、兴趣、理想、信念等内部世界体现出来的。

发展个性与全面发展是不矛盾的。全面发展是指一个人的智力和体力得到充分自由的发展。但每个人的智力和体力是有差别的，因而不能要求每个人在各个方面都一样的发展，不能要求每个人都有相同的兴趣和爱好等。由于参加体育活动的自发性和反复性，所以给予个性的形成和发展有很大的影响。学生时代所获得的户外锻炼的经验，到成人后能够促使其积极地参加体育活动，而且在运动中不可缺少的体力、技能、勇敢、果断、灵敏以及机智等品质，可以在同辈群体中受到较高的评价。

在体育教学中影响个性形成与发展的因素有很多。首先是环境的因素。优雅整洁的体育场地，团结互助的集体，民主和谐的教学氛围势必会使学生积极地投入体育教学中去。其次是学生的自我意识。客观的对自己进行评价，从中找出自己的优势和长处，从而发现自己个性中出色的部分，从深刻的自我认识，自我发现开始，向更高层次的自我提高前进，正是运动技能学习场景所具有的促使自我意识形成的因素。最后是群体的约束。促使个性能够积极地进行自我提高的动力之一，是群体所具有的促使个性形成的一种功能。

在大学生的各种需求中，对社会参加和社会承认的需求表现得特别强烈。因此，良好的体力和技能，机智和勇敢等品质将受到好评，不遵守群体规范的行为将受到惩罚。群体的约束迫使成员不得不改变自己的某些特征。最后，学生主体的积极性也是影响个性形成与发展的重要因素。学生反复持续的努力，不断的自我克服，自我超越，不断向新的高度挑战，就会培养出勇敢顽强、沉着冷静、努力进取的精神。

根据以上因素，在体育教学中只有做到以下几点，才能完成学校布置的体育任务，才能在体育教学中真正实现"健康第一"的思想，才能促进学生个性的形成和发展。

（一）设定阶段目标

把体育课的总目标设定为多个中间层次的目标，每个中间层次的目标又可分为若干个具体的目标。这样使学生能够循序渐进地去实现目标。当达到一个具体目标时，又有一个新的目标摆在前面，从而唤起学生不断地向更高目标进取的愿望。

（二）采用练习——测验——比赛的循环方式进行体育课的教学

首先从练习开始，经过模拟测验，练习比赛；其次正式比赛或测验结束的程序比传统的教学模式更能够促进学生个性的形成和发展。

（三）要尊重学生的自主性和创造性

让学生参加到教学计划的制订，教学过程的组织等活动。在每次课后都应该留出一定的时间给学生自由练习，从而满足学生的不同需求。

（四）要建立民主平等的师生关系和生生关系，创造民主和谐的教学氛围

倡导互相接受，互相适应，互相理解，互相尊重。树立尊重他人个性，维护他人尊严的教学观。让学生充分领悟到教师的爱和集体的温暖，及时制止学生间的讽刺讥笑等恶习。

第二节　大学体育社团的发展与管理

一、发展高校体育社团必要性的探讨

作为第二课堂重要组成部分的高校学生社团是大学生根据个人的兴趣、爱好和特长，经过有关部门批准，以学生自愿方式组成的课外性的学生群体组织。参与学生社团不仅能丰富学生业余文化生活，培养兴趣爱好，而且能为学生提供一个了解外部世界的窗口，为学生打造一个充分展示自我、挑战自我的平台，在学生和社会之间搭起一座桥梁，从而繁荣校园文化，提高大学生自身综合素质。

体育社团是大学校园中最活跃的学生社团，是高校学生社团的重要组成部分。体育社团活动具有公开化、群体参与性高的特点，组织比较灵活，形式变化多样，为丰富学生的业余文化生活起到了很大的作用。体育社团日益成为高校中具有重大影响力和凝聚力的群体。所以，进一步深入认识和了解大学生体育社团，分析和肯定其在高校教育中的地位和作用具有非常重要的现实意义。

（一）高校学生社团

1. 学生社团的主要含义

学生社团，是指在学校有关部门（如学生工作处、团委等）的指导下，由大学生自发组织的为满足学术、文艺、娱乐以及各种能力的培养提高所需要的群众性组织。在这种面向所有学生的教育中，学生们不管其天赋能力如何，都无一例外地热爱知识并愉快地学习，激发学生对学习纯洁之情的途径，就是鼓励学生自发的活动，并使这成为获得知识的基础，从而让学生无论学习什么都通过他们自身的活动来学习。

2. 学生社团创建依据

学生社团是大学生依据自愿性原则，基于共同的理想信念或兴趣爱好，为完成共同的目标而组织起来的进行持续性发展活动的群体。社团活动的组织和开展要求大学生不断提高其构思、创意、策划与执行等基本运作能力，对于当代大学生完成获得自我角色规范和职能的社会化任务，创建和完善自己的个性，使自己同社会之间进行和谐的互动和共振起着重要作用。同时，学生社团已经成为校园文化建设的载体。优质社团的成员通过加入社团、投身社团活动，参与社团管理等多种途径与社团紧密地联系在一起，在传播知识、交流信息的过程中，耳濡目染，日益陶冶自己的性情，增强集体观念，训练和培养自己良好的习惯和高尚的情操。同时，优质社团在成员中倡导的价值观能够潜移默化地影响成员的心灵，社团成员在共同信念的鼓舞下，同心同德、互相帮助、互相鼓励，由认同感到荣誉感，由荣誉感发展到对集体的责任感，并由此延伸到对民族的自豪感和对祖国的归属感。

3. 大学社团活动的主要特点

（1）开放性

开放性指社团内接收信息的方式多样，传播信息的来源广泛，活动内容丰富。

（2）趣味性

以大学生为主体的社团活动，丰富多彩。

（3）专业性

这种由个体目标的聚焦统一而形成的大学生社团，它能满足大学生某一特殊方面的要求，使成员之间可以取长补短、互相补充，实现智能互补和素质互补。

（4）目的性

加入社团与否，完全由自我决定，因此，满足青年大学生日益增长变化的各种需要。

（5）自发性

任何社团都是学生自己组织起来，自主管理的，没有强制性。

（二）高校体育社团

1. 体育社团的定义

体育社团就是以体育运动为目的或活动内容的社会团体。体育社团是高校社团的重要类型，也是体育活动的重要的组织形式之一。由于体育文化的群体性、社会性和多数人参与的非职业性等特征，决定了体育社团存在和发展的必然性。在历史上，体育社团对体育文化的传播起到了重要的组织、教育作用。

2. 构成体育社团需要具备的条件

①一定数量的较为固定的成员，成员应具备体育方面的某种条件，成员按一定的方式组合起来，每个人都有职能分工，并承担一定的责任和义务。

②特定的体育目标或为了提高某一运动项目的运动成绩，或为了健身娱乐。这一体育目标必须具有社会意义，并形成成员的群体意识。

③明确的行为规范。即有群体成员互动时遵循的规则和对其成员的特殊要求，又要有必要的奖惩制度，这些都要载入社团的章程。

④权力结构。体育社团需要有一个自上而下的权力分层体系，以控制和指导体育社团的活动。

⑤一定的物资设备。体育社团与体育场馆设施有着密切的关系，多数社团附设在体育场馆，或由体育场馆兴办体育社团。

⑥适宜的外部环境。体育社团的存在与外部的体育环境关系很大，体育人口的数量、

活动方式决定了体育社团的规模和性质。体育社团与其他社团的关系也是重要的。

⑦一定的社会承认。组织体育社团必须遵守学院有关结社的规定,得到学生工作处、团委等有关部门的认可和批准。

(三) 体育社团发展的表现

①体育社团数量和规模快速增长。以前每个高校一般都只有一个社团或者没有社团,而现在出现百团大战的高校几乎各省都有一、两个。学校已经开始重视学生身体素质的培养。不仅如此,社会上的体育团体也纷纷成立。

②体育社团的参与面和涉及领域明显扩大。社团成员来自博士生、硕士生、本专科生各种层次,一般的校级社团成员都来源于各院系、各专业,遍及是在校的所有学生。

③体育社团活动形式和内容更加丰富。

④体育社团间的合作不断加强,与社团的交流、合作不断扩大,出现了跨学科、跨学校、跨地区之间的联合。

⑤体育社团在校园内外的影响力不断扩大,功能日益突现,学校及政府有关部门也纷纷出台了各种扶植、支持、激励政策。许多高校已把学生体育社团建设纳入了学分制、推行素质教育等教学改革以及学生教育管理体制改革当中。

(四) 体育社团发展的主要影响

①体育社团价值观使社团成员树立强烈的荣誉感和主人翁责任感,进而促进健康体格的发展。

②体育社团有利于培养集体主义观念、团队精神和情绪调节能力,培养自信心。

③有助于创新能力的培养,培养创新型人格。

④有助于培养大学生的组织管理能力,使其在文化素质提高的同时也锻炼了身体。

(五) 体育社团发展的作用

体育社团活动对大学生健康人格的影响以及加强高校体育社团建设,开展好体育社团活动,引导学生健康体格的发展有促进作用。

体育社团活动对学生健康体格的影响日益突出,加强体育社团的建设,搞好体育社团活动,更好地引导公民健康体格的发展是一件重要的事。首先要转变观念,提升体育社团的地位。在一所大学里面,少了体育社团,其校园文化就少了很多精彩。其次要加强体育社团的组织管理体系,社团内部管理好,有得力的干部带动会员搞活动的话,其效果会有大大的不同。最后要创新体育社团活动机制,在内容上要顺应历史潮流,用正确的社团活动价值取向来指导学生社团活动,增强体育社团发展的战略思维,提升体育社团活动的品位和质量。

（六）目前高校社团存在的问题及改进措施

社团活动是高校校园文化建设重要组织群体，目前要解决的主要的问题是。

①学校要重视，注意引导，加大投入，尤其是随着高校改革的进一步深入，学分制和后勤社会化等制度的实施，社团就成为学生文化活动不可缺少的抓手和联系学生的重要纽带。要努力改变目前社团活动比较单调、乏力的局面。通过它能够有效地拓展校园文化的传递渠道，增强对大学生文化素质的培养力度。

②要挖掘体育社团的人才优势，培养、造就一批从事体育社团工作的人才和社会活动家。体育社团的性质要求体育社团工作人员具有较高的素质，体育社团不但专业性强，而且社会联系广泛。因此，要求体育社团专职工作人员不仅应当具有较高的文化水平，熟悉业务，而且要精明强干，具有组织领导才能与人际交往和公关能力；善于演讲，具有感召力，这样才能使体育社团产生凝聚力和向心力。

③要发挥服务功能，提高体育社团工作活力。社团的特征之一就是它的服务性，同时也是它立足社会、生存与发展的主要手段，为会员服务是体育社团的天职。所以服务质量的好坏，直接关系到体育社团的兴衰存亡，关系到体育社团宗旨、任务的完成。体育社团可以开展各种活动，使会员从中受益，以增强体育社团内部的凝聚力，从而不断扩大队伍、壮大力量。

④社会实践是培养学生艰苦奋斗精神、磨炼意志、实现人生价值的另一个载体。要把大学生社会实践活动同学间的素质教育、综合能力的培养紧密结合起来，不断研究和规范社会实践的内容、方法和具体措施，完善管理制度，使这项常规工作不断富于新的内容。另外，学校所能为社团提供的支持与方便是有限的，学生只凭自己的力量是不够的，要加大学生社团的投入，必须借助社会的力量。广泛的借助社会力量开展工作，走社会化道路，可以保证社团活动的顺利开展。

只有这样，社团才能更加体现学生自我需求、学校需求和社会需求三方面的集合统一，更有利于学生实现自我价值和社会价值的统一。所以要积极引导青年学生投身社会实践，在实践中坚定远大的理想，在实践中树立服务祖国人民的思想。

二、高校体育社团的管控研究

大学生体育社团是促进校园体育文化发展的重要角色之一，是大学生增进身心健康、展现才华、充分运用体育知识的实践平台。在学校体育教育日益注重学以致用、课内外整体结合的今天，有必要认真对学生体育社团的组织、管理和发展趋势进行研究，充分挖掘学生体育社团注重体育实践的积极作用，努力消除其不利因素和诸多负面效应，采取积极有效的对策和引导措施，有计划地将大学生体育社团的建设纳入学校体育教育的总体计划，将体育教育融入大学生的生活之中。高校体育社团对丰富学生业余生活、增强学生体质、参加体育竞赛都具有重要的价值意义。

（一）问题的提出

学校体育工作不仅在促进学生体育素质方面发挥了作用，而且在教书育人和执行党的教育方针方面也起到了重要作用。尤其是学生在自我管理方面，大学生社团组织发挥了重要的组织功能。因此，从体育管理学理论的角度，探讨总结大学生体育社团组织在高校体育教育教学管理中的管理问题具有一定的现实意义。

（二）大学生体育社团组织在高校管理中的作用

学校的组织机构是按学校管理目标的要求，将学校的职位、岗位、人员进行科学组合，形成结构合理、债权清楚的协作系统。学校的组织机构按活动的内容和性质可分为：政治性组织、行政性组织、群众性组织、学习性组织、学术性组织。普通高校由大学生自己成立的社团组织属于群众性组织，大学生社团组织在学生自主管理过程中起着不可忽视的作用。高校大学生体育社团在高校大学生社团中起着重要的作用，它是校园文化建设不可缺少的主要组成部分。通过体育社团组织的各项活动可以协助学校体育课程培养学生养成良好的体育健身的习惯，是高校树立"健康第一"思想理念的重要途径。大学生体育社团组织在高校管理中的作用，归纳起来有以下主要作用。

1. 对高校校园文化建设有一定的促进作用

高校教育教学模式的改革深化，给大学生社团组织建设带来了生机。同时大学生社团组织的建设在繁荣校园文化、丰富学生课余生活以及提高个人综合能力方面等的作用上日益突出。作为高校校园文化重要组成部分的学生社团，不仅是高校第二课堂的重要组成部分，也是学生发挥所长，展示才华的一个阵地。通过社团活动的开展，拓宽了学生视野，扩大了学生的求知领域，进一步丰富了大学生的人生经历。体育社团活动可以把大学生集聚到一起，参与到体育活动中来，各高校体育社团组织，可以结合自身的特点、紧扣校园文化建设的活动内容，吸引广大学生前来参加各种各样、丰富多彩的体育活动，同时可在校园中广泛开展体育健康知识讲座、培训等活动，大力宣扬体育精神，弘扬体育文化。在学院组织举办的各项体育比赛中，各体育社团的成员能够积极参加各项体育志愿者活动，为各项体育赛事的顺利进行作出了贡献，同时，为扩大校园文化的氛围、为校园文化发展发挥了积极作用。

2. 体育社团活动开展有利于校园的和谐稳定

大学生体育社团在组织的各项社团活动中，不仅为大学生提供强身健体的机会，而且丰富了大学生的业余生活。不仅为促进大学生的健康成长发挥了重要作用，而且为各民族大学生之间提供了交流的平台。在社团活动中，不同民族社团成员，可以结交相同爱好的同学，培养体育能力，展示个人的才华，交流共同兴趣，使社团成员和活动达到均衡有序、协调促进的和谐状态。丰富多彩的体育社团活动，能够对大学生产生广泛而深刻的影响，大学生体育社团也能够成为学生思想教育的重要载体。大学生之间的平等性是大学生社团的一大特点，不同民族的大学生社团成员之间拥有共同的兴趣，这种以共同兴趣聚集的群体在相关知识的学习方面极易形成相互的影响和自觉的进步，而且由于其成员间的平等性，每个成员的创造性能够得到最大限度的发挥。体育社团组织通过举办各种体育竞赛活动来满足不同民族的大学生参加体育竞赛的欲望，更重要的是能够加强不同民族大学生之间的交往，促进相互了解与认识，增进友谊，共同学习、共同进步。高校体育社团活动的开展有利于校园的和谐稳定，而且成为影响和谐校园的重要因素之一。

3. 体育社团是大学生体育课堂教育教学的一个延伸

高校体育社团活动形成了课堂教学与课外活动之间的纽带，通过体育社团的活动，实现了课堂教学课内外的一体化，它是课堂教育教学的一个延伸。不仅提高了学生身体素质及运动技能水平，而且对大学生组织能力、社交能力的提高，以及社会的适应有很大的帮助。大学生参加体育社团后承担着社团会员或社团干部的角色，在组织参加体育社团的各项活动中，每个人都扮演着不同的角色，一些同学可能是领导者和组织者，一些同学可能是参与者和被领导者，但他们都承担着相应的职责或任务。体育社团是学生自愿组织的群众组织，虽然制定了一些规章制度，但是遵守这些规章制度还要依赖每个组织成员的自觉行为，这些规章制度也需要大家的维护。在体育社团组织的各项活动过程中，社团成员体验了道德、伦理、惯例、传统等社会规范的约束，这对大学生的成长起到了一定的教育作用。另外，体育社团组织的各项活动的开展都是在课余时间，以体育活动为内容，以体育健身为主题，它是体育课的一个延伸。

4. 大学生体育社团活动的开展有利于促进学生的身心健康

在体育活动过程中由于大脑处于较强的活动状态，体温升高以及脑内啡肽释放等原因，可以转移个体不愉快的意识、情绪和行为，降低焦虑，消除忧郁，摆脱痛苦和烦恼，分散注意力，缓解心理压力。另外通过与社团成员的交往有利于建立和谐的人际关系，提高大学生社会的交往能力。因此，高校体育社团活动的开展有利于大学生的身心健康。

（三）做好大学生体育社团组织的管理工作

1. 突出为增进大学生身心健康为宗旨

高校学生体育社团作为一种体育组织，其目标任务不能脱离体育及高校体育的总体目标和任务，必须依据高校体育工作条例，树立"健康第一"的思想理念，围绕大学生身心健康来展开工作。学校体育有效增进学生的健康，使学生能较为熟练地掌握和应用基本的体育与健康知识和运动技能；提高人际交往的能力与合作精神；提高个人健康和群体健康的责任感，形成健康的生活方式以及积极进取乐观开朗的态度等。高校学生体育社团组织虽然是一个业余性的群众性体育组织，但却是实施高校体育目标和任务的一个重要的、不够缺少的组织部分，在体育健身课内外一体化的今天，体育社团的工作应突出为增进大学生身心健康为宗旨。

2. 学校管理层面应给予一定的资金扶持

目前各高校体育社团的经费来源一般有两个途径：一是由会员缴纳会费，由于社团成员人数有限，所交的会费很少，大部分体育社团收的会费偏低，收取的会费供活动使用。由于体育社团规模的限制和会员人数的影响，每年缴纳会费的额度有限，这样仅靠收取会费，很难维持社团的正常活动。二是拉赞助，由于体育社团活动的规模小，影响力小，另外西部地区经济水平落后，资金雄厚的大型企业较少，各高校体育社团得到社会资金的资助很少，偶尔有机会会拉来一些资助，但也解决不了实际问题。因此学校管理层面应考虑到体育社团的具体困难，给予一定的经费支持，确保体育社团各项活动的正常进行。

第三节　体育考核评价与风险管理

一、完善体育评价与考核标准

在体育教学中，面对新的目标要求，如何以一种新的理念，新的尺度去衡量学生，对学生进行考核评价已成为体育教育在学校教育中的存在的价值取向问题，是体育教学改革和发展的重要课题，也是难题。

因此，大学生体育的考核评价的策略是非常重要的，主要体现在以下几个方面。

（一）形成性评价

1. 书面体验式自我评价法

大学阶段的学生由于自我评定的价值观尚未形成，如果用简单的量化法评定，他们会在"你好，我好，大家都好"地从众心理状态中，都打高分，而达不到评价的目的。以书面形式，着重强调学生体验式的自我评价，强化学生对目标的思考，同时也给教师创造了与学生交流的机会。

2. "责任分担"评价法

人的体能，体质生来就有差异，再加上近 60 人的大班教学，教师很难照顾到所有的学生，教师把"照顾"的责任分摊。让学得较好的学生教较差的学生。规定根据教的和学的结果进行"捆绑"评分，如果是学好了或教好了，两人都加分，否则两人都减分。利用这种评价方法，引发生生之间的共同愿望，让学生感到自己对他人、对集体所要负的责任与达到目标合作的重要性，以责任激发动机。

3. 多项选择评价法

主要是在体质项目测试的评价上运用多项选择评价法，让学生在心理上有降低难度感，从而激发去向目标靠拢的动机。在运动技能项目的评价上，采用多种方法中选择考核的方法。例如，在篮球投篮考核中，学生可选择任何一种投篮方法进行，但投篮的基本知识点，也就是投篮时，出手的高度和出手的角度（球路）要掌握。

4. 努力的程度评价法

此种评价方法，是一种分层评价法，它以学生自身为基点按努力的程度和进步的幅度进行评价。对体育成绩好的学生就不能坐享其成；对体育成绩较差的学生和个体差异大的学生，只要你努力了也会有好成绩。一般以学生在原有的成绩上加分进行评价。

5. 借分评价法

根据学生的个性和不同学习阶段的心理状态在评价时，为满足学生的心理需要，借分给学生，并教学生努力的方法，待学生努力后再还给教师。此法是借教师对学生的信任和期望，激励学生，按目标调整自己的行为。

6. 口头评价法

主要在体育能力评价上使用。例如，学习、培养学生体育组织能力时，教师按要求提出评价标准，教师与学生共同评价。

（二）考核评价方法的综合运用

①学生自评时要求在全班同学面前报分，并根据自己的能力考核、体能、技能、学习态度、体育与健康基础知识等进行公开评价。

②班委会评价主要是由班干部根据同学的能力考核、体能、技能、学习态度、体育与健康基础知识等进行公开评价。平时，班委同学会注意观察和登记同学的能力考核、体能、技能、学习态度、体育与健康基础知识等情况，积累材料，实事求是地给他们打分，并说明评价的理由。

③教师评价是教师根据学生的学习目标达成程度、行为表现、进步幅度等，参照学生自评与互评的情况，对学生的能力考核、体能、技能、学习态度、体育与健康基础知识等进行公开评价（实行加减分方法给每一位同学评价）。

（三）考核标准指标和评语相结合

评价标准把健康必备的身体素质与为了获得某种技能所需要的身体素质区分开来，在速度和力量等素质上不要求学生越快越好，力量越大越好，注重对学生的过程评价。开学初，先对学生与健康素质有关的几个项目摸底测试，并以此为原始成绩，一学期进行期中与期末的两次全面考核，不是每个学生都用一个考核标准。注重以评语为主的方式肯定学生的成绩与优点，同时指出今后的努力目标。这样学生就从枯燥单调的达标、身体素质测试课中解放出来，使他们有更多精力从事自己感兴趣的、并有社会基础的运动项目，促使学生良好健身习惯的养成。

二、体育教学中的风险管理

伴随着现代科学的进步，风险及风险管理已经广泛地应用于环境科学、自然灾害、经济学、社会学、建筑工程学等领域，但是在体育教学领域，风险管理的研究才刚刚起步。教学伤害风险是体育教学中对学生身体健康不利事件发生的可伤害风险的构成要素。

（一）风险因素

风险因素是指促使某一特定风险事故发生或增加其发生的可能性或扩大器损失程度的原因或条件。它是风险事故发生的潜在原因，是造成损失的内在或间接原因。风险因素可分为教学场地因素、运动装备因素、教师因素、学生因素四类。

1. 教学场地因素

教学场地是开展体育教学的场所。有室内和室外之分，在室内场地，教学场地因素包括了场地、照明、温度、湿度、球网、网柱、篮板、篮架等；在室外场地，场地因素包括了场地、日照、温度、湿度、风速、球网、网柱、球门、篮板、篮架等。

2. 运动装备因素

运动装备因素包括运动器材、运动服、运动鞋以及佩戴的饰品和眼镜。

3. 教师因素

教师因素包括教师的专业技术水平、教学能力、管理能力、职业道德水平、身体机能水平以及心理素质。

4. 学生因素

学生因素包括学生的运动技术水平、身体素质水平、学习能力、道德素质、身体机能水平以及心理素质。

（二）伤害事故

伤害事故是指体育教师含教辅人员失职、管理不当或违反教学工作条例，在体育教学或教学管理中出现失误或过错，造成教师或学生人身伤害。伤害事故是体育教师或教辅人员失职或管理不当引起的，属于偶发事件、意外事件，是造成身体、财产、信誉、责任损失的直接的或外在的原因。教学伤害风险因素只有通过伤害事故的发生才能导致损失。

损失是指由于伤害事故所造成的身体伤害、财产减少、信誉降低以及额外经济费用的增加。通常我们将损失分为两种形态，即直接损失和间接损失。

直接损失是指风险事故导致的财产本身损失和人身伤害，这类损失又称为实质损失；间接损失则是指由直接损失引起的其他损失，包括额外费用损失、收入损失和责任损失。在风险管理中，通常将损失分为四类即实质损失、额外费用损失、收入损失和责任损失。

三要素之间的关系风险本质上就是由风险因素、伤害事故和损失三者构成的统一体，这三者之间存在着一定的因果关系，且是必然的。风险因素引起或增加伤害事故，伤害事故发生可能引起损失。

（三）体育教学中人身伤害风险的特征

风险具有客观性是指体育教学中，人身伤害风险的产生是不以人的意志为转移而客观存在的。体育教学的实施是通过学生身体运动完成的，体育运动对学生身体产生一定强度和量的刺激，这种刺激作用于学生的身体，学生的身体能否承受本身具有一定的风险性，加之体育运动本身具有竞争性、对抗性等特点，体育教学中存在人身伤害风险是必然的，具有确定性。作为体育教学的主导者，只能通过一定的方法手段在一定的时间和空间内改变这种风险存在和发生的条件，降低风险发生的频率和损害程度，但是却难以彻底消除风险。

（四）体育教学中的风险管理

风险管理是一个连续的、循环的、动态的过程，主要包括建立风险管理目标、风险分析风险识别、风险衡量、风险评价、风险决策选择风险管理技术、风险处理、风险管理效果评价等五个基本步骤。

1. 明确风险管理目标

风险管理是一种有目的、有计划的管理活动，它的成功与否很大程度上取决于是否有一个明确的风险管理目标。体育教学伤害风险管理目标是做好伤害事故发生的预防工作，尽量减少甚至避免体育教师和学生在体育教学中遭受伤害。如果伤害事故已经发生，及时采取措施，尽可能地降低伤害程度，减少损失。

2. 风险分析

风险分析是指对体育教学面临的和潜在的伤害风险进行预测的过程。一般包括风险识别、风险估计、风险评价三个环节。

3. 风险管理决策

风险管理决策是指根据风险管理的目标和宗旨，在科学的风险分析研究的基础上，合理地选择风险管理工具，从而制订出处置风险的总体方案的活动。即从几项备选方案中进行了筛选，选择最经济、最合理、效果最好的风险管理方案。风险管理决策分为两个步骤：第一，根据风险管理目标以及风险分析的结果选取管理方法，拟定风险处理方案。第二，通过比较分析选择风险处理的最佳方案。所选择的最佳风险处理方案必须具有有效性、经济性、全面性、可行性等特点，不冒不能承受的风险。根据体育教学中伤害事故发生的频率和大小，风险管理的方法主要有回避、转移、自留、降低四种。

（1）回避

当体育教学中所存在的某些风险因素导致风险事故的可能性很大，一旦发生损失且损失的程度很严重时，可以采取主动放弃的行动方案，这就是风险避免。它是各种风险管理中最简单也是最有效的方法。例如，不在湿滑的场地上跑步，不在大雾天气里运动，不在寒冷的季节里开设游泳课以及取消一些风险系数大的运动项目如撑竿跳高、跨栏等等。

（2）转移

当具有高风险的教学内容必须执行的时候，可以采用风险转移的方法。风险转移就是将自己面临的损失风险转移给其他个人或单位去承担的行为。风险转移可分为非保险转移和保险转移两大类。非保险转移即将自己的损失风险转移给了非保险业的其他个人或单位。例如，教学中请校医院安排场外值勤，一旦出现伤害事故立即转交校医院处理，这样做一是可以降低伤害事故发生后的损失，二是将伤害事故可能引起的损失转移的部分给了医院。保险转移即将自己的损失风险转移给了保险公司。

（3）自留风险

自留是指将那些教学中发生频率较低，产生的损失较小的伤害风险保留给学校、教师或者学生本人来承担，这种承担有时是一种主动、有意的行为，有时却是无意、无奈和被动的，无论有意无意，它只适用于那些造成的损失较小的伤害事故。

（4）减缓风险

减缓是当教学中某些伤害风险无法消除或回避时，校方或教师主动采取的风险管理措施。它有两方面的含义降低伤害事故的发生的可能性。在伤害事故发生之前，消除伤害事故发生的根源，并减少导致伤害事故发生的概率或者消除事故发生的可能性。减少伤害事故所引起损失的程度。伤害事故发生时或发生以后，减轻损失的程度，可以抑制损失的进一步扩大。例如，学校对体育教师进行急救培训，使教学中伤害事故发生后，能得到最及时的专业处理，抑制伤害事故的扩大。它是一种较为积极的风险应对策略。

4. 风险处理

风险处理是风险管理决策的具体实施。影响风险处理的因素有以下几个方面，风险管理决策的执行力涉及教师的专业技术能力、管理能力以及职业道德水平。一个再好、再完美的风险管理决策，如果执行力度低下的话，依然无法有效控制伤害风险。配合程度。体育教学中学生的伤害风险往往高于教师的伤害风险，这不仅仅是因为学生的运动时间多于教师，更因为教师能更好地配合风险管理决策的执行。配合程度与学生的道德品质息息相关，简单地说就是学生是否服从管理，遵守课堂纪律，遵守项目规则。教师的应变能力。风险管理决策毕竟只是纸上谈兵，它是理想的，在具体的实质过程中，必然会与现实或多或少地发生冲突，这时候教师的应变能力相当的关键。

5. 风险管理效果

评价风险管理决策方案是否切实可行，风险处理的效果如何，风险管理目标是否实现，风险管理需要通过效果评价来检验风险管理决策方法的实际效果，从中发现方案的不足之处并加以完善。

（五）大学体育风险管理的策略

正确的认识风险，加强风险管理才能避免、降低事故的发生。风险是由风险因素、伤害事故、损失三个要素构成，三者之间存在着一定的因果关系，但不是必然的。风险具有客观性、突发性、损失性、不确定性、可控性、相对性等特点，这些特点反映了风险的本质，使得风险是可以管理控制的。风险管理分为建立目标、风险分析、风险管理决策、风险处理、风险管理效果评价五个步骤，有风险避免、风险减缓、风险转移、风险自留四种应对策略。

1. 建立健全学校内部体育教学安全制度，特别是要建立伤害事故应急预案和快速处理机制，明确学校、各部门和教师在预防和处置伤害事故中的职责，以确保发生伤害事故后能够快速高效的处理，将伤害减小到最小化。

2. 增加教师及教辅人员的风险意识，加强场地器材的安全管理，定期对场地器材进行安全检查，及时发现安全隐患。加强教师的业务学习，提高教师的业务能力，使教学方法手段多样化，避免采用高风险的教学方法和练习手段。

3. 加强教师的职业道德教育，增加教学监督，促使教师加强教学管理，增强教师的责任心。

4. 对教师进行急救培训，提高教师应对突发伤害事故的能力，使伤害事故能得到及时处理，避免伤害程度或损失的扩大。

5. 注重对学生的定期身体检查，与校医院沟通，建立学生健康档案，了解学生的健康状况。

6. 对学生进行安全教育，增加学生的风险意识。

7. 对于不得不开展的高风险活动，应与校医院联系，共同做好紧急预案。

8. 给学生购买意外伤害事故保险。

第五章　大学体育运动训练基础

第一节　大学体育运动训练理论分析

一、大学体育运动训练的基础

（一）运动训练的范围

运动员通过系统、集中的训练来完成特定的目标。训练目的是提高运动员的竞技能力，从而提升运动成绩。训练是一项系统工程，涉及生理学、心理学及社会学的诸多变量。在此期间，训练要遵循循序渐进、区别对待的基本原则。整个训练过程中，运动员的生理和心理素质得以塑造，从而能够满足一些严格的任务要求。

不管是初学者还是职业运动员，至关重要的一点是制定切实可行的训练目标。训练目标要根据个人能力、心理特征和社会环境来设计。有些运动员是为了赢得比赛或提高成绩，有些运动员则是追求获得运动技能或进一步提高生物动作能力。不论目标如何，都应尽可能地精确及可测量。不论是短期计划还是长期计划，在训练开始之前就应设定好，并且明确实现目标过程的具体细节。

（二）运动训练的目标

训练是运动员为了达到最佳竞技状态的准备过程。通过制订系统的训练计划，可使教练员的训练工作更有效率，而设计训练计划需要借鉴一门学科的知识。

训练过程以发展专项特征为目标，这些特征与不同的训练任务紧密相关，包括全面身体发展、专项身体发展、技术能力、战术能力、心理因素、健康管理、伤病预防以及相关理论知识。要想获得上述能力，需要根据运动员的年龄、经验和天赋，运用个性化、适宜的方法和手段。

1. 全面身体发展

全面身体发展也称为一般身体素质，是所有体育运动训练的基础。一般身体素质发展的目的是改善基本的身体能力，如耐力、力量、速度、柔韧和协调能力。运动员全面身体发展的基础越扎实，就越能经受得住专项训练，最终可能发挥出更大的运动潜力。

2. 专项身体发展

专项身体发展也称为专项身体素质，是为了发展专项运动所需要的生理或身体素质特征。这种训练是为了实现运动的一些特定需要，如力量、技能、耐力、速度和柔韧性。不过许多运动项目需要各种关键运动能力的组合，如速度—力量、力量—耐力或速度—耐力。

3. 技术能力

这种训练以发展技术能力为核心，技术能力是获得体育运动项目成功所必需的条件。提高技术能力是以全面和专项身体发展为基础的，例如，完成体操十字支撑动作的能力，要受到生物动作能力中力量因素的制约。发展技术能力训练的最终目的在于完善技术动作，优化专项运动技能，专项运动技能是展现最佳竞技状态所必需的。发展技术能力应当在正常和特殊状况（如天气、噪声等）下进行，并且始终要围绕完善运动项目所必需的专项技能进行。

4. 战术能力

发展战术能力对于训练过程也是极为重要的。战术能力训练的目的是完善比赛策略，该项训练要以对竞争对手的战术研究为基础。具体来讲，这种训练的目的是利用运动员的技术和身体能力来制定比赛战术，增加比赛获胜的概率。

5. 心理素质

心理准备也是确保发挥最佳体能所必需的要素。有些专家也称之为个性发展训练。不管术语如何称谓，发展心理素质（如自制力、勇气、毅力和自信）对于成功展现运动能力是必不可少的。

6. 健康保养

运动员的整体健康状况应当引起充分重视。健康保养可以通过定期健康检查和适当的训练安排来实现，其中适当的训练安排包括将大量艰苦训练和阶段性的休息恢复搭配进行。健康保养必须特别注意伤病和疾病，在训练过程中应给予重点考虑。

7. 伤病预防

预防损伤的最佳方式是确保运动员已经提高了身体能力，形成了参加严格训练和比赛所必需的生理特性，并确保进行适量训练。安排不当的训练包括负荷过大，都会增加受伤的风险。对于年轻运动员来说，以全面发展身体为目标是极为重要的，因为这样可以提高生物动作能力从而有助于降低受伤的可能性。此外疲劳控制也尤为重要，越是疲劳，发生受伤的概率就越大，因此，应当充分重视制订一个控制疲劳的训练计划。

8. 理论知识

应当在训练过程中充实运动员有关训练、计划、营养和能量再生等方面的生理学和心理学知识。运动员理解进行某种训练活动的原因非常重要，教练员可以通过针对各项训练计划的目标进行讨论或要求运动员参加关于训练的座谈会议来达到这一目的。让运动员具备关于训练过程和运动项目理论的知识可以提高运动员决策能力并且增加其对训练过程的关注，这样可以让教练员和运动员更好地制定出训练目标。

（三）运动训练系统

系统是指将某些观点、理论或假说采用正确的方法和手段加以组合的组织方式。一个系统的发展应该基于科学成果及实践经验的积累。虽然一个系统在自身独立前会依附于其他的系统，但该系统不应被一成不变地移植，而且创造或完善一个更好的系统必须考虑到实际的社会和文化背景。

1. 揭示系统的构成要素

构成要素是训练系统发展的核心，可以从有关训练理论和方法的基本知识、科学成果，本国优秀教练员的经验积累以及其他国家的前车之鉴中提炼和总结。

2. 明确系统的组织结构

确定了决定训练系统成功与否的核心要素后，就可以建立现实的训练系统，而短期和长期的训练模式也应当随之建立。该系统应当能为所有教练员共享，但也应当保持足够的灵活性，以便教练员能够根据他们自身的经验进行下一步丰富与完善。

体育科研工作者对于建立训练系统起着重要的作用。体育科学研究尤其是应用领域的研究所提供的成果，丰富了训练系统赖以不断发展和完善的知识基础。此外，体育科研工作者的工作还能有益于完善运动员的监测计划和选材计划，建立训练理论以及完善疲劳和压力处理方法等等。尽管体育科学对于训练系统的重要性是显而易见的，但这门分支科学并未在全世界受到足够的重视。

3. 验证系统的效能或作用

一旦启动训练系统，就应当经常对其进行评估。训练系统有效性的评估可通过多种方式进行。验证训练系统效果最简单的评估方法是该系统带来的实际运动成绩的提高，也可使用更为复杂的评估方法，包括对生理适应的直接测量如荷尔蒙或细胞信号传导的适应。此外，力学评估方法可用于定量地测定训练系统的工作效率，例如，最大无氧功率、最大有氧功率、最大力量以及力量增长率峰值的评估。体育科研工作者在此领域中起着极为重要的作用，他们运用自己的专业知识来评价运动员，并对训练系统效率的提升提出独到的见解。如果训练系统并非最佳，那么训练团队可以重新进行评价并进一步改进系统。

总体来说，训练系统的质量依赖于直接因素和支持因素。直接因素包括那些与训练和评价相关的因素，而支持因素与管理水平、经济条件、专业化能力和生活方式相关。每一个因素对于整个训练系统的成功都发挥着重要作用，但直接因素的作用更为重要。直接因素的重要性进一步强调了这一观点：体育科研工作者为高质量训练系统的发展和完善做出了重大贡献。

高质量训练系统对于达到最佳竞技状态是必不可少的。训练质量不仅取决于教练员，还取决于许多因素的相互作用，这些因素会影响到运动员的训练成绩。因此，所有会影响训练质量的因素都需要进行有效落实和不断评估，必要时进行调整，以满足当代体育运动不断变化发展的需求。

二、大学体育运动训练的原则

运动训练原则，是运动训练过程中客观规律的反映，遵循训练原则就是遵循训练过程的客观规律，在很大程度上反映了训练的科学化水平；违背训练原则就是违背训练过程的客观规律，训练就不是科学的。运动训练原则对训练实践的重要指导作用也主要表现于此，因而实施科学化训练，就必须遵循运动训练原则，训练原则的贯彻是科学化训练的最重要体现。

(一) 一般训练与专项训练相结合原则

一般训练与专项训练相结合原则就是指在运动训练过程中，要根据运动项目特点、运动员水平和不同训练时间、阶段任务，恰当地安排两者的训练比重。

一般训练和专项训练两者在内容、手段以及所起的作用方面是不同的，但其目的一致，都是为了提高运动员的专项运动成绩。对青少年运动员来说，在训练的基础阶段，离开一般训练过多采取专项训练的内容和手段，对今后发展是不利的，重要的是如何按不同水平和层次运动员的实际情况，在训练过程的不同时期和阶段，恰当地安排好一般训练与专项训练两者间的比重。

(二) 系统的不间断性原则

系统的不间断性原则是指从初期训练到出现优异运动成绩，以及保持和继续提高，直至运动寿命的终结，贯彻系统地不间断性原则的基本要求。

（三）周期性原则

运动训练过程的周期一般分为：多年训练周期（4～8年）、训练大周期（0.5～1年）、中周期（4～8周）、小周期（4～10天），以及训练课（1.5～4小时）几种不同类型的训练周期，并以此制订各种训练计划。

每个训练周期由准备期、竞赛期和休整期三个相互紧密衔接的时期组成，而每个时期都有其各自的主要任务、内容、负荷的安排、手段和方法。

就运动项目的特点而言，各运动项目对运动员机体能力有不同的要求，而且赛季的安排也不尽相同，如体能类的耐力性项目、准备性训练和比赛都要消耗巨大的体能，并且需要恢复的时间相对较长，因而全年大周期就相对较少；而一些技能类表现性项目和对抗性项目尤其是球类，相对来说竞赛安排较多、赛季也长，全年训练大周期就多一些，多采用多周期（如双周期）制，或者竞赛期安排的时间较长；此外冬季运动项目如滑雪、滑冰等受季节的影响，一般也只安排1个大周期。

在现代运动训练中有的项目的优秀运动员年度参加重大比赛的次数较多，并要求多次创造优异运动成绩，因此有的研究提出多周期的安排，这在优秀运动员的训练中是需要进一步通过实践和科学研究加以探讨的。

（四）区别对待原则

区别对待原则是指在运动训练过程中，要根据运动员的个人特点有针对性地确定训练任务，选择方法、手段和安排运动负荷。区别对待原则中所指的个人特点，包括运动员的年龄、性别、文化水平、身体条件，承担负荷的能力、技术、战术水平和心理素质等方面。确定训练任务包括从训练课直到全年或多年训练期望达到的目标和具体任务。

三、大学体育运动训练的要素

（一）训练量

训练量是训练的主要组成部分之一，因为它是实现高水平技术、战术和身体的先决条件。训练量的定义可以简单理解为训练中完成活动的总量。训练总量也可以看作一次训练课或一个训练阶段完成训练的总量。训练总量必须是量化的指标，具有可监控性。

训练量的准确计算依运动项目或活动类型而异。在耐力运动项目中确定训练量的单位是训练经过的距离；在举重或抗阻训练中，采用公斤或吨位制作为衡量训练量的指标，这是因为仅考虑重复次数不能合理地评价运动员完成的训练任务。重复次数也可以用来推算运动中的训练量，如快速伸缩复合式训练或棒球、田径等运动中的投掷动作，几乎所有的运动都会包含时间要素，但训练量的正确表达形式应该包括时间和距离两个要素。

训练量的计算方法按照时间要素可以划分为以下两种：一种是相对训练量，指一次训练课或训练阶段中一组运动员或运动队训练时间的总数，相对训练量不适用于计算单个运动员的训练量，因为无法得知单位时间内某一位运动员的训练量。另一种更好的衡量单个运动员训练量总量的方式是绝对训练量，它是指运动员个体在单位时间内完成训练任务的总量。

在运动员的职业生涯中，要不断增加训练量。随着运动员训练时间的增多，训练量的增加是运动员产生生理适应并提高运动成绩的前提。将初学者与高水平运动员进行比较后可以明显发现，高水平运动员能承受更大的训练量。随着时间的推移，训练量的增加对从事有氧运动、力量与功率项目、团队项目的运动员的发展具有重要的作用。同样，还需要增加技术和战术技能的训练，因为提高运动成绩需要进行大量的重复练习。

（二）训练强度

训练强度是保证运动员完成高质量训练的另一个因素。训练强度定义为与功率输出（能量消耗或单位时间做的功）、对抗力量或发展速度有关的训练要素。根据这个定义，运动员在单位时间内做功越多，训练强度越大。强度是神经肌肉激活的函数，训练强度越大（如更大的功率输出，更大的外部负荷）需要更多的神经肌肉被激活。神经肌肉激活模式取决于以下四个要素：外部负荷、运动速度、疲劳程度及所从事的训练类型。还有一个要考虑的因素是训练时的心理紧张程度。就训练的心理方面而言，哪怕是出现低水平的身体紧张，也会造成训练强度极大提高，从而导致注意力分散和心理压力的产生。

训练强度的量化方式根据训练类型和运动项目而定。速度训练通常用米/秒、次/分或功率输出（瓦特）来进行量化评定。在抗阻训练中，训练强度一般以公斤为单位、克服重力每米举起的重量（千克/米）或功率输出（瓦特）来量化。在团队项目中，训练强度通常用平均心率、无氧阈心率或最大心率的百分比来进行量化评定。

高强度训练虽然能取得很大进步，但产生的适应较不稳定。稳定性越低，越容易产生过度训练和运动成绩稳定平台现象。相反，低强度的训练负荷会使进步缓慢且生理适应的刺激较小，但整个过程却更稳定。训练计划应该系统地改变训练量及训练强度以达到最佳生理适应。

训练强度可划分为两种类型：绝对训练强度，是指完成训练所需的最大百分比；相对训练强度是用来量化一节训练课或一个小周期的训练强度，即训练期完成的训练量总和及绝对训练强度。

（三）训练密度

训练密度是单位时间内运动员接受训练课的频率。训练密度可表现出单位时间内训练与恢复的关系。因此训练密度越大，训练阶段间的恢复时间就越少。随着训练密度的增加，运动员和教练员必须建立训练与休息的平衡，从而避免引起过度疲劳或力竭，因为这些都会导致过度训练。

量化多次训练课（如一个训练日或小周期）所需的最佳时间量非常困难，因为许多因素会影响运动员的恢复速度。在下一次训练课开始之前，本次训练课的训练强度和训练量对确定所需的时间量起主要作用。训练课的负荷（训练强度和训练量）越大，所需的恢复时间就越长。此外，运动员的训练状况、实际年龄、使用的营养干预及恢复干预都会影响到运动员的恢复能力。在下一次训练开始之前，不需要从上一次中完全恢复，一般通过增加训练密度并在训练日或小周期中运用不同负荷的训练课来促进恢复。

在耐力训练或间隔训练中，通常有两种安排"训练—休息"间隔的适宜方法：①固定的训练—恢复比率；②恢复的持续时间，能使心率恢复到预设的最大心率百分比。

1. 固定的训练—恢复比率

部分研究人员在研究间隔训练时运用了这一方法，通过控制训练—休息的间隔，教练员和运动员能够制订出发展特定生物能量适应的训练计划。用 1 : 1 或 2 : 1 的训练—休息比率来发展耐力项目的特征，而把 1 : 12 或 1 : 20 的训练—休息比率来发展力量和功率性项目的特征。

2. 预设心率

决定恢复期时间长短的另一种方法是在下一次训练开始前确定必须达到的心率。方法一，为下一次训练的开始设定心率范围（120 ~ 130 次 / 分）；方法二，设定恢复时间，即运动员的心率恢复到最大值的 65% 所需的时间。

可以通过量化相对训练密度来算出一次训练课的训练密度，公式如下：

相对密度 = 绝对训练量 ×100% ÷ 相对训练量

绝对训练量是运动员个体的做功总量，而相对训练量是一次训练课的做功总时间（持续时间）。假设绝对训练量是 102 分钟，相对训练量是 120 分钟，训练课的相对密度如下。

相对密度 =102×100% ÷120=85%

计算出的百分比表示运动员有 85% 的时间在训练。相对密度虽然对运动员与教练员有一定的价值，但训练的绝对密度更加重要。绝对密度是运动员完成的有效训练与绝对训练量的比。绝对密度或有效训练可以用绝对训练量减去休息时间量来计算。具体计算公式为，绝对密度 = （绝对训练员 – 休息时间量）×100% ÷ 绝对训练量。假设休息时间量是 26 分钟，绝对训练量是 102 分钟，则绝对密度可计算如下：

绝对密度＝（102-26）×100%÷102=74.5%

上述计算表明训练的绝对密度是74.5%。因为训练密度是强度的要素之一，所以这个绝对密度属于中等训练强度。确定训练的相对密度与绝对密度有助于建立高效的训练课。

（四）复杂性

复杂性指一项技能的完善程度及生物力学难度。在训练时，技术越复杂就越会增加训练强度。与掌握基本技能相比，学习一项复杂的技能可能需要更多的训练，尤其当运动员神经肌肉协调性差或在学习技能的过程中精力不完全集中时。让之前没有复杂技术训练经历的一群人参加该项训练，可以迅速地分辨出哪些运动员表现好，哪些运动员表现差。因此，运动或技能越复杂，运动员的个体差异与力学效率差别就越大。

即使已经学会了的复杂技术，也会使运动员产生生理上的压力。训练课的技术部分集中在没有对手的情况下进行技术练习。而在战术训练中，对手的存在显著地增加了训练的复杂性，因此心率和乳酸堆积也会增加。此外，在进行模拟比赛时，也会出现上述反应，但只有在实际的比赛中才会产生最大心率及达到最高乳酸水平。鉴于此，教练员在技术复杂性较高的训练或活动中应考虑到不同训练课的生理压力。

（五）总体需求指数

训练量、训练强度、训练密度及复杂性都会影响训练中运动员的总需求。虽然这些因素相辅相成，但加强其中任何一种因素而对其他因素不进行相应的调整，都可能增加运动员的需求。比如，在发展高强度耐力时，如果教练员想保持同样的运动强度，则应增加训练量。在增加训练量时，教练员必须考虑怎样增加训练量才会影响训练强度及训练强度必须减少多少。

训练计划和指导主要依赖于训练量、训练强度和训练密度三者的合理安排。教练员必须着重分析这些要素的变化曲线，尤其是训练量和训练强度。还应考虑到运动员的适应反应、训练阶段以及比赛的时间安排（赛程表）。训练要素的科学搭配可以让运动员在预计的时间内达到最佳的训练效果，并获得最佳竞技能力。

第二节　大学体育教学力量素质训练

一、力量素质及影响力量的因素

（一）力量素质及力量素质训练的意义

1. 力量素质的概念

人体在任何运动中都离不开肌肉的收缩力量，它会维持人体的基础生活能力。力量在人体中可以分为内力和外力。内力是人体神经肌肉系统活动时对抗和克服外力的能力；外力是因外阻力而引起的力，比如克服重力、摩擦力等。

力量是身体素质的一种。所谓的力量素质，就是人体获得身体某部分肌肉在工作时克服阻力的能力。在人体参加运动时，所指的力量素质是肌肉力量，即机体完成动作时肌肉收缩对抗阻力的能力。力量素质主要是通过肌肉的工作形式表现出来的，如肌肉在工作时要克服的阻力有内部阻力和外部阻力。外部阻力包括摩擦力、物体重量、空气阻力等。

2. 力量素质训练的意义

力量素质对人参加运动项目和从事各种活动有很大的影响，是人体运动的基本素质，也是衡量一个人运动训练水平的重要指标之一，它的意义主要有以下几个方面。

（1）力量素质是运动的基础

各种运动项目都是通过主动器官带动被动器官进行工作完成的，主动运动器官主要以肌肉为主，被动器官主要是骨骼，通过各种负荷强度、收缩速度、持续时间的不同以带动骨骼进行移动，从而完成运动动作。如果没有肌肉的收缩和舒张产生的力量牵拉骨骼进行运动，则连起码的行走和直立都不可能，更不要说完成运动技术动作了。人要想跳得高就必须发展自己的弹跳素质，人想跑得快就必须有很好的脚步后蹬力，因此力量素质是人体最基本的身体素质。

（2）力量素质促进其他素质的发展

任何身体素质都是通过肌肉的不同工作方式来体现的，力量是所有素质的基础。力量素质对速度素质的提高、耐力素质的增长、柔韧素质的发挥和灵敏素质的表现起到了决定性的作用。提高力量素质是因为肌肉的快速收缩是以其力量为前提的。关于耐力素质的增长是因为从生活常识中可以得知，一个强有力的人总比体弱者能持续活动更长时间。在提高力量、速度时，肌肉的弹性会相应增加，从而促进灵敏素质和柔韧素质的发展。

（3）力量素质的水平直接影响运动水平

力量素质的增长对于运动水平的提高有直接的影响，它直接反映了运动技术掌握的快慢及运动成绩提高的程度。一些运动项目中的高难度动作都是以一定的肌肉力量为基础的。在很多运动项目中，力量和爆发力是决定运动成绩的重要因素，如田径运动等。除长距离跑的主要因素为耐力之外，其他运动项目的高水平运动成绩都与力量素质的发挥紧密相关，在投掷项目中更是如此。

（4）力量素质是衡量运动训练水平的重要指标

在运动训练实践过程中，力量素质是作为判断运动训练水平的一项重要指标，可以通过运动员的力量素质判断其运动潜力，同时还可作为运动选材的依据之一。例如，在对体操运动员进行运动训练水平判断和选拔运动员时，其在完成各种技术动作的过程中虽然要借助外力的作用，但是其自身协调用力也起到了非常重要的作用。因此，对力量素质的发展必须给予足够的重视，尤其是速度力量，往往成为选拔运动员苗子的重要指标。另外在一些球类运动中，突然的起动跑、跳跃、传球等都要求运动员具备良好的爆发性力量。因此在选拔篮球队员和判断运动训练水平时，力量素质的测评占非常重要的比例。

（二）力量素质的分类

对于所有的竞技运动项目来说，力量素质在五大素质中都占据着非常重要的地位，对运动成绩的取得起着至关重要的作用。运动员力量素质的水平决定着速度力量与力量耐力素质。一般来说，力量素质主要分为最大力量、速度力量与力量耐力三种类型。

1. 最大力量

最大力量，是指肌肉在随意一次最大限度收缩中，神经肌肉系统所能够产生的最大力。在竞技运动项目训练中，最大力量往往表现为可能克服和排除的外阻力的大小。

运动员参与竞技运动训练，其最大力量并不是一成不变的，而是常常处于动态变化之中，这就要求运动员不断发掘自身能力的极限，充分发挥自己的最大力量，以保证力量训练的效果。

通常情况下，最大力量训练多运用于投掷、举重、摔跤、体操和柔道等竞技体育项目中。力量型运动项目的运动员常常采用增大肌肉体积，发展肌肉内和肌肉间协调性的方法，以达到提高最大力量的目的。

2. 速度力量

速度力量，是指神经肌肉系统以最快速度发挥最大力量的能力，也可以说是在最短的时间内发挥最大用力的能力。速度力量对所有需要"爆发性"运动项目的成绩起着非常重要的作用，如短跑、跳远等项目。当运动员发挥速度力量时间小于150毫秒时，爆发力和起动力发挥主要作用，而当运动员发挥速度力量时间超过150毫秒时，最大力量则起次要作用。速度力量通常是以速度和加速度的形式表现出来的。在田径、举重、柔道、摔跤、短程游泳、球类、体操、对抗类项目、室内自行车和短程速滑等竞技运动项目中，速度力量都扮演着重要的角色，发挥着重要的作用。

一般来说，速度力量主要有爆发力、弹跳力和起动力三种特殊的表现形式，主要内容如下。

（1）爆发力

爆发力，是指神经肌肉系统以最短的时间产生最大加速度所爆发出的最大肌肉力量的能力，它可以在150毫秒之内达到最大力值。爆发力通常用力的梯度和冲量来表示。爆发力是利用肌肉弹性能的一种力量，即在爆发力产生之前有一个极短暂的肌肉预拉长瞬间产生弹性能（约为原肌肉长度的5%），迅速向相反方向用力收缩的动作过程，如田径运动中的掷标枪项目，运动员在助跑投掷前展现出的满弓状就同爆发力有着密切关系。在众多以速度力量为主的运动项目中，爆发力对运动成绩起着至关重要的作用。

（2）弹跳力

弹跳力，是指神经肌肉系统在触地前瞬间被拉长，之后再自动（触地）转化为缩短的过程中，以很高的加速度朝相反方向运动使身体产生跃起的能力。与爆发力相比，弹跳力有一个触地的动作过程。

（3）起动力

起动力，是指神经肌肉系统在极短的时间内发展尽量高的力量的能力，即用力开始后约50毫秒就能达到较高力值的能力。在速度力量中，起动力是收缩时间最短的力，是在必须对信号做出迅速反应的运动项目上所表现出的一种力量能力。

3. 力量耐力

力量耐力，是指运动员机体耐受疲劳的能力，其以持续表现力的较高能力为特征，如竞技运动中的现代五项、铁人三项、中长跑、划艇、公路自行车以及足球等项目，均需要长时间抗疲劳的能力。

（三）力量素质的影响要素

1. 人体的生长发育

（1）性别

人体生长发育受性别因素的影响较大，其对力量发展也具有重要的影响。通常男性力量大于女性，这是因为男性肌肉体积往往更大。所以，通常情况下女子力量的增长和肌肉体积的增大在力量训练中的影响比男子慢。

（2）年龄

在人体生长发育过程中，年龄对人体的肌肉力量也具有显著影响。男性力量的巅峰期在25岁左右，而女性在20岁左右，过了这一时期，力量会逐渐消减。

（3）身高和体重

身高和体重因素也对力量素质有着显著影响。一般情况下，体重重的人往往力量大，体重轻的人则力量小些。最大力量会伴随着体重增长而增长，而身高和力量的关系则并没有绝对的必然联系。如果一个人高大且强壮，那么他的力量也会相对较强。如果一个人高大却很纤瘦，那么其最大力量未必很强。

（4）体型

体型直接关系到力量的大小。粗壮型体格的人往往肌肉发达，所以力量较大；体型匀称的人由于比较均衡，所以有着很好的速度力量素质；体型细长的人由于其肌肉含量少，所以力量较小；肥胖型虽然看似最大力量较大，但从相对力量的角度来看的话，其力量水平就不高了。

（5）脂肪

脂肪在一定程度上影响着人的力量素质。肌肉中有一定量的脂肪，这些脂肪在肌肉运动中不参与收缩，同时还会产生摩擦，降低肌肉传导力量的效率。因此，减少脂肪含量能够使力量获得提升。

2. 肌肉的结构和特性

（1）肌纤维的类型

骨骼肌纤维按不同的收缩特性可分为快肌和慢肌两类。快肌产生的收缩力要大于慢肌。因此在其他条件不变的情况下，机体骨骼肌中快肌纤维百分比越高的人，他的肌肉收缩力量越大。一般情况下，人体肌肉的快肌纤维与慢肌纤维的百分比构成大致相等。另外，受到遗传因素影响其肌肉中的白肌纤维或者红肌纤维比例比常人较大。同一个人红白肌纤维的比例在不同部位也不同。参加肌肉收缩的肌纤维类型在不同负荷、在不同动作速度进行运动的条件下也不同。一般规律是在一定负荷强度下用较慢的速度完成动作，红肌纤维起主导作用；如果是快速完成动作，则是白肌纤维起主导作用。

（2）肌肉的生理横断面

最大肌肉横断面积所指的是横切某块肌肉所有肌纤维所获得的横断面面积，肌肉的生理横断面为该肌肉所有肌纤维横断面的总和。横断面积的大小是由肌纤维的数量及粗细决定的，通常用平方厘米表示。肌肉的生理横断面积决定了该肌肉的绝对肌力。当机体在最大用力收缩时，每平方厘米横断面积的肌肉可产生 3 ~ 8 千克的力。因此，机体中肌肉的最大横断面积越大，肌肉的力量就越大，两者成正比。在力量训练中，虽然肌肉横断面积并不能完全解释机体力量所表现出的所有生理学现象，但是增大肌肉横断面积是提高肌肉力量的有效手段之一。

（3）肌纤维的支撑附着面

肌肉内结缔组织增多、肌腱与韧带组织增粗都会改变肌肉的附着面大小，对肌肉的收缩力量也会产生很大的影响。

（4）肌肉的初长度

肌肉收缩前的初长度也会影响肌肉力量的大小。因为肌肉拉长时，肌梭将感知肌纤维长度变化而产生冲动，会提高肌纤维回缩力来对抗拉力。当长度拉到一定程度时将引起牵张反射，可提高肌力的发挥效率，所以在一定范围内，肌肉的初长度或者肌肉弹性拉长后，肌肉收缩时所产生的张力和缩短的程度就大。有研究证明，一个人力量的大小取决于肌肉的体积。肌肉体积的发展潜力又主要取决于个人的肌肉长度（指肌肉两头肌腱之间的长度）。肌肉的长度是先天遗传的，后天训练对其并不产生任何影响。

（5）肌肉的牵拉角度

肌肉收缩牵拉骨骼做功是杠杆运动模型。做功时杠杆移动，肌肉在不同位置的不同角度上牵拉力量的大小不一样。当负重屈肘弯举时，肘关节角度在115°～120°时，肱二头肌张力最大；在30°时，张力最小。在运动中，对肌肉的牵拉角度必须进行认真的分析，以方便技术分析、改进技术动作等。

（6）肌肉收缩的形式

肌肉收缩形式不同，对肌肉力量大小及其特点带来的影响也不同。肌肉收缩的形式主要包括动力性离心退让性收缩、动力性向心克制性收缩、等动性收缩、静力性等长收缩等。

动力性离心退让性收缩的特点是肌肉收缩时，张力增加的同时肌肉长度也增加。动力性向心克制性收缩是力量素质训练的主要形式，其特点是肌肉工作时，肌肉长度逐渐缩短，肌肉在缩短过程中张力随着关节角度的变化也发生改变。等动性收缩的特点是在整个关节活动范围内肌肉始终以某种张力收缩，而收缩速度始终恒定，它能集等长收缩和等张收缩的优点于一身，使训练者的肌肉在各个关节上的用力均衡，并且都具有足够的刺激。静力性等长收缩的特点是张力发生变化，但其肌肉长度基本不变，在整个动作过程中肢体不会产生明显的位置移动。

3. 中枢神经系统的调节机制

（1）神经中枢对肌肉活动的支持及调节能力

神经中枢对肌肉群起着协调支持的作用，肌肉发挥最大力量并不是由于肌肉的收缩，而是取决于合理的神经冲动。因此，肌肉的力量及其发展易受中枢神经系统机能状态的影响。

（2）神经过程的频率与强度

神经过程的频率以及强度对力量的影响也非常显著。因此，合理的训练能使运动神经过程的频率和强度更高。

4. 训练相关因素

（1）训练基础

训练基础对力量素质的发展有一定的影响。训练基础好的运动员力量增长速度就比较快，缺乏训练基础的运动员刚开始训练的时候增长较快，但如果停止训练其力量素质也会一定程度地消退。力量提高的速度是力量消退速度的三倍，因此力量提高得越快，停练后力量消退的速度也就越快。如果经过长时间的训练，力量得到提高后再停练，消退时间也会更长。因此，最大力量训练应当每一两周进行一次，以利于最大力量的保持。使力量的消退速度得到延缓的方法则是每6周进行一次力量训练。

（2）训练方法

训练方法也是影响力量素质的一种因素。不同的训练方法对力量的大小和特性的影响也不同。等张收缩的动力性练习可以明显提高肌肉的爆发性力量和灵活性，等长收缩的静力性练习主要可以提高静止性用力的力量。

二、力量素质训练方法设计

（一）躯干力量素质训练方法设计

1. 杠铃练习

（1）负重转体训练方法

身体直立，双膝向前，身体外侧微屈，双脚左右开立约肩半宽。肩负轻杠铃，微仰头，尽量向身体一侧转体约180°，再向身体另一侧转体直至最大限度。重复练习。

注意事项：躯干保持直立，双脚保持固定，以下肢带动骨盆和躯干完成动作。

（2）负重体侧屈

训练方法：身体直立，双脚左右开立约一肩半宽，肩负轻杠铃，微仰头。尽量向身体一侧屈上体，然后向身体另一侧屈上体直至最大限度。重复练习。

注意事项：只在腰部完成躯干侧向屈伸，膝关节保持伸直。躯干向左屈时呼气，向右屈时吸气。

（3）硬拉

训练方法：身体直立，双脚左右开立约一肩半宽，双手在大腿两侧前方握杠铃，微仰头。身体前屈使杠铃接触地面，躯干前屈时呼气，上伸时吸气。重复练习。

注意事项：双臂和膝关节保持伸直，只使用背部肌肉力量。

（4）负重体前屈

训练方法：身体直立，双脚左右开立约一肩半宽，肩负轻杠铃，微仰头。前屈身体直至与地面平行姿势，然后伸背、伸髋，恢复直立姿势。重复练习。

注意事项：背伸直，膝关节保持伸直。躯干前屈时呼气，上伸时吸气。

2．哑铃练习

（1）持哑铃体前屈转体

训练方法：双脚约以两倍肩宽间距左右开立，一只手掌心向内持哑铃，另一只手扶在腿上。持哑铃体前屈，使哑铃尽量接触对侧脚尖，然后竖直躯干。重复练习。

注意事项：只使用躯干完成体前屈和转体动作，肘、膝关节固定。

（2）持哑铃体侧屈

训练方法：双脚约以肩宽间距左右开立，一只手掌心向内持哑铃，另一只手扶腰。向持哑铃一侧尽量屈体，然后竖直躯干并尽量向反方向屈体。重复练习。

注意事项：保持背部伸直，只在腰部完成侧屈动作。髋和膝关节固定。

3．其他辅助练习

（1）侧卧腿绕环

训练方法：身体伸展侧卧在斜板上，上侧腿做绕环动作。尽量大幅度完成动作，换腿重复练习。

注意事项：膝关节伸直，只用髋部肌群力量完成动作。

（2）背肌转体

训练方法：身体伸展俯卧在山羊上，腿部固定在肋木上或由同伴帮助固定，上体下屈。两手交叉贴在头后，伸展身体至水平位置转体，身体左右方向转动。重复练习。

注意事项：膝关节伸直，用背部肌群力量完成动作，如加大难度可以手持重物。

（3）侧卧提腿

训练方法：身体伸展侧卧在器械上，上侧脚的踝关节固定在拉力器绳索或橡胶带上。拉力方向靠近身体斜下方，尽量快速向上提腿。重复练习。

注意事项：膝关节伸直，只用髋部和躯干两侧肌群力量完成动作。

（4）仰卧转髋

训练方法：仰卧在垫子上，双手握在头后固定横杆上，收腹屈膝，快速向身体两侧转髋，使腿贴在垫子上。重复练习。

注意事项：双脚并拢，贴在垫子上，只用腰部完成动作。

（5）两头起

训练方法：仰卧在垫子上，身体充分伸展，双臂贴在头两侧伸直，用肌群力量快速屈体，使手和脚在空中接触。重复练习。

注意事项：四肢充分伸直，快速完成练习。

（二）上肢力量素质的训练方法

1. 杠铃练习

（1）颈后伸臂

训练方法：身体直立，双手约以肩宽间距反握轻杠铃于头后部。用力伸双臂向上提升杠铃，然后屈臂放下杠铃于原处。重复练习。

注意事项：尽量快速完成动作。动作过程中略微低头。

（2）屈肘

训练方法：身体直立，双手约以肩宽间距反握杠铃于身体前部。用力屈双臂向上提升杠铃，然后伸臂放下杠铃于原处。重复练习。

注意事项：尽量快速完成动作，且动作过程中身体要保持稳定。

（3）屈腕

训练方法：双手持轻杠铃坐在凳子上，膝部支撑肘部，连续进行手腕屈伸动作。

注意事项：肘关节大约90°夹角，只用腕部完成动作。前臂与地面约保持45°夹角。

2. 瑞士球和实心球练习

（1）实心球移动俯卧撑

训练方法：俯卧，一只手撑在球上，另一只手和双脚掌撑地，身体成一直线。把两只手都放在实心球上，完成俯卧撑后，换另一只手撑地。身体左右移动，两只手轮流撑在球上。重复练习。

注意事项：双手放在实心球两侧，以肘部下沉引导身体下降。尽量快速完成练习，全身充分伸展，保持平衡。

（2）侧俯卧屈肘

训练方法：手持一个较重的哑铃，其重力能够使人屈肘时在球上前后移动。躯干侧俯卧于球上，并固定练习臂，充分伸展练习臂后进行屈肘练习。重复练习。

注意事项：伸展练习臂时人随球滚动前移，需要几秒钟完成伸展动作。身体后移过程中完成屈肘。

（3）压臂固定瑞士球

训练方法：躯干正直坐在长凳上，一侧臂水平外展用手压住球。同伴用60%～75%的力量向侧面各个方向拍球，练习者尽最大努力防止球运动。重复练习。

注意事项：球和身体保持稳定。如果加大难度，练习者可以在身体的各个方向伸臂固定瑞士球。

（4）俯卧撑起跪推实心球

训练方法：与同伴相对跪立，约5米间距，其中一人双手在胸前持实心球。持球人身体前倒，顺势向上方双手推出实心球，推出球后双手撑地。双手迅速推地，将身

体恢复跪立姿势，准备接球。重复练习。

注意事项：两人始终目光接触，协调配合。动作尽量迅速完成。

3. 其他辅助练习

（1）引体向上

训练方法：双手掌心向前，约以肩宽为间距直臂握住单杠。屈肩和肘关节向上拉引身体。重复练习。

注意事项：由直臂身体悬垂姿势开始，向上拉引身体至下颌接近单杠。尽量用肩、臂力量完成动作。

（2）双杠臂撑起

训练方法：双手掌心向下，约以肩宽为间距直臂在双杠上支撑身体。屈肩和肘关节向下降低身体高度，然后撑起身体。重复练习。

注意事项：由直臂支撑身体姿势开始，向下降低身体使双手接近肩部。尽量用肩、臂力量完成动作。

（3）倒立走

训练方法：呈倒立姿势用双臂向前移动身体。同伴可帮助扶住双腿维持平衡。重复练习。

注意事项：在安全的地面或垫子上练习。如果加大难度可以向各个方向移动身体。

（4）爬绳

训练方法：双臂微屈，双手握住绳索，双手依次握住更高位置，拉引身体提升高度。重复练习。

注意事项：用肩、臂力量完成动作。如果上肢力量不足，可用双脚夹住绳索以增加助力。

（三）全身力量素质训练

1. 踩 T 形板传接实心球

训练方法：双脚以肩宽站在 T 形板上，手持实心球，与同伴相距约 2 步相对站立。保持屈膝、收腹姿势。两人相互传接实心球，接球后在 T 形板上保持平衡 2 秒钟后再将球传出。

注意事项：尽量保持膝关节在踝关节垂直上方。加大难度可以持重球，改变多种动作方向或加快动作节奏。

2. 持实心球侧蹲

训练方法：双脚以肩宽左右开立，向左侧分步进入侧蹲姿势，重心移到左腿上。同时，充分前伸双臂前送实心球，保持此姿势 2 秒钟。右腿蹬离地面形成开始姿势，左右腿交换重复练习。

注意事项：躯干不得扭转。加大难度可以持重球或加快动作节奏。保持膝关节在踝关节垂直上方。加大难度可以持重球，改变多种动作方向或加快动作节奏。

3. 肩上侧后抛实心球

训练方法：双手持实心球于胸前，背对投掷方向，双脚以肩宽左右开立，保持屈膝、收腹姿势。抛球前下蹲，将球沿身体一侧转到身后，然后以下肢发力带动躯干回转实心球，将球从身体另一侧肩上向后抛出。重复练习。

注意事项：注意身体环节自下而上的用力顺序。加大难度可以持重球，改变多种动作方向或跳起抛球。

（四）爆发力的训练方法

爆发力训练的目的是刺激神经肌肉系统的快速交替，即在最短的时间内完成从拉伸肌肉（离心收缩）到收缩肌肉（向心收缩）。其训练方法包括以下几种。

1. 杠铃练习

（1）连续高抓

训练方法：将杠铃放在身体两侧 40～50 厘米高的支撑物上，双手宽间距握住杠铃杆。由半蹲姿势开始，腿、髋发力尽量向上提拉杠铃。当杠铃接近最高点时降低身体重心，翻肩、翻腕上推，并移杠铃到头后上部。然后举起杠铃呈直立姿势，接着返回开始姿势。重复练习。

注意事项：快速完成动作过程，掌握好翻肩、翻腕上推杠铃的时机。腿、髋发力带动躯干和肩部用力，完成动作后，脚跟尽量提起。

（2）高拉

训练方法：将杠铃放在身体两侧 40～50 厘米高的支撑物上，双手宽间距握住杠铃杆。之后由半蹲姿势开始，腿、髋发力尽量向上提拉杠铃，返回开始姿势。重复练习。

注意事项：快速完成动作过程，腿、髋发力带动躯干和肩部用力，完成动作后，脚跟尽量提起。

（3）高翻

训练方法：将杠铃放在地面上，双手以肩宽为间距握住杠铃杆。由下蹲姿势开始，腿、髋发力尽量向上提拉杠铃。当杠铃接近胸上部时降低身体重心，翻肩、翻腕支撑，固定杠铃在胸上部。身体呈直立姿势，然后返回开始姿势。重复练习。

注意事项：快速完成动作过程，掌握好翻肩、翻腕支撑杠铃的时机。腿、髋发力带动躯干和肩部协调用力，上拉动作过程中脚跟尽量提起。

（4）抓举

训练方法：下蹲，双手宽间距握住杠铃杆，然后用腿、髋发力尽量向上提拉杠铃。

当杠铃接近最高点时降低身体重心，翻肩、翻腕上推，并移杠铃到头后上部。举起杠铃呈直立姿势，返回开始姿势。重复练习。

注意事项：快速完成动作过程，掌握好翻肩、翻腕上推杠铃的时机。腿、髋发力带动躯干和肩部协调用力，上拉动作过程中脚跟尽量提起。

（5）连续快挺

训练方法：翻肩、翻腕支撑，固定杠铃在胸上部，双手以肩宽为间距握住杠铃杆。身体呈直立姿势，略微降低身体重心，利用双腿发力快速上举杠铃。腿呈弓箭步，直臂支撑杠铃，然后返回开始姿势。重复练习。

注意事项：快速、连贯地完成动作过程，下肢完成弓箭步与上举杠铃动作同时完成。腿、髋发力带动躯干和肩部协调用力，动作过程中脚跟尽量提起。

（6）挺举

训练方法：将杠铃放在地面上，双手以肩宽为间距握住杠铃杆。由下蹲姿势开始，腿、髋发力尽量向上提拉杠铃。当杠铃接近胸上部时降低身体重心，翻肩、翻腕支撑，固定杠铃在胸上部。身体呈直立姿势，略微下蹲快速上举杠铃，双腿呈弓箭步，直臂支撑杠铃。呈直立姿势支撑杠铃，然后再返回开始姿势。重复练习。

注意事项：快速完成动作过程，掌握好翻肩、翻腕上推杠铃的时机。腿、髋发力带动躯干和肩部协调用力，上拉动作过程中脚跟尽量提起。

2. 球类练习

（1）上步推实心球

训练方法：双脚以肩宽左右开立面向同伴，同伴手持实心球。同伴将球传向一侧肩部，当球接近身体时向前跨一步单手接球。接到球立即将球推出传给同伴，然后返回开始姿势。重复练习。

注意事项：身体环节以自下而上的顺序用力，快速完成动作过程。

（2）蹲跳传接实心球

训练方法：双手持实心球，与同伴相距约6步相对站立。在传球前下蹲使球接触地面。腿、髋和躯干依次发力，人体爆发式地跳起，双手向前方推出实心球。重复练习。

注意事项：同伴在球落地反弹后接球。加大难度可以持重球，改变多种动作方向或加快动作节奏。

三、力量素质训练的注意事项

（一）找准训练方向

在很多运动项目中，由于项目的不同，其技术动作结构也会有很大的区别，因此要求参加工作的肌肉群力量就不同，要求的力量素质也不同。如田径运动中的短跑项目，要求竭尽全力连续快速蹬地向前推进的力量；投掷要求竭尽全力使运动器械获得最大加速度的爆发力量；跳跃要求有良好的爆发力和弹跳能力。因此，力量训练要根据专项技术的动作结构来选择恰当的练习方式，以便于发展相应的肌肉群力量，提高运动成绩。另外，也可以通过肌肉研究来了解主要肌肉群力量特性、工作方式、用力方向、关节角度等，从而确定力量训练的方法，发展专项力量素质。只有紧密结合专项特点来安排力量训练，才能收到更好的效果。

（二）端正训练态度

肌肉活动要依靠中枢神经系统的调节才能进行。在进行力量素质练习时，要集中精神、全神贯注，意识要跟上练习，与练习动作紧密配合、保持一致。这样练习才能够有助于肌肉力量更好地发展。尤其是在训练负荷较大时，注意力应高度集中，否则就容易受伤。练习时切忌嬉笑打闹，因为人在笑的时候肌肉处于放松状态，一不小心就易造成损伤。另外，为了练习的安全性，达到期望的效果，要有自我保护意识。还要加强互相保护，尤其是在肩负极限重量时。

（三）规范训练方法

1. 呼吸方法要正确

进行力量练习时，通常采用的呼吸方法是用力时憋气，完成动作或放松时呼气（练习前自然吸气练习憋气，然后自然呼气）。由于憋气可以提高练习时的力量，所以极限用力一般都是在憋气情况下进行的。憋气是指在吸气之后紧闭声门，尽力地做憋气动作。在运动中憋气有利于固定胸廓，增强腰背肌的紧张程度，这样能够发挥人体潜在的力量。因此，极限的用力需要在憋气的状态下才能进行。虽然憋气可以提高练习的潜力，但用力憋气时会引起胸廓内压急剧升高，迫使动脉血液循环受阻，容易导致供血不足、脑缺氧，甚至发生休克。憋气后，胸内压骤降，回血量猛增，心脏负担加大，容易发生窒息。

2. 严格要求训练动作符合技术规格

在进行力量素质训练时，每一个力量练习动作都有技术规格要求。练习者要按照技术规格要求去操作，才能更好地发展肌肉群的力量。如果技术动作不规范、走样，那么参与活动的肌肉群就会有改变，从而影响力量训练的效果。比如，臂弯举动作要求身体直立，两臂贴于体侧，只依靠肘关节的充分屈伸来完成。如果练习者为了贪图省力举得重，仅依靠身体的前后摆动来完成动作，那么发展肱二头肌的效果要差很多，因为身体摆动时腰背肌肉、臀部和大腿后面的伸髋肌群也参与了工作。

此外，正确掌握技术动作，可以防止伤害事故的发生。比如，做深蹲练习要求挺胸直腰，腰背肌收紧以固定脊柱，主要依靠膝关节的屈伸和髋关节的屈伸来完成动作。

若站不起来，腰背肌也要一直保持收紧，等待同伴的保护帮助，这样既安全又有效果。如果练习者弓腰练习，尤其是当站不起来时，腰弓得更加厉害，这样就比较容易造成腰部损伤。

3. 训练负荷要循序渐进增加

大负荷是指进行力量素质训练时，训练的负荷强度和训练总量一般要用人体所能承受的最大负荷或接近最大负荷来进行训练。因为采用大负荷训练能迫使肌肉进行最大收缩，可以刺激人体产生一系列的生理适应性变化，从而导致肌肉力量的增加。为了达到大负荷，训练时无疑要保持较大的强度，或者要保持较多的数量。

进行力量素质训练后力量增长，原来的大重量负荷就逐渐改变为小负荷。要继续保持大负荷，就必须循序渐进增加负荷。如训练开始时某人用 20 千克做臂弯举，反复举 8 次出现疲劳。当训练一段时间后他能用 20 千克连续举起 12 次，这时就要增加负荷至其又能举起 8 次的重量。这样，就可使有关的肌肉群始终在大负荷状态下工作。

很多运动员采用超负荷训练方式，指要求肌肉完成超出平时的负荷。超负荷训练会引起肌肉成分，特别是肌蛋白分解肌肉的成分重新组合，肌蛋白含量得到提高，从而使肌肉更加粗壮有力，导致超量恢复的产生。他们会不断地有目的、有计划地安排超负荷训练以引起超量恢复，以达到迅速发展力量素质的目的。但是这种方法只适合大多数优秀运动员，并不适合初学者或者运动能力不高的人。

（四）科学调整肌肉状态

在进行力量素质训练时，首先要让肌肉充分伸展拉长，然后使其收缩。且动作的幅度要大，这是因为肌纤维被拉长后既可增大收缩的力量，又能够保持肌肉良好的弹性和收缩速度。力量素质训练完成后，肌肉会充血，而且会很胀很硬。这时便要做一些与力量练习动作相反的拉长动作，或者做一些按摩、抖动，充分放松肌肉。这样做的目的是，既可加快疲劳消除、渐进恢复，又可防止关节柔韧性因力量训练而下降，同时有助于保持肌肉良好的弹性和收缩速度。

第三节　大学体育教学速度素质训练

一、速度素质及影响速度的因素

（一）速度素质的概念

速度，是指人的身体或某一身体部位快速改变原有运动状态的能力。速度素质包括三个方面，即快速完成动作的能力、快速经过某种规定距离的能力和对外界刺激或各种应激反应的快速判断能力。速度对于大多数运动员来说都是取得好成绩的关键因素之一，如田径比赛中的 100 米跑就是一项典型的运动员之间比拼快速运动能力的比赛项目。有些运动项目本身虽不比速度，但速度对运动成绩却有着直接影响。再如，在铅球运动中更多的是依靠直接力量和通过旋转"助跑"产生的间接力量，但在铅球"助跑"和投掷那一刻仍旧需要腰部的快速转动和手臂的快速投掷。除此之外，速度素质还是很多运动项目对年轻运动员选材的重要指标之一。因此，速度素质的训练在运动员日常体能训练中的地位就可见一斑了。

（二）速度素质的分类

速度素质是人身体素质中的一项，前面提到了快速完成动作的能力、快速经过某种规定距离的能力和对外界刺激或各种应激反应的快速判断能力是速度素质的三个方面。简单地说，这三个方面的表现形式可以表述为动作速度、周期性运动中的位移速度和反应速度。

1. 动作速度

动作速度，是指人体或人体某一部位在单位时间内完成某种动作。动作速度根据其表现形式的不同，可以分为动作速度、组合动作速度和动作速率三种。例如，跳高运动员屈腿起跳的腿部动作就属于单一动作速度；撑竿跳运动员完成预备、助跑、撑竿、过竿和落地的动作全过程速度就属于成套动作速度；径赛运动员跑步步幅的快慢就属于动作速率。

神经系统对人体的各种运动机能起到控制作用，因此可以说，动作速度的快慢与神经系统的兴奋和敏感度有极大的关系。当人受到内外刺激强度较大时，人体神经系统就处在兴奋的状态下，随之而来的就是其传递信号的速度加快，在人体表象上看就显现为身体的协调性增强，使得动作速度和反应能力加快；反之则使动作速度和反应能力减弱。另外，人体各器官系统的准备状态也会决定动作速度的快慢，如没有做好准备活动的运动员，其身体的动作速度和反应速度势必会有一定程度的衰减。而技术动作的娴熟程度也会影响动作速度，如刚刚学习足球运动的人，其动作完成速度和频率都比熟练掌握这些技术动作的人要慢许多。

2. 移动速度

移动速度，是指在单位时间内人体快速移动的能力。为更好地理解移动速度的计算方法，可以参照物理公式 $v=s/t$。在公式中，v 表示物体移动的速度，它是距离 s 与通过该距离的时间 t 之比。

与动作速度相同的是，移动速度的快慢也与人体神经系统所处的状态有关，且移动速度的快慢和能力与神经系统的兴奋性呈正比例关系。这些现象最终也将直接体现为人体移动速度的加快。

人体的移动速度不仅可以依靠后天训练和培养得到提高，有时还会受遗传因素影响。例如，父母从小参与各种训练，获得了快速移动的反应能力，那么他们的子女在这方面的素质也不会太差，或者在后天的培养和训练中在速度方面的提高会更快。

3. 反应速度

反应速度，是指人体对外界各种刺激信息的回应能力。反应速度的快慢取决于刺激信息被传导所需的时间，信息传递几乎是在瞬间完成的，这段一瞬间的快速时间被称为反应时。反应时与反应速度呈反比例关系，即反应时越长，人的反应速度就越慢；反应时越短，人的反应速度就越快。良好的反应速度可以表现为诸如短跑运动员在听到发令枪响后到起动之间的反应时间；足球运动中守门员在判断射门方向并做出扑救动作的时间；乒乓球运动员通常在 0.15 秒内就要根据对方的引拍方向、击球瞬间和击球声音来判断飞来的球的线路、旋转和可能的落点等。不仅如此，他还需要根据这些因素来快速反应自身要做出的回球准备。

从上面的内容中可以得知，神经过程的感觉时间和思维判别时间是反应速度的基础，因此，使得有很多因素会直接影响神经过程，进而间接影响反应速度。影响因素中遗传因素的影响最大。有关数据显示，反应速度的遗传力高达 75% 以上。

反应速度、动作速度、移动速度作为速度素质的评判标准，它们之间相互区别又彼此联系，共同对速度素质的最终表现施加影响。因此，在发展速度素质的过程中，要考虑三者之间的相互关系，就移动速度而言，反应速度是前提条件，动作速度是基础。

（三）影响速度素质的因素

前面提到了反应速度、动作速度与移动速度之间的关系和区别。这种区别尤其体现在三者的内部机制方面，如反应速度主要表现在神经活动层面，而动作速度和移动速度则反映在人体肌肉活动方面。这些影响速度素质训练的因素具体分析如下。

1. 反应速度的影响因素

（1）感官的敏感程度

人体的感觉器官是接收外界信号源的收集"设备"，人体感官的敏感程度决定了对外界信号的感受时间。敏感程度越强，收集和传递信号的时间过程就越短，反之则越长。而注意力的集中程度，又是决定感官敏感程度的因素。百米赛跑中运动员在起跑时必须全神贯注地听发令枪的声音，此时他的感觉器官处在高度集中的状态下，因此反应速度会得到很大的提高；反之若没有集中精神，则极易使反应速度减慢。感觉器官除受到注意力程度影响外，还会受到人体疲劳程度的制约，如跳高运动员长时间练习腾空动作后，必然会导致他有关动作所要使用肌肉的疲劳，这时人体的反应时就会延长，造成动作越发脱离标准的现象。

（2）肌纤维的兴奋性

肌肉纤维兴奋与否也对反应速度快慢起着重要作用。有关方面研究发现，肌肉处于紧张状态时的反应要比放松状态缩短7%左右。但要注意的是，这种紧张状态必须在一定的限度内，而不能是过度紧张，否则会由于肌肉过度紧张使运动技术动作变形，起到事倍功半的不利效果。当肌肉过度劳累产生极强的疲劳感时，肌肉对应激反应的时间明显延长。通过这个规律可知反应速度会受到注意力的集中程度、疲劳程度与反应过程的影响而发生变化。

（3）中枢神经系统机能

反射活动受刺激信号的影响会显现出不同的状态，如刺激信号的选择性越大，反射活动就越复杂，表现为运动员要在单位时间内做出的思考更多。中枢神经对刺激信号的分析时间主要与神经兴奋性以及条件反射建立的巩固程度有关。除此之外，运动员对运动技术动作的熟练程度也是决定反应速度长短的因素之一，当运动员刚刚接触新技术不久时其本身对这项技术也尚未熟悉，做出每个动作都需要较长时间的思考，而随着技术动作逐渐成熟，新的肌肉记忆也随之形成，此时运动员就会表现出对所做动作不用加以思考，并且可以在"下意识"做出技术动作的同时考虑更多内容，这就很好地说明了反应时的明显缩短。

2. 动作速度、移动速度的影响因素

影响动作速度与移动速度的因素主要是肌肉运动能力的高低。动作速度和移动速度是肌肉系统在最短时间内用最大限度地力来形成快速活动的形式。由于人体肌肉活动受到多方面的影响，因此也有较多的因素影响着动作速度和移动速度，具体影响因素有以下几项。

（1）人体体型

人体的体型对速度素质的影响方面较多。其中影响较大的方面在于人体体长（身高）、四肢长度等。以田径运动为例，在两名运动员身高、体重条件一致的情况下，上下肢越长的运动员其运动速度就越快，简单地说，就是四肢的长度与相关部位（手臂、腿部）运动速度成正比。在田径项目中的径赛运动员的下肢长度通常决定了运动成绩，因为他腿较长的缘故，所以他跨出一步的距离相比腿长较短的运动员要大一些。在分秒必争的比赛中，每一步大出的一点优势，就决定了最终比赛的胜负。因此，这就是在选择对运动速度要求较高的运动项目（如田径、游泳、体操等）的运动人才时要首先将身体的体型作为一个重要选材指标的原因。

（2）生理影响

①肌肉类型与肌力

速度素质的体现是需要肌肉收缩来实现的，而肌肉纤维又是组成肌肉的基本物质。人体的肌肉（主要指对运动产生最大影响的骨骼肌）可以分为快肌纤维（白肌纤维）、慢肌纤维（红肌纤维）和中间型纤维三种。这三种类型的肌纤维中对速度素质起到重要影响的是快肌纤维。因此快肌纤维占肌肉含量百分比越高，人体快速运动的能力也就越强。但是，快肌纤维在运动中的利用会产生一定的副作用，那就是运动积累到一定时间后会产生强烈的疲劳感。

人体肌肉的弹性及其在运动中不断交替工作的方式是准确完成动作技术的重要保证。除此之外，还有一点是不能忽视的，那就是关节的柔韧性。关节的柔韧性尽管不是直接决定速度的因素，但它对某些需要肢体大幅度完成动作（如步幅）的速度促进作用十分明显。所以，根据这一情况可以考虑在速度素质训练过程中，安排一些对关节柔韧度有较大帮助的练习。

②神经活动过程

神经活动过程的灵活性，是指神经中枢兴奋与抑制之间快速转换的能力。神经中枢对于人体的运动起到至关重要的作用，它是人体在运动中保持协调和做出快速反应的指挥部。只有敏感、快速的神经活动过程才能在运动中迅速调动所有必要的肌肉协作参与活动，同时它还能更有效地抑制对抗肌的影响。

在运动中，肌肉并非时刻保持高度的紧张状态，适时的放松也是积蓄力量的环节。而神经活动过程的灵活性就能够起到控制肌肉放松的作用。因此，当运动员在做有关移动速度地训练时，如果能做一些放松与紧张的肌肉转换练习，就能使肌肉效率大大增加，这样有利于较长时间维持高速运动。

③心理影响

对于动作速度和位移速度的心理影响，主要与自身注意力集中程度有关。作为一种心理定向能力，注意力集中对中枢神经的兴奋性与迅速转换有极大的影响。除此之外，它还对肌纤维的收缩效果与紧张程度有着很重要的作用。

④力量发展方式

力量的发展水平对许多运动项目来说是决定性的，如田径运动或对抗性较强的足球、篮球等运动。人体加速度的产生原因就是由于力量的作用，力量大小与其可以制造出的加速度成正比。人体的力量分为相对力量和绝对力量，对于相对力量较大的人，其肌肉容易在运动中克服内外部阻力，产生快速的收缩速度。除此之外，动作速度和移动速度不光依靠人们的相对力量，还受到运动技术娴熟度的影响。在撑竿跳高比赛中，如果运动员的全套动作有某个环节是整体技术动作的短板，那么他在完成撑杆跳动作时就会有一定的顾虑，直接表现出来的行为就是适当放慢速度以顺利完成有缺陷的动作。

二、速度素质训练方法设计

（一）上肢速度素质的训练方法

1. 摆臂

训练方法：两腿并拢，上肢以短跑动作前后摆臂，肘关节弯曲约90°。前摆手摆到约肩部高度，后摆手摆到臀部之后。

训练要求：这种训练方法的目的在于提高运动员摆臂动作效率和固定正确的上体跑动姿势，要求训练的技术动作要准确。

2. 俯卧撑撑起击掌

训练方法：双手撑地，双脚掌撑地，身体成一直线。向身体下方屈肘，而后快速撑起身体并击掌，恢复开始姿势。重复练习。此方法可以发展运动员上臂后部和肩部肌肉群的动作速度和爆发力。

训练要求：练习时，要求运动员快速完成动作，以肘部下降引导身体下降。全身充分伸展，保持平衡。

3. 仰卧快速斜推哑铃

训练方法：将瑞士球放置于地面，首先运动员坐在瑞士球上，然后呈仰卧姿势，此时头部枕在球上，体重由背部支撑，连续快速推举哑铃。此方法可以发展运动员的胸肌、肩部肌肉群等的速度力量，与此同时发展身体的平衡性和稳定能力。

训练要求：练习时运动员要注意双脚分开的距离要大于骨盆宽。推举哑铃要到位，一般举起位置应在眼睛垂直上方。

4. 快速滑动俯卧撑

训练方法：将髋部压在球上，双臂撑地并相互交替前行，前移使身体在球上前移呈俯卧撑姿势，直至小腿搭在球上支撑。此时再做一个俯卧撑动作后用手按刚才的程序反向退回到开始姿势，如此往复。此方法可以发展运动员胸部、肩部肌肉群速度力量以及身体支撑和稳定能力。

训练要求：练习时，运动员要保持身体完全处于伸直的姿势。在适应了此动作的负荷后，还可以通过在俯卧撑姿势下提起一条腿，或以双手和一条腿在球上支撑完成俯卧撑的方法来加大负荷。

5. 连续左右转髋

训练方法：双臂侧平举，两脚左右开立略宽于肩。右脚于左脚前，向身体左侧移动落地（前交叉步），然后还原开始姿势。右脚于左脚后向身体左侧移动落地（后交叉步），还原开始姿势。重复练习。此方法可以发展运动员的骨盆、髋部和双脚的动作速度及灵活性。

训练要求：练习时，要求运动员上体朝向始终保持一致，尽量选择多用骨盆转动和下肢移动快速完成动作。在适应原有负荷后可以使用加快动作速度或加大幅度练习的方法提高负荷，也可以根据专项需要反方向练习。

6. 连续交叉步

训练方法：双臂侧平举，双脚左右开立以前脚掌支撑身体，身体快速向左侧移动。右脚通过左脚前方向身体左侧移动落地（前交叉步），然后还原至开始姿势。此方法主要发展运动员骨盆、髋部和双脚的动作速度及灵活性。

训练要求：练习时，要求运动员双脚始终朝向移动方向，尽量用骨盆和下肢快速完成动作。可以根据专项需要反方向练习。

7. 绳梯 180° 转体跳

训练方法：身体半蹲，双脚左右开立，以前脚掌支撑身体，每只脚站在一个格子里。身体跳起在空中转体 180°，双脚各落在前面的格子中。身体跳起向反方向在空中转体 180°，双脚各落在前面的格子中。重复练习。此方法可以发展运动员骨盆、髋部和双脚的动作速度、灵活性，以及周边视觉能力。

训练要求：练习时，要求运动员身体始终向绳梯的同一方向移动，尽量用骨盆和下肢快速完成动作。

8. 快速传接实心球

训练方法：与同伴相对站立，稍微屈膝，两人间距约 3～4 米。双手持实心球于胸前，进行连续传接练习。此方法可以发展运动员胸部、肩部、臂部肌肉群的速度力量和爆发力。

训练要求：练习时，要求运动员双臂充分伸直接球。如果加大难度，可以增加球的重量和两人间距。

9. 前抛实心球

训练方法：面对抛掷方向，双脚左右开立约一肩半宽，直臂双手持实心球举过头顶。团身下摆实心球至两腿间，然后迅速蹬腿、挺身、挥臂向身体前上方抛出实心球。此方法可以发展运动员下肢、背部、肩部和上肢的动作速度和爆发力。

训练要求：练习时，要注意身体环节用力顺序是自下而上，并迅速完成动作。

10. 后抛实心球

训练方法：背对抛掷方向，双脚左右开立约一肩半宽，直臂双手持实心球举过头顶。团身下摆实心球至两小腿间，后迅速蹬腿、挺身、挥臂向身体后上方抛出实心球。此方法可以发展运动员下肢、背部、肩部和上肢的动作速度和爆发力。

训练要求：练习时，要求身体环节用力顺序是自下而上，并迅速完成动作。

（二）下肢速度素质的训练方法

1. 后踢腿

训练方法：从慢跑开始，使摆动腿脚跟拍击臀部，膝关节在弯曲过程中向前上摆动。此方法可以有效提高运动员脚的动作速度。

训练要求：练习时要求运动员上体保持正直，可以根据运动员的实际能力适当加快步频。

2. 脚回环

训练方法：单腿支撑，手扶固定物维持平衡。一只脚以短跑动作进行回环练习。此方法主要是用来发展运动员摆动腿的快速折叠和前摆能力。

训练要求：要求运动员在动作过程中回环拍击臀部，以扒地动作结束。脚的回环动作路线在身体前面完成。

3. 跑步动作平衡

训练方法：采用最高速度时的单腿支撑姿势，左脚用脚掌支撑，膝关节弯曲约90°。左手在肩部高度，右手在髋部高度，右腿高抬，右脚踝靠近臀部。此方法主要是为了提高运动员踝关节肌肉群的紧张度和稳定支撑能力。

训练要求：练习时，要求运动员保持这个姿势 20 ~ 60 秒。还可以采用负重背心或站在不稳定的海绵垫上来加大动作难度。

4. 踝关节小步跑

训练方法：采用很小的步长慢跑，强调脚底肌群的蹬地和踝关节屈伸动作，用脚掌蹬离地面。此方法主要是用来发展运动员脚的动作速度和踝关节肌肉群弹性力量。

训练要求：练习时，运动员要做到脚部动作快速而安静，尽量减少脚掌与地面的接触时间。

5. 折叠腿大步走

训练方法：以短跑的身体姿势和摆臂动作大步走。摆动腿高抬并充分屈膝，脚靠近臀部并且翘脚尖。此方法可以提高运动员脚的动作速度。

训练要求：在练习时，要求运动员当摆动腿抬至最高位置时，后蹬腿支撑脚底部肌肉群用力屈踝快速蹬地。

6. 踮步折叠腿大步走

训练方法：与折叠腿大步走相同，但后蹬腿需加上踮步。身体腾空时摆动腿充分折叠。此方法主要是用来发展运动员快速屈髋和伸髋的能力，从而提高踝关节紧张度。

训练要求：练习时，要求运动员脚部快速落地，但不要发出声音，强调踝关节的紧张度。

7. 踮步高抬腿伸膝走

训练方法：与折叠腿大步走相同，但在高抬摆动腿后需在身体前充分伸膝，同时还要加上踮步。此方法可以有效提高运动员快速伸髋和大腿后部肌肉群的快速发力能力。

训练要求：练习时，要求运动员摆动腿的脚下落时扒地，以推动髋部向前。

8. 踮步折叠腿大步走拉胶带

训练方法：在两个踝关节上系胶带，胶带的另一端固定于地面。与踮步折叠腿大步走动作相同，快速完成练习。此方法可以提高运动员的步频，提高快速伸髋和折叠膝关节能力。

训练要求：运动员在练习时，要注意它所强调的腿部爆发式伸髋和下落扒地动作，迅速推动髋部向前。

9. 踮步高抬腿伸膝走拉胶带

训练方法：在两个踝关节上系胶带，胶带的另一端固定于地面。与踮步高抬腿伸膝走相同，快速完成练习。此方法可以有效增加运动员的步长和步频，提高快速伸髋能力和固定踝关节肌肉群的紧张度。

训练要求：在练习时，强调腿的爆发式伸髋和下落扒地动作，迅速推动髋部向前。

10. 高抬腿跑绳梯

训练方法：双脚在同一格内落地，尽快跑过每格约50厘米间距的绳梯或小棍。此方法可以提高运动员的步频和快速高抬折叠腿的能力。

训练要求：练习时，强调先进入小格的摆动腿高抬。

三、速度素质训练的注意事项

（一）速度素质训练的一般注意事项

速度素质的发展受多种因素的影响。为了有效地提高人体的快速运动能力，在练习中必须注意如下事项。

1. 合理安排速度素质训练的顺序与时间

各种身体素质及运动能力之间，具有相互联系、相互促进和相互制约的关系。在发展某一素质的同时，都会或多或少、或直接或间接地引起其他素质的变化。因此，发展速度素质时应处理好同其他素质的关系，合理安排练习的顺序，使得素质间互相促进和良性转移。

在速度练习中，常使用发展力量的手段来促进速度，尤其是静力性力量练习，由于动作缓慢会降低神经过程和肌肉活动的灵活性。而速度素质要求神经过程的灵活性高，兴奋与抑制迅速转换，肌肉收缩轻松协调。因此，速度练习应放在力量练习之前进行，力量练习也应以动力性力量为主。在力量练习过程中，应交替安排一些轻松、快速的跑跳练习或一些协调性和柔韧性练习，这对发展速度素质是必要的。

速度素质练习的时间应安排在练习者身心状态最佳、精力最充沛的时候进行。因为人体在疲劳后神经过程灵活性降低。兴奋与抑制的快速转换不可能建立，在这时发展速度素质效果并不好。

2. 速度素质训练与专项技术相结合

速度类练习对本身练习之外的动作速度发展的迁移效果较低，也就是说，速度练习只是更多地局限于诱发练习动作本身的速度能力。因此，速度练习需要结合专项技术动作要求进行，具有较高的专门性。如短跑运动员的反应速度训练应着重提高听觉的反应能力，球类运动员应着重提高视觉的反应能力，体操运动员应着重提高皮肤触觉的反应能力。一般人的视、听、触觉中，触觉反应最快，听觉反应次之，视觉反应较慢。动作速度训练应与各专项的技术要求相结合，让运动员在速度训练中能感觉到躯干等各部位的协调配合及在空间、时间方面的速度节奏，发展专项技术所需要的动作速度能力。

3. 保证运动员体能训练环境安全

必须保证训练环境的安全，速度训练前要进行充分的准备活动，保证速度训练后的充分休息和身体恢复。当运动员进行速度练习时，如果所发出的力量以及动作频率、动作幅度超过了最大限度，将会给运动员带来巨大的受伤危险。速度练习中的负荷对运动员的肌肉、肌腱和韧带提出了很高的要求，因此运动损伤发生的潜在危险性很高。运动损伤的发生主要由于如下原因：训练手段缺乏变化、负荷过大、在气温较低或运动员疲劳的情况下运动负荷的安排不当，或是速度训练所要求的直接准备（准备活动）不充分而引起的肌肉放松能力下降等。所以对任何速度练习来说，在比赛或训练前认真进行专门的准备活动是最基本的要求。此外，在早晨的训练时间里应该注意不要安排最大强度的速度练习。如果肌肉出现疼痛或痉挛等迹象，训练的原有负荷就应该停止。在气温较低的天气里，应当选择恰当的服装（运动服）。还应该采用按摩和放松练习等训练手段，如果在皮肤上涂擦强力物质来促进血液循环，必须使用经过有关医疗卫生部门批准的物质。最后，还需要在保障场地设施安全的条件下进行速度训练，注意穿透气良好、宽大的运动服和适宜的鞋袜。

4. 从体能训练者实际情况出发

训练内容的安排要充分考虑练习者训练水平和身体状态的可接受程度，在速度练习之前要保证练习者身体疲劳至完全恢复。注意采用正确的技术动作和练习内容之间循序渐进的衔接顺序，先慢后快、先易后难。

人体适宜的工作状态对发展速度素质是必要的，其中包括神经系统的适宜状态、内脏系统的适宜状态和肌肉系统的适宜状态。这种适宜状态可以通过集中注意力和速度练习前用强度较小并保持一段时间的活动来满足。练习者注意力集中，可使神经系统处于适宜的兴奋状态，并使肌肉保持一定的紧张度。而强度较小并保持一段时间的活动能提高中枢神经系统功能，使内脏系统与肌肉系统间形成适宜的相互关系，对改善肌肉内协调性有良好的作用。

5. 速度能力与其他能力协同发展

力量特别是快速力量和柔韧性，是影响速度素质的重要因素。所以在发展速度素质时，首先要注意发展快速力量。如采用中小强度多次重复快速负重练习，使肌肉横断面和肌肉力量增大，并提高肌肉活动的灵活性。适当采用大强度练习，使肌肉用力时能够最大限度地动员更多的肌纤维同时进行收缩，以此提高肌肉的收缩功效。其次柔韧性提高后可以增加力的作用范围和时间，同时能使肌肉内协调性得到改善，从而减少肌肉阻力和增大肌肉合力，最终促进运动速度的提高。

运动员整个身体或某些关节的运动速度，是实现理想运动成绩的决定性因素。而运动项目所要求的最佳运动速度经常是由于关节协同发力的结果，但是速度和力量并不同步发展。在一些速度能力起决定性作用的运动项目训练中，较早地进行技术动作的速度训练是很重要的，但是这些训练不一定必须遵照基本的技术模式。在一些项目中，速度与体能训练有密切联系，因为速度可能与耐力、力量和灵活性紧密相关。而且，速度训练还可能与复杂的技术训练有关，因为速度训练需要针对项目的专门要求来安排，此外根据项目中所参与的有关力量、耐力和灵活性，以及项目所要求的最佳/最大速度和关节运动速度变化之间的协同配合程度的不同，这些专门要求也有所不同。

（二）各类型速度素质训练的注意事项

1. 反应速度素质训练的注意事项

（1）动作熟练程度

反应速度的提高主要取决于练习者对应答信号的熟练程度。在运动中，对于动作娴熟、运用自如的练习者来说，一旦信号出现，就会即刻做出相应的应答动作；反之，则会作出迟钝的反应动作。这是由于感受器受到信号刺激，中枢神经无须再花费较长时间去沟通与运动器官的反射联系。因而提高反应速度的最好方法，就是反复多练。但在反复练习中，需要经常不断地变化练习刺激的时间和强度等因素，否则便会形成反应速度的动力定型，继而发生"反应速度障碍"。

（2）集中注意力

在运动中保持注意力集中，可使神经系统处于适宜的兴奋状态，并使肌肉收缩处于待发状态。实验证明，肌肉处在待发状态时，要比肌肉处于松弛状态的反应速度快60%左右。发展反应速度练习，肌肉紧张待发状态的时间大约为1.5秒，最长不得超过8秒。这里所说的注意力主要反映在完成的动作上，以及缩短反应潜伏期的时间。

(3) 掌握多种技能

反应速度需要结合实际需要进行练习。如练习短距离起跑时，主要是练习听觉和动觉的反应速度，可采用声信号刺激来提高这种反应能力。又如格斗类项目动作复杂多变，这就要求练习者能在瞬间对各种复杂多变的条件作出迅速应答反应，为了达到这一要求，可多模拟实战演练或比赛的情况。因为格斗时对方所采用的动作变化只有在激烈的对抗中才能充分地显现出来，而反击对手的应答动作是否有效，则需要在对抗中得到检验。

2. 动作速度素质训练注意事项

(1) 采用已熟练掌握的练习动作

采用已熟练掌握的练习动作，可以使练习者在完成动作时无须把精力放在如何完成动作上，而是集中在完成动作的速度上，以提高动作速度的练习效果。

(2) 掌握好练习的间歇时间和休息方式

由于练习动作速度强度比较大，因此要求练习者需有较高的兴奋性。为了保证整个练习过程不因疲劳而降低运动强度，并达到预定的练习效果，就需要严格掌握好练习的间歇时间和休息的方式。因为休息间歇的持续时间决定着中枢神经系统兴奋的转换和与氧债的偿还有密切关联的植物性功能指标的恢复。休息间歇时间一方面应该使间歇时间长到植物性功能指标能得到较全面恢复的程度；另一方面又应该短到神经兴奋不会因休息而产生本质性降低的程度。

(3) 动作速度练习需要与练习项目相似

如果采用了与练习项目或动作结构不同的动作速度练习，所获得的动作速度不会积极地向练习项目或动作结构转移。例如，短距离跑练习可使体操跳马项目的助跑速度加快，但并不能由此而获得器械上的旋转动作速度。这是因为旋转动作速度和动作速度的练习与感受器官和运动器官缺乏一致性。动作速度仅仅是提高水平速度的平行运动，而旋转动作速度则是物体围绕一个轴或点所做的圆周运动。只有将两者有机结合起来进行练习，才能达到预定的练习效果。例如，球类运动的反应练习可把视觉与四肢运动结合起来，格斗运动应把判断对手的动作与自己的攻防动作结合起来。通过简化条件的反复练习，既可以提高反应速度和动作速度，又可以掌握正确的技术动作并协调速度的运用。

3. 移动速度素质训练的注意事项

(1) 防止和克服速度障碍

当移动速度发展到一定水平时，由于神经、肌肉系统等达到一定的高峰后，在练习中积累、形成的步频、步幅、技术、节奏等就会产生相对稳定状态或动力定型，继而出现移动速度停滞，阻碍其继续提高的现象，从而出现速度障碍。在练习中，防止和避免速度障碍应注意以下几点。

①强化运动能力，发展全面身体素质，使练习者掌握好基本技术动作，提高机体的活动能力，不要过早、过细地进行专门化的练习。

②发展肌肉力量和弹性，培养练习者轻松自如、准确协调地完成动作的意识。

③练习手段要多样化，尤其要多采用一些发展速度力量的练习手段，以变化的频率和节奏完成动作，建立起中枢神经系统灵活多样的条件反射。

④采用极限速度练习时，安排适中的运动负荷。在极限速度练习后则要使肌肉得到一定的放松，这样做不仅可以尽快地恢复机体的活动能力，还可以促进纤维工作同步化和肌肉工作的协调性。

⑤采用减少外部阻力的练习。为了防止和避免速度障碍的形成，训练中可以通过变换练习方法或增加一些能够产生运动过程兴奋、具有强烈刺激的练习内容。如减少外部阻力的下坡跑、牵引跑、顺风跑等练习。因为多次重复新的刺激能使练习者产生新的更快速度的动力定型。

（2）预防和克服心理障碍

心理障碍是妨碍练习者发展快速移动能力或潜力的主要因素之一，如认为对自己成功与否难以预测，自信心较弱；消极思维导致过度紧张和焦虑，感觉提高成绩是不可能的事。要克服心理障碍应做到以下几点。

①要激发练习者顽强拼搏、奋勇进取的勇敢精神和坚定的信心，并设置适宜的目标。

②可在练习中有意识地安排一些接力跑、集体游戏等练习内容激发练习者在练习中发挥快速移动的能力。

③在练习中有针对性地采用一些竞赛活动，通过斗智、比速度、比技术、比成绩，激励练习者的高昂斗志和运动动机，使练习者在竞争中充分发挥速度水平的潜力。

④在练习或测验、考核、比赛中，可采用"让步赛"的活动形式，即强者让出一定的优势给弱者，以促使练习者尽量发挥最快的速度水平。

（3）注重肌肉放松的练习

肌肉放松对速度提高有着极为重要的作用。这是因为肌肉放松，张弛有度，能够减少肌肉本身的内阻力，增大肌肉合力，促进血液循环旺盛。生理学研究表明，当肌肉紧张度达到60%～80%时，严重阻碍血液流动，动作协调性严重失控，已具备的快速能力将无从发挥；而肌肉放松时，肌肉中的血流情况则大为改善，比紧张时提高15～16倍。由于血液循环旺盛，能够给参加运动的肌肉输送大量的氧气，加快ATP（三磷酸腺苷）再合成速度，节省能源物质，使机体储备有限的ATP得到合理的利用，有效地增加肌肉收缩。

第六章　大学体育球类运动实践

第一节　大球类运动

一、篮球

(一) 篮球基本技术

篮球技术是在篮球比赛中所运用的各种专门动作方法的总称。

1. 移动技术

移动是篮球比赛中为了改变位置、方向、速度、争取高度等所采用的各种脚步动作的总称。

(1) 基本姿势

两脚自然开立，两膝微屈并稍内收，身体重心的投影点落在两脚之间，脚跟稍提起，上体稍前倾，两臂自然屈肘置于体侧，目视场上情况。

(2) 起动

按照基本姿势，向前起动时，上体前倾，重心前移，一只脚蹬地发力，另一只脚迅速向前跨出。向体侧起动时，上体向起动方向移动重心并向起动方向转身，异侧脚蹬地发力，并向起动方向跨出。

（3）跑

跑是队员在球场上改变位置，提高移动速度的重要方法，是整个脚步动作的中心。

①侧身跑

向前跑动的同时，头部和上体自然地向有球方向扭转，做到既保持跑速，又要注意观察场上的情况。

②后退跑

后退跑时，用两脚的前脚掌交替蹬地提膝向后跑动。注意提起脚踝，上体放松微向后倾，两臂屈肘相应摆动，保持身体平衡，抬头注意场上情况。

③变速跑

队员在跑动中利用速度的变换来完成攻守任务的方法。加速时要用脚掌短促有力地向后蹬地，同时上体稍向前倾，前两三步要短小，加快跑的频率，手臂相应地摆动；减速时步幅可以稍大，上体直起，以前脚脚掌用力抵住地面来减缓向前的冲力，从而降低跑速。

④变向跑

变向跑时（以从右向左变向跑为例），最后一步屈膝脚掌着地的同时，右脚脚尖稍向内扣，右脚前脚掌内侧用力蹬地，随之腰部扭转，上体向左前倾，转移重心，左脚向左前方跨出一小步用力蹬地，右脚迅速随着向左侧前方跨出一大步。

（4）急停

急停是队员在跑动中突然制动的一种方法。急停分为跨步急停和跳步急停。

①跨步急停

跨步急停也称两步急停。队员在快速跑动中首先向前跨出一步，用全脚着地抵住地面，迅速屈膝，同时身体稍向后仰，转移重心，减缓向前的冲力；然后跨出第二步，着地时脚尖稍向内转，用前脚掌内侧蹬地，两膝弯曲，身体侧转，微向前倾，重心在两脚之间，两臂自然张开，协助维持身体平衡。

②跳步急停

跳步急停也称一步急停。队员在移动中，用单脚或双脚起跳，上体稍向后仰，两臂自然摆动，两脚同时落地。落地时用全脚掌着地，两膝弯曲，两臂肘微张，保持身体平衡。

（5）转身

转身是队员以一脚做中枢脚，另一脚向前或向后跨出，以改变原来的身体方向和站位以及改变与对手位置关系的一种方法。转身可分为前转身和后转身。

①前转身

移动脚向中枢脚脚尖方向跨出的同时，中枢脚前脚掌旋转，使身体改变方向的方法。

②后转身

移动脚向中枢脚脚跟的方向跨出的同时，中枢脚前脚掌碾地旋转，使身体改变方向的方法。

（6）滑步

滑步是防守移动的一种主要方法。它易于保持身体平衡，可向任何方向移动。滑步可分为侧滑步、前滑步、后滑步三种。

①侧滑步

两脚左右开立，略宽于肩，保持屈膝、降低重心的姿势，上体微向前倾，两臂张开，抬头注视对手。向一侧滑动时，同侧脚迈出的同时，异侧脚蹬地滑动，如此连续移动。滑动时注意重心平稳和控制防守面积，身体不要上下起伏，两脚保持宽步幅，不要并步和交叉。

②前滑步

由两脚前后站立开始，向前滑步时，前脚向前迈出一步，后脚前脚掌内侧蹬地，紧随着向前滑动，保持前后开立姿势，注意屈膝、降低重心。

③后滑步

动作方法与前滑步相同，但方向相反。

2. 运球

运球是持球队员在原地或移动中，用手连续按拍由地面反弹起来的球的动作。运球是篮球比赛中个人进攻的重要技术，是个人摆脱防守进行攻击的有效手段。

（1）高运球

运球时，两腿微屈，双目平视，手用力向前下方推按球，球的落点在身体侧前方，使球反弹的高度在腰腹之间，手脚协调配合，使球有节奏地向前运行。

（2）低运球

运球时，两腿弯曲，重心下降，上体前倾，用上体和腿保护球的同时用手短促地按拍球，使球从地面向上反弹的高度在膝部以下。

（3）体前变向换手运球

以运球队员从对手右侧突破为例。变向时，右手按拍球的右后上方，把球从自己的右侧按拍到左侧前方。同时，右脚向左前方跨出，上体左转，用肩保护球，然后换手运球加速前进。

（4）转身运球

以右手运球为例。变向时，左脚在前为轴，做后转身的同时，右手将球拉至身体的左侧前方，然后换手运球，加速前进。

（5）急停急起运球

做急停急起运球，当运球队员降低速度时，运球要低，使球与地面垂直反弹，双膝深屈，注意保护球。用上体和头部做虚晃动作，使防守队员重心移位，然后突然起动，运球手的异侧脚前脚掌内侧用力蹬地，按拍球的后上方，加快运球的速度以超越对手。

3. 传接球

传接球是在篮球比赛中进攻队员之间有目的地转移球的方法。传接球可分为双手传接球和单手传接球两大类。

（1）传球技术

①双手胸前传球

两手手指自然分开，拇指相对成"八"字形，用指根以上的部位持球，手心空出，两肘自然弯曲在体侧，将球置于胸腹之间的位置。身体成基本站立姿势，两眼注视传球目标。传球时，后脚蹬地，身体重心前移的同时前臂迅速向传球方向伸出，拇指用力下压，手腕前屈，食指、中指用力拨球，将球传出。传球后身体迅速调整成基本站立姿势。

②双手头上传球

持球手法与双手胸前传球相同，两手举球于头上，两手心向前。近距离传球时，小臂向前摆，手腕前扣外翻的同时，拇指、食指、中指用力向前拨球。传球距离远时，要加大蹬地力量，摆动腰腹以带动小臂发力和前摆，腕和指用力前扣，将球传出。

③单手肩上传球

以右手肩上传球为例。两脚前后站立，左脚在前，肘关节外展，手腕后翻托球，左侧肩对着传球方向，传球时利用蹬地、转身、挥臂、甩腕以及手指的力量将球传出。

④单手体侧传球

双手胸前持球，右手传球时，左脚向左跨出一步，右手引球至身体右侧。出球前一刹那，持球手的拇指向上，手心向前，手腕后屈，小臂稍向前摆，急促用力向前扣腕，手指用力拨球，将球传出。

⑤反弹传球

用双手胸前、单手体侧持球方法，利用手腕、手指偏向于地面进行抖动，通过地面反弹力量传球给同伴。反弹传球的击球点一般应在距接球队员三分之一处，以球反弹高度在接球队员腰部为宜。

⑥背后传球

双手胸前持球，右手传球时，左脚向右跨出一步，右手引球到身体右后侧，持球手拇指向内，手心向下，手腕向身体右侧后方发力，小臂稍弯曲，手指用力抖动拨球，通过半转体将球从右侧身后传出。

（2）接球技术

①单手接球

以右手接球为例。两眼注视来球方向，右脚向来球方向迈出，右手自然伸出，五指分开，手掌成勺形，当指端触球时，手臂顺势将球引至后下方，左手协助控制球，双手持球于胸腹前，保持持球的基本姿势。

②双手接球

双手接球是最基本的接球方法。眼视来球，两臂迎球伸出，两手手指自然张开，拇指相对成"八"字形，其他手指向前上方，两手成一个半圆形。当手指触球时，两臂顺势屈肘后引，缓冲来球的力量，两手持球于胸腹前，保持持球的基本姿势。

4. 投篮

持球队员使球从篮圈上方进入对方球篮所采用的各种动作方法称为投篮。投篮可分为双手投篮和单手投篮两种方法，并且有原地投篮、行进间投篮、跳起投篮三种形式。

（1）单手肩上投篮

①原地单手肩上投篮

投篮手五指分开，向后屈腕，屈肘持球于肩上（或高些），异侧手扶球，同侧脚稍前，重心放在两脚之间，上体稍前倾，两膝微屈，上体肌肉放松，目视投篮目标。投篮时，用力蹬地，伸展腰腹，抬肘，手臂上伸，手腕、手指前屈，指端拨球，用中指、食指将球投出，手臂向前自然伸直。

②跳起单手肩上投篮

以右手投篮为例。双手持球于胸前，两脚前后或左右自然开立，两腿微屈，重心放在两脚之间。起跳时两脚迅速屈膝，脚掌用力蹬地向上起跳，双手举球至肩上，左手扶球的左侧方。当身体接近最高点时，左手离球，右臂向前上方伸直，手腕前屈，用食指、中指拨球，通过指端将球投出，落地时，屈膝缓冲，准备下一个动作。

③行进间单手肩上投篮

以右手投篮为例。右脚向前跨一大步的同时接球，左脚迅速蹬地起跳，右脚屈膝上抬，双手举球于右肩前上方，腾空后，上体稍后仰，当身体跳到最高点时，右臂向前上方伸展，手腕前屈，食指、中指用力拨球，通过指端将球投出。

（2）双手胸前投篮

双手持球于胸前，肘关节自然下垂，上体稍前倾，两膝微屈，身体重心放在两脚之间，目视投篮目标。投篮时，两脚蹬地，腰腹伸展，两臂上伸，拇指向前压送，两手腕同时外翻，指端拨球，用拇指、食指、中指将球投出，腿、腰、臂自然伸直。

（3）投篮命中弧度

投篮时瞄准篮筐后沿，出手时动作连贯，拨指压腕充分，根据篮筐远近调整投篮弧度。

5. 持球突破

持球突破是控球队员运用脚步动作和运球技术相结合方式达到超越对手的一种进攻技术。

（1）交叉步突破

以左脚做中枢脚为例。两脚左右开立，两膝微屈，身体重心降低，持球于胸腹之间。突破时，右脚前脚掌内侧迅速蹬地，上体稍右转，右肩向前下压，重心向左前方移动，右脚向左侧前方跨出，将球引于左侧，接着运球，中枢脚蹬地向前跨出，迅速超越防守。

（2）顺步突破

以左脚做中枢脚为例。准备姿势和突破前的动作要求与交叉步相同。突破时，右脚向右前方跨出一步，向右转体探肩，重心前移，右手运球，左脚前脚掌迅速蹬地，向右前方跨出，突破防守。

6. 个人防守

防守是队员合理地运用防守动作，积极抢占有利位置，破坏和阻挠对手的进攻意图和行动，并以争夺控制球权为目的所采取的各种专门动作方法的总称。防守对手是个人防守技术，也是集体防守的基础，分为防守无球队员和防守持球队员。

（1）防守基本站位

两脚平行或前后开立，比肩略宽，上体前倾，重心在两脚之间，两眼注视前方，张开双臂，站在对手和篮圈之间的有利位置上。

（2）防无球队员

防守队员要根据球和对手的移动，合理地运用脚步动作，全力破坏对手接球，并配合身体动作抢占有利防守位置，同时根据战术需要及时夹击、协防。

（3）防持球队员

应最大限度地干扰和破坏持球队员投篮、突破、传球。积极地利用脚步动作、身体进行压迫式防守，给对方施加压力，使其发生失误，以便本方获得控制球权。

7. 抢篮板球

双方队员在空中争抢投篮未中的球称为抢篮板球。抢篮板球是获得控制球权的重要手段，是增加进攻次数和发动快攻的重要保证，是攻守矛盾转化的关键。抢篮板球技术由判断、抢占有利位置、起跳动作、空中得球和落地动作几个环节组成。

（1）抢进攻篮板球

抢进攻篮板球要突出"冲"字，当自己或同伴投篮后，及时判断球反弹的方向和落点，快速起动，冲向篮下，抢占有利位置，及时起跳，力争跳在最高点时抢球、补篮或把球挑拍给同伴。

（2）抢防守篮板球

抢防守篮板球要突出"挡"字，当进攻队员投篮时，及时判断球弹落的范围，利用转身动作，用身体挡住对手并冲向篮下，屈膝开立，两肘外张，扩大空间面积，占据有利位置。及时高跳，抢到球后，要保护好球，落地时两脚分开，身体侧对前场，迅速将球传出以组织反击。

（二）篮球基本战术

篮球战术是在篮球比赛中队员个人技术的合理运用和队员之间相互协同配合的组织形式。战术的目的是制约对方，力争掌握比赛的主动权，争取比赛的胜利。

1. 战术基础配合

（1）进攻战术

①传切配合。传切配合是指利用传球和切入技术组成的简单配合。

②突分配合。突分配合是指持球队员利用突破打乱对方的防守阵势，传球给空位同伴的配合。

③挡拆配合。挡拆配合是指无球进攻队员选择正确的位置，用自己的身体以合理的技术动作挡住同伴的防守者，使同伴得以摆脱其防守的配合。根据挡拆队员的位置可分为前挡拆、侧挡拆、后挡拆。

④策应配合。策应配合是指内线队员接球后背对、侧对球篮，以其为枢纽，与外线队员形成的一种里应外合的配合。

（2）防守战术

①关门与夹击配合。关门与夹击配合是指邻近的两个防守队员利用脚步动作协同防守运球突破队员的配合方法和在特定位置上积极防守一名进攻队员的配合。

②挤过、绕过、跟进配合。挤过、绕过、跟进配合是指一种积极地带有进攻性的破坏对方掩护配合的防守方法。

③延误配合。延误配合是指当防守同伴被对手突破或同伴防守位置出现漏人时，临近防守队员放弃自己的对手去补防守漏掉的持球队员。以迎接防守的强度分为强延误、弱延误。

④交换配合。交换配合是指为了破坏进攻队员的掩护配合，防守队员之间彼此及时地交换自己所防对手的一种配合。

2. 全队战术配合

（1）区域联防与进攻区域联防

①区域联防

当进攻转入防守时，全队迅速退回后场，每人负责一定的防守区域，严密防守进入该区的进攻队员，并把每个防区有机地联系起来的防守战术形式，称为区域联防。

区域联防时，要以球为主，根据球的不同位置，及时、快速地移动，互相补防，动作协调，紧密配合。

②进攻区域联防

针对区域联防阵形和变化特点，结合本队情况，确定进攻重点和方法所采用的进攻战术，称为进攻区域联防。进攻时应运用不间断快速的传球，调动防守，创造进攻机会。同时运用各种配合和穿插移动，打乱对方的阵形，表成局部的以多打少，创造投篮机会。

（2）人盯人防守与进攻人盯人防守

①人盯人防守

由进攻转入防守时，每个队员盯住自己的对手，以一防一。防守方式有半场人盯人防守和全场人盯人防守。防守时对持球者采取紧逼防守方式。防无球队员采取错位防守方式，积极控制对方的进攻重点，干扰其接球。对无球一侧的防守队员则向有球一侧靠拢，积极移动，抢占有利位置，以加强协防。

②进攻人盯人防守

要积极移动、跑位、穿插，使比赛动起来，寻找机会，通过传切、策应、掩护、突分球等基础配合或以某种基础配合组成全队战术。若对方扩大防区，可采用策应、传切、突分等配合；若对方缩小防区，可采用掩护、中距离投篮等配合或利用中锋策应配合等，给同伴创造良好的进攻机会。

（3）快攻与防快攻

快攻是防守队获球后由守转攻时力争在对手布阵未稳之际，抓住战机以最快的速度、最短的时间，果断而合理地发动攻击的一种战术配合。

①发动快攻的时机篮

抢得后场篮板球时，抢球、断球、打球和跳球时，以及对方投中后掷端线界外球时，都应抓住机遇发动快攻。上述几种发动快攻的时机，其中抢篮板球后发动快攻频率较高；抢断球后发动快攻成功率较高。

②快攻组织的形式

快攻战术形式有长传快攻、传球与运球结合的快攻和个人突破快攻。

（三）篮球竞赛基本规则

篮球竞赛规则是篮球运动的法律性文件，是篮球比赛唯一的理论依据。裁判法是临场裁判员的工作方法，指导裁判员如何完成一场篮球比赛的裁判工作。

1. 篮球比赛场地、器材简介

标准的篮球场地：长28米、宽15米。从界线的内沿量起，线宽5厘米，颜色为白色。篮板的尺寸为：横宽1.80米，竖高1.05米，下沿距地面2.90米。篮圈顶沿应水平放置，距离地面 3.05 米，与篮板的两条竖边等距离。

男子比赛使用 7 号球，并且重量不得少于 567 克，不得多于 650 克；女子比赛使用 6 号球，并且重量不得少于 510 克，不得多于 567 克。

2. 篮球竞赛规则简介

（1）比赛时间

篮球比赛由 4 节组成，每节 10 分钟。每一决胜期为 5 分钟。在第 1 节和第 2 节（上半时）之间，第 3 节和第 4 节（下半时）之间，以及每一决胜期之前应有 2 分钟的比赛休息期间。两个半时之间的比赛休息期间应为 10 分钟。

在第 1 节开始的时间进行跳球决定球权，之后每节开始和出现争球时采用交替拥有球权规则。

（2）暂停

教练员或助理教练员请求中断比赛，称为暂停。每次暂停时间为 1 分钟。在上半时的任何时间每队有 2 次暂停机会；在下半时的任何时间每队有 3 次暂停机会，在每一决胜期的任何时间每队可准予 1 次暂停。

（3）替换

替补队员请求中断比赛成为队员是一次替换。裁判员鸣哨停止比赛后，或在最后一次罚球成功后，双方队均可以换人。在第四节或决胜期的最后 2 分钟内投篮得分时，非得分队可以换人，同时对方也可要求换人。在同一替换期内，已被替换出场的队员不得再进入场地。

（4）违例及其罚则

违例即违反规则。凡有下列违例情况之一者，均由对方队员在最靠近违例的地点掷球入界，正好位于篮板后面的地点除外。

①带球走

当队员在场上持着一个活球，其一脚或双脚超出规则所述的限制向任一方向非法移动，称为带球走。

②两次运球

一次运球完毕而再次运球，称为两次运球。故意将球掷向篮板，算一次运球。漏接球不是运球。

③脚踢球

队员故意用脚踢球或用腿的任何部位阻挡球算违例。脚与腿无意中触球不算违例。

④拳击球

队员用拳击球。

⑤球回后场

球已被非法地回到后场，当控制活球队的队员在他的前场最后触及球，而后该队员或同队队员在后场首先触及球算违例。这个限制不适用于队员从他的前场跳起，仍在空中时建立新的球队控制，然后落在该队的后场内。

⑥3秒

当某队前场控制活球并且比赛时钟正在运行时，该队的队员不得停留在对方队的限制区内超过持续的3秒。

⑦5秒

A.掷界外球队员5秒内将球掷入界。

B.罚球队员5秒内将球投出。

C.持球队员被严密防守，必须在5秒内传、投或运球。

⑧8秒

每当一名队员在他的后场控制活球时，他的队必须在8秒内使球进入该队的前场。运球队员的球和双脚同时位于前场，球才能算进入前场，否则8秒连续计算。

⑨24秒

当一名队员在场上控制活球时，他的队必须在24秒内尝试投篮。

（5）犯规及其罚则

犯规是违犯规则的行为，包含与对方队员的非法身体接触和（或）违反体育道德的举止。一名队员发生了5次侵人犯规和（或）技术犯规时应被罚下；或发生了2次违反体育道德的犯规时也应被罚下。一节中某队已发生了4次全队犯规时，该队处于全队犯规处罚状态。

①侵人犯规

侵人犯规是队员与对方队员的接触犯规，无论球是活球还是死球。记录表登记符号为"P"。罚则：如果未做投篮动作的队员犯规，由非犯规队在最靠近犯规地点掷球入界重新开始；如果犯规的队处于全队犯规处罚状态，则由被犯规的队员罚球2次，进攻队犯规除外；如果正做投篮动作的队员发生犯规或投篮成功，应计得分并判给1次追加的罚球；如果投篮不成功，判被侵犯队员2次或3次罚球。

②双方犯规

即两名互为对方的队员大约同时相互发生侵人犯规的情况。罚则：应给每一犯规队员登记1次侵人犯规，不判给罚球。比赛应按下列所述重新开始。如果在双方犯规的同一时间出现：

A.投篮有效或最后1次或仅有1次的罚球得分，应将球判给非得分队从端线的任何地点掷球入界。

B.某队已控制了球或拥有控制球权,应将球判给该队在最靠近犯规的地点掷球入界。

C.投篮未中时发生犯规，任何一队都没有控制球权，采用交替拥有球权规则。

③违反体育道德的犯规

根据裁判员的判断，一名队员不是在规则的精神和意图的范围内合法地试图去直接抢球，发生的接触犯规是违反体育道德的犯规。记录表上登记符号为"U"。罚则：

A.应给犯规队员登记 1 次违反体育道德的犯规，并累计在全队每节比赛的 4 次犯规之内。

B.罚球应判给被犯规的队员，随后在记录台对面的中线延长线部分掷球入界或在球中圈跳球开始比赛。罚球次数规定如下：对没有做投篮动作的队员发生犯规，判给 2 次罚球；对正在做投篮动作的队员发生犯规，如果中篮应计得分并加判给 1 次罚球；对正在做投篮动作的队员发生犯规，并没有得分，应判给 2 次罚球。

④技术犯规

任何故意的或一再的不合作，或不遵守篮球竞赛规则的精神，应被认为是 1 次技术犯规。主要包括队员技术犯规和教练员技术犯规。技术犯规的罚则：

A.队员技术犯规，登记犯规者 1 次技术犯规，作为队员犯规并作为全队犯规之一计数。

B.教练员及随从人员技术犯规，登记教练员 1 次技术犯规，不作为全队犯规之一计数。

C.应判给对方队员 1 次罚球，球权拥有方掷球入界。

⑤取消比赛资格的犯规

比赛过程中，属于十分恶劣的不道德行为，判为取消比赛资格的犯规。记录表上登记符号为"U"。罚则：

A.应给犯规者登记 1 次取消比赛资格的犯规，并责令其去运动员休息室或马上离开比赛场地。

B.罚球应判给被犯规的队员，随后在记录台对面的中线延长线部分掷球入界或在中圈跳球开始比赛。罚球次数规定如下：对没有做投篮动作的队员发生犯规，判给 2 次罚球；对正在做投篮动作的队员发生犯规，如果中篮应计得分并加判给 1 次罚球；对正在做投篮动作的队员发生犯规，并没有得分，应判给 2 次或 3 次罚球。

二、排球

（一）排球基本技术

排球的基本技术包括无球技术和有球技术。无球技术有准备姿势、移动、起跳及各种掩护动作等；有球技术主要有发球、传球、垫球、扣球和拦网等。

1. 准备姿势和移动

准备姿势和移动是排球的基本技术，是完成发球、垫球、传球、扣球和拦网等各项技术的前提与基础。

（1）准备姿势

准备姿势按身体重心高低分为半蹲准备姿势、稍蹲准备姿势和低蹲准备姿势三种。半蹲准备姿势是最基本的姿势，常用于接发球、拦网和各种传球。稍蹲准备姿势常用于扣排球助跑前、对方正在组织进攻不需要快速反应启动的时候。低蹲准备姿势主要用于防守球和保护前的准备。

半蹲准备姿势动作方法为：两脚左右开立，稍比肩宽，一脚稍前，两脚尖适当内扣，后脚脚跟稍提起，膝关节保持一定弯曲度；含胸收腹，重心靠前，双臂自然弯曲，双手置于胸腹之间，双目注视来球。

稍蹲准备姿势比半蹲准备姿势重心稍高，动作方法相同。低蹲准备姿势比半蹲准备姿势两脚分开距离更大，身体重心更低，重心更靠前，膝部的弯曲程度更大一些。

（2）移动

从起动到制动的过程称为移动。移动的目的主要是迅速地接近球，保持好人与球的合理位置。移动由起动、移动步法和制动三个环节组成。移动步法主要有并步、滑步、跨步、跨跳步、交叉步和跑步等。

①并步与滑步

当向右侧移动时，右脚向右迈出一步，左脚迅速并上，保持好击球前的准备姿势。如此可以向左、向前、向后进行。连续的并步就是滑步。

②跨步与跨跳步

如向前移动，则后腿用力蹬地，前脚向来球方向跨出一大步，膝部弯曲，上体前倾，身体重心移至前腿上。跨步过程中有跳跃腾空即为跨跳步。

③交叉步

向右移动时，身体稍向右转，左脚从右脚前面向右交叉迈出一大步，然后右脚向右边跨出一大步，落在左脚的侧面，同时身体转向来球方向，保持击球前的准备姿势。向左移动时，动作相反。

④跑步

两腿用力蹬地，迅速起动，两臂用力摆动，加快步子，争取跑到球的落点位置，并逐步降低重心，保持好击球时的准备姿势。

2．发球

发球是比赛的开始，也是进攻手段之一。发球的目的在于直接得分或破坏对方的进攻战术，减轻防守压力，创造反攻的有利条件。发球的种类有正面下手发球、侧面下手发球、正面上手发球、正面上手飘球、勾手发球、跳发球等。

（1）正面下手发球

①准备姿势

右手发球的队员，面对球网，两脚前后站立，左脚在前，两膝微屈，上体前倾，重心偏在后脚，左手持球置于腹前。

②抛球引臂

左手将球轻轻抛在体前右侧离手 20 厘米的高度处。抛球的同时，右臂伸直，以肩为轴，向后摆动。

③挥臂击球

借右脚蹬地的力量，使身体重心随着右手的前摆击球动作移动到前脚上，右手在腹前以全掌或虎口或半握拳击球的后下部。击球后，身体随之前移进场。

（2）侧面下手发球

①准备姿势

右手发球的队员，左肩对正球网站立，两脚左右开立，与肩同宽，两膝微屈，上体稍前倾，左手持球置于腹前。

②抛球引臂

左手平稳地将球抛至腹前，高度约 30 厘米，离身体约一臂距离，同时右臂向后摆动至身体的右侧后下方。

③挥臂击球

利用右脚蹬地、向左转体的力量，带动右臂加速向前上方摆动，在腹前用全掌或虎口或半握拳击球的后下方。

（3）正面上手发球

①准备姿势

以右手发球为例。队员面对球网自然站立，左脚在前，左手持球于腹前。

②抛球引臂

左手平托上送，将球垂直抛在右肩前上方的同时，右臂屈肘抬起、后引，肘关节与肩齐平，上体稍右转，抬头、挺胸、展腹。

③挥臂击球

击球时，利用蹬地、上体左转和收腹的力量带动右臂向前上方加速挥动，用全手掌包住球体，击球后中下部，并向前上方推送，使球呈上旋飞行。发球后立即进场。

3. 传球

传球是用手指和手腕的弹力进行上手击球的技术动作，在比赛中起着由防守转为进攻和反攻的桥梁和纽带的作用，广泛用于接发球、二传等。传球的方式有正面上手传球、背传球、侧传球、跳传球等。上手传球的优点是便于控制球、准确性高。

（1）正面上手传球

①准备姿势。采用稍蹲准备姿势。

②迎球。击球前抬头看球，双手自然抬起，放松置于脸前。当来球接近额前时，开始蹬地、伸膝、伸臂，两手微张经脸前向额前上方迎球。

③手形。当手触球时，两手保持一定距离自然张开，手腕后仰，呈半球状，两拇指相对呈"一"字形或接近"八"字形，两食指呈"八"字形。用拇指内侧和食指的全部及中指的第二、第三指节来负担球的压力，无名指和小指控制传球方向。

④击球用力。传球击球时，手指和手腕应保持一定的紧张程度，利用蹬地、伸膝、伸臂和抖腕、拨指动作，以及球的反弹力将球在额前上方约20厘米处传出。

（2）背传球

背传球是指传出球的方向在传球队员的背后，具有很强的隐蔽性和迷惑作用，是比赛中一项常用的传球形式。

传球前，队员迅速而及时地移动，使双臂插入球下，后腿略弯曲，身体重心置于后腿上。传球时，双手在额前上方，手腕后仰，掌心朝上，运用蹬地、展腹、挺胸、抬肘以及向后翻腕的动作，将球向背后传出。

4. 垫球

垫球是用手臂从球的下部，利用来球的反弹力向上击球的技术动作，是接发球和防守的主要技术，是组织进攻和反攻战术的基础。

垫球技术有正面双手垫球、体侧垫球、跨步垫球、背垫球、滚翻垫球、鱼跃垫球等。

（1）正面双手垫球

①准备姿势。采用半蹲准备姿势站立。

②击球手形。两手掌重叠后合掌互握，两拇指并拢，手腕下压，两臂外翻成一平面。

③击球动作。正对来球，当来球在腹前一臂左右距离时，手臂迅速插入球下，两臂伸直、夹紧，含胸收腹，同时向前上方蹬地抬臂，迎接来球。

④触球部位。利用腕关节以上10厘米左右处的桡骨内侧平面垫击球的后下部。

（2）体侧垫球

①准备姿势。采用半蹲准备姿势站立。

②击球手形。同正面双手垫球。

③击球动作（以左侧垫球为例）。右脚前脚掌内侧蹬地，左脚向左跨出一步，身体重心随即移至左脚，并保持左膝弯曲。两臂夹紧向左侧伸出，左臂高于右臂，右肩向下倾斜，再用向右转腰和收腹的力量，配合两臂在体侧垫击球的后下部。

④触球部位。用前臂腕关节以上10厘米左右处触球。

（3）跨步垫球

①准备姿势。采用半蹲准备姿势站立。

②击球手形。同正面双手垫球。

③击球动作。判断来球方向，及时向前或侧跨出一大步，屈膝制动，重心落在跨出腿上，上体前倾，臀部下降，两臂插入球下，垫击球的后下方。

④触球部位。用腕关节以上10厘米左右处触球。

5. 扣球

扣球是队员跳起，在空中将高于球网上沿的球有力地击入对方场区的一种击球方法。它是排球比赛中最积极、最有效的进攻和得分的手段，是决定胜负的关键技术。扣球技术主要有正面扣球、勾手扣球、扣快球、调整扣球、吊球等。下面介绍正面扣球。

（1）准备姿势

采用稍蹲准备姿势，两臂自然下垂，站在离球网 3 米左右处。

（2）判断

根据一传的落点和二传的方向、弧度、速度，选择起跳的地点和起跳时间。

（3）助跑起跳

以两步助跑、右手扣球为例。左脚先向前放松自然地迈出一小步（决定方向），紧接着右脚跨出一大步，支撑点在身体重心之前，并以脚跟先着地过渡到全脚掌着地，同时左脚及时并上，踏在右脚之前，两脚尖稍内扣，身体稍向右转，重心降低。在跨出最后一步的同时，两臂绕体侧向后引，左脚在并步踏地制动的过程中，两臂自后积极向前摆动，随着双腿从弯曲制动最低点猛力蹬地向上起跳，两臂快速上摆，配合起跳。

（4）空中击球

起跳后，挺胸展腹，上体稍向右转，身体呈反弓形，左手自然置于体前，右臂向后上方屈肘抬起，肘关节指向侧方，并高于肩部，手置于头的右侧方。挥臂时，以迅速转体、收腹动作发力，依次带动肩、肘、腕各部位成鞭打动作向前上方挥动。击球时，五指微张呈勺形，并保持适度紧张，以全手掌包满球，击球的后中部。同时主动用力屈腕向前推压，使扣出的球加速上旋。

（5）落地缓冲

落地时，以前脚掌先着地，同时顺势屈膝、收腹，以缓冲下落的力量。

6. 拦网

拦网是队员靠近球网，将手伸向高于球网处阻挡对方来球的行动。拦网是防守的第一道防线，是反攻的重要环节。它既是一项防守技术，又有较强的进攻性。拦网技术可分为单人拦网和集体拦网。

（1）单人拦网

①准备姿势。队员面对球网，两脚左右开立，约与肩宽，距网30~40厘米，两膝微屈，两臂在胸前自然屈肘。

②移动。当判断到对方扣球位置后，迅速移动到相应区域准备起跳拦网。多采用并步、交叉步、跑步来进行移动。

③起跳。原地起跳时重心降低，两膝弯曲，用力蹬地，使身体垂直起跳。如果是移动后起跳，制动时，双脚尖要转向球网，同时利用手臂摆动帮助起跳。拦击一般高球、

远网球和后排扣球时，应稍晚于扣球队员起跳；拦击快变的球时，应比扣球队员稍早或同时起跳。

④空中拦击。两手从额前平行球网向网上沿前上方伸出，两臂平行，两肩尽量上提，两臂尽力过网伸向对方上空，两手接近球，自然张开，手触球时要突然紧张，用力屈腕，主动盖帽捂球。

⑤落地动作。落地时屈膝缓冲，保持好重心，为下一个动作做好准备。

（2）集体拦网

集体拦网分为双人拦网和三人拦网，前者是集体拦网的主要形式，后者多在对方高点强攻不善于吊球的情况下运用。

①双人拦网

一般情况下，如对方从 4 号位组织进攻，本方以 2 号位队员为主，3 号位队员移动到 2 号位，并拢协调配合拦网；如对方以 3 号位组织进攻，一般以本方 3 号位队员拦网为主，2 号位或 4 号位队员协同配合；如对方从 2 号位组织进攻，则以本方 4 号位队员拦网为主，3 号位队员移动到 4 号位，并拢协调配合拦网。

②三人拦网

三人拦网的关键在于配合好，一般以 3 号位队员为主，2、4 号位队员配合完成。

（二）排球基本战术

排球战术是运动员在比赛中根据排球运动的比赛规律、彼我双方的具体情况和临场变化，有效地运用技术而采取有预见、有目的、有组织的行动。排球基本战术包括进攻战术、防守战术。

1. 阵容配备

（1）"四二"配备

场上有 4 个进攻队员和 2 个二传队员。4 个进攻队员又分为 2 个主攻、2 个副攻，他们都站在对角位置上。其优点是无论怎样轮转，前后排都能有 1 个二传和 2 个进攻队员，便于组织和发挥攻击力量。但对 2 个二传队员的进攻和拦网能力要求较高，否则会影响进攻效果。

（2）"五一"配备

场上队员有 5 个进攻队员和 1 个二传队员。这种阵容配备的优点是拦网和进攻力量得到加强，全队只要适应 1 个二传队员的打法，相互间容易建立默契，就有利于二传统一贯彻战术意图。

2. 进攻战术

进攻战术按照二传组织进攻时的位置分为"中二传"进攻阵形、"边二传"进攻阵形和"心二传"进攻阵形。

（1）"中二传"进攻阵形

"中二传"是由 1 名前排或后排队员在 3 号位做二传，其他队员参与进攻的阵形。因二传在中间，一传容易到位，但战术变化相对较少。

（2）"边二传"进攻阵形

"边二传"是由 1 名前排或后排队员在 2 号位做二传，其他队员参与进攻的阵形。二传在边上，对一传要求较高，但战术变化较多，适合不同水平的队。

（3）"心二传"进攻阵形

"心二传"是二传在中场进攻线附近组织进攻的阵形。二传在中场，有利于组织后排进攻和前后排相互掩护进攻，战术变化多，适合技术水平较高的队。

3．防守战术

（1）无人拦网防守阵形

无人拦网防守阵形是适合初学者的防守形式，其站位与 5 人接发球站位相同。根据对方前排 3 人不同的进攻点，二传队员移动到网前保护。其他队员在接发球位置做前后、左右移动接球。

（2）单人拦网防守阵形

当对方进攻点少、吊球多时，可以采用单人拦网的防守阵形。不拦网的前排队员后撤防守前场区，后排队员防守后场区。

（3）双人拦网防守阵形

双人拦网防守阵形是最常见的一种防守形式，根据后排队员的情况分为"心跟进"和"边跟进"两种。

①"心跟进"防守即 6 号位队员跟进防守，它的优点是加强了前排拦网保护、防吊球和防轻扣的能力，缺点是后场较空。

②"边跟进"防守即 1 号或 5 号位跟进，6 号位队员后撤防守。它的优点是加强了后排防守能力。缺点是中场较空，容易被轻扣、吊死。所以 6 号位队员可以根据对方情况灵活运用。

（三）排球竞赛基本规则

1．基本比赛方法

排球运动是由两支人数相等的球队，在被球网隔开的两个均等的场地内，根据规则以身体任何部位，将球从网上击入对方场区，而不使其在本方场区内落地，集体的攻防对抗的体育项目。

排球比赛的形式多种多样，其基本方法是由 1 名队员在发球区内用一只手将球直接击过球网开始的。每队最多击球 3 次使球过网，不得持球。1 名队员不能连续击球两次。比赛不间断进行，直至球落地、出界或某队犯规。

发球队胜一球后，由该队同一名队员继续发球。接发球队胜一球后，按预先登记的发球顺序，换由下一名队员发球。

比赛每球得分，有五局三胜制、三局两胜制和一局胜负制。

2. 场地与器材

排球场地分为比赛场区和无障碍区，其形状为长方形平面。比赛场区的边线长18米，端线长9米。中线的中心线把排球场分成相等的两个半场。各半场距中线的中心线3米处有一条平行线叫作进攻线，它与中线之间的区域称为前场区。边线、端线的宽度均包括在场区尺寸内，所有的线均宽5厘米。两条端线外各划两条长15厘米，距离端线20厘米的短线，它们各自划在边线的延长线上，两条短线之间的区域为发球区。

球网长9.5～10米，宽1米，架于中线上空，与边线成垂直状态。球网两端，垂直于边线有两条标志带。紧靠标志带外侧各有一根标志杆。标志杆长1.80米，高出球网80厘米，两标志杆间距9米，称为过网区。正式比赛中球网高度男子为2.43米，女子为2.24米。

3. 比赛规则

（1）界内球、界外球

球触及比赛场区的地面包括界线为界内球。

下列为界外球：球接触地面的整个部分落在界线以外；球触及场外物体、天花板或非场上比赛队员；球触及标志杆、网绳、网柱或球网标志杆以外部分；球的整体或部分从非过网区完全越过球网垂直面；球的整体从网下空间通过。

（2）队员的场上位置和轮转

发球队员击球时，双方队员（发球队员除外）必须在本场区内按轮转次序站位。场上位置为：靠近球网的3名队员为前排队员，其位置为4号（左）、3号（中）和2号（右）；另外三名队员为后排，分别为5号（左）、6号（中）和1号（右）。场上1、6、5及2、3、4号队员为同排队员。1、2号位，3、6号位，4、5号位队员为同列队员。规则：发球击球时，同排左边或右边队员的一只脚的某部分必须比同排中间队员的双脚距离同侧边线更近。同列队员中，前排队员一只脚的某部分必须比同列后排队员的双脚离中线更近。球发出后，队员可以在本场区的任何位置上。

轮转是接发球队获得发球权后，该队队员必须按顺时针方向轮转一个位置（2号位队员转至1号位队员发球，1号位队员转至6号位队员等）。

（3）发球时的犯规

击球前球未抛起或未撤离托球的手；发球次序错误；第一裁判员鸣哨允许发球后8秒钟内未将球发出；发球队员踏及端线；发球试图犯规等。

（4）队员的替换

一局每队最多可换 6 次人，可以同时换 1 人或多人。一局比赛中替补队员只能上场比赛一次，替换开始阵容的队员，而且只能由被他替换下场的队员来替换。若某一队员受伤不能合法换人时，可以进行"特殊换人"。后排自由防守队员的替换不在此列。

（5）暂停的有关规定

只有教练员可以请求暂停。当教练员不在场的时候场上队长可以请求暂停，每队的其他成员没有权利请求暂停。每局最多可以请求两次暂停，每次暂停时间为 30 秒。国际排联、世界和正式的成年比赛，可以根据赞助、市场和转播协议，减少一次暂停或技术暂停。

在国际排联、世界和正式比赛的第 1 ~ 4 局中，每局还有 60 秒的技术暂停，每当领先队达到 8 分和 16 分时自动执行。

（6）比赛中的击球

球必须被击出。球可以触及身体的任何部位。

持球犯规：球被接住或抛出，而不是被弹击出则为持球犯规。持球的判断可依据三个方面的因素：一是停留时间过长；二是击球不清晰；三是使球明显改变了方向。

连击犯规：是指一名队员连续击球两次或球连续触及其身体的不同部位。但拦网时一名或多名队员可以在一个动作中连续触球，但在第一次击球时允许身体不同部位在一个动作中连续触球。

四次击球犯规：指一次进攻中，一个队连续击球四次（拦网时触球除外）。

（7）球网附近的犯规

触网：击球行为触及标志杆以内球网部分为犯规。击球行为包括（但不限于）起跳、击球（或试图击球）、落地至准备下一个动作。

过网击球：球的整体已经通过网的垂直面，进入对方场地空间，在对方进攻性击球前或击球的同时再去击球，即判过网击球犯规。如果球在网上沿垂直面时，则双方都可以击球，若此时造成双方持球犯规，比赛继续进行，球落在哪一方，该方还可以击球三次。

拦网犯规：拦网触球不算一次击球，该队仍有三次击球机会。拦网队员可以将手伸过网，但必须在对方向拦网一方击球后或击球时，方可触球，否则判过网击球犯规。对对方的发球不可以拦网。

（8）后排队员进攻性击球犯规

除发球和拦网外，所有直接向对方的击球都是进攻性击球。后排队员在进攻线上或线前将整体高于球网的球直接击入对方场区，为后排队员进攻性击球犯规。后排队员可以在后场区对任何高度的球完成进攻性击球，击球后可以落在前场区。

（9）过中线犯规

队员的一只脚或双脚全部越过中线触及对方场区为过中线犯规，但脚的一部分已接触中线或置于中线上空是允许的。

在不妨碍对方比赛的情况下，队员脚以上的身体任何其他部位可以接触对方场区。

三、足球

（一）足球基本技术

1. 有球技术

（1）踢球

踢球，是指运动员有目的地用脚的相应部位将球击向目标的动作方法。踢球是运动员进行比赛运动的主要技术手段，它在比赛中是以传球和射门为主要形式体现的。

①踢球动作分析

踢球技术的动作方法很多，可以从多种角度分类。但不论哪一种踢球技术，其完整的动作过程都包括助跑、支撑、摆腿、击球和随前动作这五个技术环节。

②动作要领

A.脚内侧踢球。它是脚内侧部位踢球的一种方法。其特点是脚与球接触面积大，出球准确平稳，且易于掌握。但由于踢球时要求大腿前摆到一定程度时需要外展且屈膝，故大腿与小腿的摆动都受到限制，因此出球力量相对较小。

B.脚背正面踢球。脚背正面踢球由于其解剖特点，摆幅相对较大，加之用脚背踢球接触面（与球）相对较大，因而踢球力量也大，准确性也较强。但受以上因素的影响，出球的方向及性质相对变化也较小。在比赛中经常使用脚背正面踢定位球、地滚球、空中球、反弹球及倒钩球。球的性质多为不旋转的直线球，但也可用来踢抽击性前旋球。

（2）接球

接球，是指运动员有目的地用身体的合理部位把运行中的球接下来，控制在所需要的范围内，以便更好地衔接下一个技术动作。接球是为下一个动作服务的，接球质量的好坏直接影响下一个动作的顺利完成。由于比赛中的来球性质、状态不同，所以接球应根据不同情况，采用不同的动作方法。

①动作分析

无论采用哪一种接球方法，动作结构都是由以下四个环节组成的。

A.观察和移动。为了更好地完成接球动作，事先要注意观察来球的情况。从球的运行路线、球的旋转与速度等情况中，迅速判断落点，及时移动，使自己能处于做接球动作时所需要的最佳位置。

B.选择接球的部位和接球方法。接球的部位不同，采用的方法不同，作用效果也就不同，因此，必须根据临场情况及下一步动作的需要，恰当地选择接球的部位与接球方法。

C.改变来球的力量。根据来球的力量大小和接球实际需要，可分别采取加力或减力（缓冲）方法。根据来球力量的方向和接球实际需要，还可按照反射定律调整入射角，获取理想的反射角。

D.随球移动。接球动作一做完立即随球移动，紧密衔接下一个动作，在接球与处理球的动作之间不能有停顿。

②动作要领

接球的方法有多种，常用的有脚内侧、脚背正面、脚背外侧、脚底、大腿、腹部、胸部、头部等部位的接球。

（3）头顶球

头顶球，是指运动员有目的地用前额将球击向预定的目标的动作。足球比赛中不仅要处理各种各样不同形式和不同性质的地滚球，同时也要处理各种高空球。当遇到胸以下部位不能触及或规则不允许触及的一些球时就需要用头部来处理，因为头是人体最高的一个部位，额骨的前面较为平坦，只要掌握顶球技术，顶出的球就会有力。现代足球比赛中对时间与空间的争夺异常激烈，头顶球技术的使用不仅能使运动员占据空间优势，而且能争取时间，所以头顶球是处理高空球的最重要手段。

使用头顶球技术，不仅可以进行传球、抢断球、高球射门，而且利用鱼跃头顶球可以扩大运动员的控制范围、防守时抢险。

①动作分析

头顶球技术的动作结构是由移动选位、身体的摆动、头触球、触球后的身体平衡四个环节组成的。

②动作要领

头顶球技术分为前额正面头顶球与前额侧面头顶球技术。

前额正面头顶球是用额肌覆盖着的额骨正面部分去击球的一种动作方法。身体正对来球方向，眼睛注视运动中的球，两脚左右开立（或前后开立），膝关节微屈，重心置于两脚间的支撑面上（或后脚上），两臂自然张开。当球运行到将垂直于地面的垂线时，两腿用力蹬地，迅速向前摆体，微收下颌，在触球瞬间颈部做爆发式振动，用前额正面击球中部，上体随球前摆。

（4）掷界外球

由于掷界外球时接球人不受越位规则的约束，因此，掷界外球不仅可用于恢复比赛，而且可以为进攻创造有利条件。尤其是在前场 30 米内掷界外球，有机会将球直接掷入门前，可以给对方造成很大的威胁。

（5）运球及运球过人

运球，是指运动员在跑动中为控制球而用脚部进行的推拨球动作。采用运球方法超越防守员时，称为运球过人。

运球及运球过人是运动员控制球与进攻能力的重要表现形式，熟练掌握与合理运用运球及突破技术，对调控比赛节奏、丰富战术变化、突破密集防守、创造射门机会都具有实际的意义。

2. 无球技术

无球技术，是指比赛中队员在无球的情况下所完成的各种技术动作。其中包括各种形式的起动、急停、转身、变向、晃动和疾跑等。

无球技术在比赛中是重要的，由于90分钟的比赛中个人控球时间很少，故多数时间运动员处于无球状态。这对一名运动员在素质、意识、心理品质上都提出了较高的要求。

无球技术的练习手段主要靠以身体素质训练为主，提高队员的速度、力量、耐力、灵敏度等素质，同时结合战术和培养意志的练习。

（二）足球基本战术

1. 个人战术

（1）个人进攻战术

①跑位。跑位是个人的足球意识、集体战术协作的完整体现。事实证明，一场90分钟的足球比赛，个人控球的时间在2～3分钟，大多数时间是无球的跑动，这就要求队员不但要能跑，而且要会跑。跑位包括摆脱、扯开和接应。

②运球过人。运球过人是通过自身娴熟的技术、优秀的素质，摆脱防守队员的行为。明星队员通过运球过人可达到多种进攻组合，又可在相持阶段，以点带面，从局部牵扯整体，使对方防守体系溃败。

③传球。传球是联系场上队员的语言，准确、突然、意外的传球是突破对方防守最犀利的"剑"，常常能一招制敌。同时传球也是控制比赛节奏，寻找最佳战机，拖延比赛时间，麻痹对方的手段。传球是个人基本技术熟练、战术意识良好、视野开阔的综合体现。

④射门。射门可导致进球，也是进攻的终结点。准确、有效、及时、多变的射门是一方获取比赛胜利的保障，也是个人良好的技术、素质、意识、心理品质的完美结合。

（2）个人防守战术

防守是化解对方进攻的手段。及时、有效地破坏、阻击、瓦解对方的进攻，可以达到树立自信、压制对方情绪、变被动为主动的目的。

①选位。由于足球场地大，进攻队员跑位漂浮不定，若盲目跟从，势必极易被对

方突破。因此，必须先找到一个既有利于自身防守，又能限制或减少对方进攻路线的位置。良好的位置感是在不断地学习和比赛中积累起来的。

②抢截、抢断。

抢截是靠自身的能力将对方控制的球抢下由自己控制。抢断是在对方尚未控制同伴传来的球之前，抢下由自己控制。抢截、抢断是攻防直接对话的表现，是对防守者的技术、战术意识、素质、心理的考验。有效地抢截、抢断可以使攻守立刻转化。

③盯人。进攻队员大多数时间是处在无球跑动阶段，但是完成射门的一击，还是由攻方某一人得球后完成的，这就要求防守队员不能盲目以球为中心，应随时注意自身防守区域内攻方队员的动向，及时掐断球和人的线路连接，让攻方无功而返。否则，一旦漏人，会使得本方大门告破。

④协防。足球比赛是一种整体的对抗，个人不可能做到面面俱到。同时，由于个体的差异，对方人员位置的变化，要求防守个体不仅要能守住自身的区域，还要将视野扩展到整队的防守体系中，做到在不丧失自己的阵地的同时，兼顾相邻的同伴阵地，哪里出现险情就补向哪里，将险情降到最低点，直至瓦解对方的进攻。

2. 两人进攻战术

两人进攻战术又叫作"二过一"，它是由两名进攻队员，通过两次或者两次以上的传、接球，来突破一名防守队员的形式。两人进攻战术主要有斜传直插、直传斜插、交叉、回传反切、反向等形式。

（三）足球竞赛基本规则

1. 足球竞赛规则制定原则

（1）保护双方运动员

足球运动是一项争夺激烈、富有战斗性的运动项目，允许运动员身体接触和合理冲撞，提倡勇猛顽强、积极主动的战斗作风。因此，在规则中明确规定哪些动作是允许的，哪些动作是不允许的，目的是保护双方运动员的安全，保证比赛顺利进行，有利于足球运动的健康发展。

（2）促进技术和战术的发展

任何运动竞赛项目的规则制定与修改，都要有利于本项目的技术和战术的发展。当足球运动发展到一定阶段，如果竞赛规则影响技术和战术的发展，人们就要修改规则，使其有利于促进技术和战术的发展。

（3）体现对等原则

足球比赛是千变万化的，因此，规则中有些条款不可能模式化。裁判员在执行规则时，必须对比赛双方采取对等的原则。

（4）适应职业化需要

随着足球运动职业化的迅猛发展，足球竞赛规则也必须适应职业化发展的需要，鼓励进攻，吸引越来越多的观众来观看足球比赛，从而使足球运动更具有生命力。

足球竞赛规则不可能包罗万象地对比赛中出现的各种情况一一做出规定，在裁判工作中对于规则没有明确规定的一些情况，应根据上述的基本精神做出解释与处理。

2. 足球竞赛规则简介

（1）比赛场地

①场地标识。所有标线宽度必须一致，且不得超过 12 厘米（5 英寸）。球门线、球门柱和横梁的宽度必须一致。

②场地尺寸。边线必须长于球门线。边线为 90～120 米、球门线为 45～90 米。

（2）球

所有比赛用球必须是球形，周长为 68～70 厘米，重量在比赛开始时为 410～450 克。

（3）队员

一场比赛有两队参加，每队最多可有 11 名上场队员，其中 1 名必须为守门员。如果任何一队场上队员人数少于 7 人，则比赛不得开始或继续。如果某队因 1 名或多名场上队员故意离开比赛场地而造成队员人数少于 7 人，则裁判员不必停止比赛，可继续比赛，但随后比赛停止时，如果某队场上队员人数仍不足 7 人，则比赛不得恢复。

（4）队员装备

①安全性。队员不得使用或佩戴任何具有危险性的装备或物件。

②必要装备。场上队员的必要装备包括如下单独分开的物件：外套、短裤、护袜、护腿板、鞋子。

（5）裁判员

每场比赛由一名裁判员掌控，他有权力去执行与比赛相关的竞赛规则。裁判员、助理裁判员、第四官员、附加助理裁判员以及候补助理裁判员统称为在场比赛官员。

（6）比赛时间

一场比赛分为两个 45 分钟相同时长的半场。依照竞赛规程，在比赛开始前经裁判员和双方球队同意后，方可缩短各半场比赛时长。队员享有中场休息的权利，休息时间不得超过 15 分钟。加时赛中场阶段可短暂补水（时长不超过 1 分钟）。

（7）确定比赛结果

球的整体从球门柱之间及横梁下方越过球门线，且进球队未犯规或违规时，即为进球得分。如果裁判员在球的整体还未越过球门线时判罚示意进球，则以坠球恢复比赛。

第二节　小球类运动

一、乒乓球

（一）乒乓球基本技术

乒乓球的基本技术可分为单个技术和由两个或两个以上单个技术结合的结合技术。基本技术是战术的基础。掌握的技术越多越全面，在实际比赛中反映出的能力越强。因此，要掌握乒乓球的各种基本技术，应从基础开始。

1. 准备姿势

准备姿势是指击球员准备击球时或还击球时的身体各部位姿势。为了便于回击各种不同的来球，在击球前必须有一个比较稳定、合理的姿势，有利于身体各部位的协调配合与迅速起动，提高击球的命中率。

动作要领：两脚左右开立，与肩同宽，身体稍向右侧，面向球台，两膝自然弯曲稍向内收并内旋，用前脚掌内侧着地，重心置于两脚中间，随时准备移动。上体略前倾，两眼目视前方，注视来球，两臂自然弯曲置于体侧前方，肘关节略外张，执拍手自然握拍，使拍面稍前倾呈半横状，置于腹前的右侧前方。

2. 握拍法

乒乓球握拍的方法有直拍和横拍两大类，可根据每个人的身体条件和个人兴趣爱好，选择一种适合自己的握拍法。

正确的握拍法对调整击球时的引拍位置、拍形角度、拍面方向、发力方向等有重要作用，对掌握乒乓球基本技术和提高乒乓球技巧有着密切的关系。

（1）直拍握拍法

①快攻型握拍法。拇指、食指自然弯曲，以拇指第一关节和食指第二关节压住球拍的两肩，两指间距适中（一般为一指宽距离），中指、无名指、小指自然弯曲斜形重叠，中指第一关节偏左侧部托于球拍背面上 1/3 处；或中指、无名指微屈，同时压住拍面。

②弧圈型直握拍法。使拍柄贴在虎口上，拇指的第一指节和食指的第二关节压扣拍肩。拇指的第一指节在球拍前面紧贴拍柄左侧。食指扣住拍柄与拇指共同形成环状。其他 3 指在拍背面自然微伸叠置于拍后，由中指的第一指节顶住球拍的背面。

（2）横拍握拍法

横拍握拍法用于快攻或弧圈的攻击型打法，或者用以削球与攻球的削、攻型打法，在握拍的方法上大致相同。

把拍柄置于虎口中央，用中指、无名指、小指把拍柄一把抓住，拇指置于球拍下面靠近中指，食指自然伸直斜放于球拍背面。手抓拍不宜过紧或过松，以利于手腕的灵活和发力。

3. 步法

乒乓球的常用步法大致有：跳步、单步、跨步、并步、交叉步、侧身步、小碎步。这里主要介绍以下两种步法。

（1）单步

单步是在还击追身球或近网短球时采用。

单步以一脚的前脚掌内侧蹬地用力，并以此前脚掌为轴稍转动，另一脚向来球方向做前后、左右移动。要求移动时，身体重心必须向击球方向移动，注意移动后的还原。保持准备姿势。

（2）并步（又称滑步或换步）

并步是由两步组成的，横拍快攻结合弧圈型选手采用较多。它的特点是移动后，能保持身体的平衡和稳定的击球姿势，便于发力和连续进攻。

并步的动作在移动时，先以与来球异方向的脚用力蹬地并迅速向另一脚并拢，而同方向的脚用前脚掌内侧蹬地，用力向来球方向滑一步。两脚几乎同时蹬地和着地。要求第一步小，第二步大，移动时速度应快捷。保持准备姿势。

4. 发球

发球是一种很重要的基本技术，发球抢攻是我国直板快攻打法的"撒手锏"，也是力争主动先发制人的第一环节。每一回合、每一局比赛都从发球开始。发球时，可按照自己的意图，根据自己和对方的打法特点，用相同的手法发出各种变化多端的球，限制对方的第一板，给自己创造进攻和得分的机会。

发球主要是由抛球和挥拍击球两个动作组成的。抛球是前提，击球部位和挥拍方向是决定发球性质的关键，用力大小和第一落点的远近是发球变化的条件。

5. 推挡球

推挡球是推球和挡球的总称，有正手推挡和反手推挡，是直拍快攻型打法的一项重要技术。推挡球的站位近、动作小、速度快、落点变化多，也有一些旋转变化。同时，推挡球的稳定性大，易于掌握，学习乒乓球技术一般是由推挡球开始起步的。推挡球包括平挡、快推、加力推、推下旋、减力挡等技术。

（1）平挡

平挡是用球拍借助对方来球的反弹力进行挡击的一种技术，特点是球速慢，力量轻，动作简单，容易掌握，是初学者的入门技术。练习挡球能熟悉球性，体会击球时的握拍形、时机和发力方向，提高控制球的能力，还能作为一种防御手段。

动作要领：两脚平行开立，约与肩同宽，或左脚稍前站立，两膝微屈，身体离球台 40 ～ 50 厘米，球拍置于腹前。击球前，前臂与台面平行，伸向来球，拍触球时，前臂和手腕向前移动，拍形呈半横状，约与台面垂直，在球上升期击球的中部，借助对方来球的反弹力将球挡回。击球后迅速收回球拍，还原成击球前的准备姿势。

平挡球时以借力击球为主，球的落点应在球台的中区。平挡时多撞击球而少摩擦和少旋转球。

（2）快推

快推是在反手位借助对方来球的反弹力，同时结合本身的推击力进行还击的技术，特点是动作小、回球速度快、力量较轻、落点变化多，能控制对方，起助攻和袭击对方的空当的作用。

动作要领：两脚平行或左脚稍前，自然开立，击球前，手臂适当向后撤引拍，击球时，拍形前倾，上臂带动前臂迅速迎前，重心前移，在来球的上升期击球的中上部。在击球的一瞬间，前臂稍外旋，配合手腕的外展向前发力，顺势前送，迅速还原。快推迎前触球不宜过早，以免影响发力。用推挡接扣杀的"顶重板"时，要加快动作准备，手臂及时后撤，用力恰当，触球时有缓冲，以免快推下网。

6. 攻球

攻球是乒乓球比赛中争取主动和取胜的重要基本技术。它分为正手攻球和反手攻球两类，包括快攻、快点、快拉、快带、扣杀、中远台攻球、杀高球等方法，是进攻型、攻削结合型和削中反攻型选手的必备技术。

（1）正手快攻

正手攻球也称正手快抽，是在正手位利用正手迅速用力挥拍积极进攻的一种技术，特点是站位近、动作小、球速快、线路活、带上旋，能缩短对方准备回击球的时间，争取主动，为进攻创造条件，并发挥近台快攻的作用。

动作要领：站位近台，离球台 40 厘米左右，左脚稍前，身体重心在右脚上，两膝微屈，引拍于身体右侧方，上臂与身体约成 45°，上臂与前臂成 100° ～ 110°，拍面稍前倾，拍形成半横状（横拍的拍头略朝上）。击球时，右脚前脚掌内侧蹬地用力，以前脚掌为轴，转动腿、髋、腰各部位并向前移动重心至左脚，同时上臂带动前臂向前或向左前上方挥拍。击球时拇指用力，食指放松，在来球的上升期以前倾拍形迎击球的中上部。击球后，执拍手及身体各部位迅速放松，随势挥拍至前额，立即还原。

正手攻球应以肘关节为轴，不要将整个手臂向后拉，以增加向前上方的摩擦。击球前，球拍不能下垂或拍头上翘，拍形与手腕应成直线状；前臂与球台略平行，增加前臂与手腕的旋内动作。一般应以 60% ～ 80% 的力量击球。

（2）反手快攻

反手快攻也称反手快抽，主要是在反手位利用反手迅速用力挥拍击球的一种技术，也是直、横拍反手两面进攻打法的重要特点，具有站位近、动作小、球速快、连续性及攻击力强的特点。反手攻球是反关节击球，攻球的力量、范围及控制弧圈球受到一定的限制。

动作要领：站位近台，两脚开立，右脚稍前，重心在左脚上，身体略向左转。引拍时，上臂靠近身体，前臂向左拉，与台面平行。击球前，上臂发力带动前臂由后向前方挥拍，手腕外旋，在来球的上升期或高点期触球的中上部，前臂向右前方或右前上方旋外发力，手腕顺势向右摩擦辅助用力。直拍反手攻球时，上臂和前臂同时向后引拍至左肩处，身体重心从左脚移至右脚，利用腰部和挺腹的力量帮助发力。击球时主要用拇指和中指发力，食指自然放松。

7. 搓球

搓球是近台和台内回击下旋球的一种比较稳健的技术，各种类型的打法都不能缺少它。搓球力量小、速度慢、旋转和落点变化多、线路短、球弹起后多在台内，缺乏前进力，对方不易发力进攻，故可作为过渡技术以等待、寻找或创造进攻机会。搓球的动作与削球相似，区别是搓球站位近、动作小，可用来回击短球，比较易学，也可作为削球的入门技术。搓球技术种类繁多，按击球位置的不同可划分为正手搓球和反手搓球；按击球时间性的早晚可划分为快搓和慢搓；按球的旋转强度的不同可划分为搓转与不转；按球旋转方向的不同可分为搓下旋和搓侧旋等。

（二）乒乓球基本战术

1. 战术的制订

比赛前，应对自己的技术情况做到心中有数，了解和分析对手的球拍性能，基本打法，技术、战术运用情况，心理素质及体能状况等，有针对性地制订出正确的、切实可行的战术方案。要做到知己知彼，有的放矢；机动灵活，随机应变；以己之长，制彼之短；勤于观察，善于分析；勇猛顽强，敢打敢拼。在比赛过程中，也可通过打各个不同落点的球试探对手的优、缺点，然后攻击其弱点。

2. 战术的种类及运用

乒乓球技术的不断发展，使战术也形成了多样化的格局，主要包括：发球抢攻战术、接发球抢攻战术、对攻战术、拉攻战术、搓攻战术和削攻结合的战术等。

（1）发球抢攻战术

发球抢攻是我国直板快攻型打法的"撒手锏"，是力争主动、先发制人的主要战术。各种类型打法的运动员都普遍采用发球抢攻来抢占每个回合的上风。发球战术运用的效果主要取决于发球的质量和第三板进攻的能力。发球抢攻战术因打法的类型不同而有所差异，但常用的发球抢攻战术，是利用旋转、速度与落点的灵活多变制造机会进行抢攻的战术，是竞技双方开局、比赛先发制人的"第一战术"。尤其是以攻为主的运动员常以发球抢攻作为重要的得分手段。

（2）接发球抢攻战术

接发球战术与发球抢攻战术同样重要。其实，接发球者只是暂时处在被控制状态，如果破坏了发球者的抢攻意图或者为其制造了障碍，减弱了对方抢攻的质量，也就意味着已经脱离被控制状态，变被动为主动。因此，在接发球战术中，一方面要抑制、扰乱或破坏对方运用发球抢攻战术及战术意图，降低发球抢攻的质量，形成相持状态；另一方面应从被动中求主动，通过过渡性接发球技术力争达到第四板抢先上手，占据有利形势，伺机抢攻。接发球战术是各类型打法的选手都必须掌握的，也是必不可少的主要战术。

（三）乒乓球竞赛基本规则

乒乓球的规则是进行比赛的法规和依据，在国内外正式的乒乓球比赛中，均采用国际乒联制定的统一的竞赛规则。随着乒乓球运动技术水平的不断发展，比赛工具和器材的不断改革，乒乓球的规则也在不断演变和完善，推动和制约着乒乓球技术和战术的不断创新和发展，使乒乓球比赛更具观赏性。

1. 球

乒乓球是由一种有机化学材料"赛璐珞"或类似的材料制成的，形状呈圆球体。乒乓球的直径为 40 毫米，重量为 2.7 克，比赛用球的颜色有白色、黄色或橙色，且无光泽。

2. 球拍

球拍的大小、形状或重量没有限制，但底板应平整、坚硬。球拍的底板厚度至少有 85% 的天然木料。加强底板的黏合层可用诸如碳纤维、玻璃纤维或压缩纸等材料，每层黏合层不超过底板总厚度的 7.5% 或 0.35 毫米。

用来击球的拍面应用一层颗粒向外的普通颗粒胶覆盖，连同黏合剂，厚度不超过 2 毫米；或用颗粒向内或向外的海绵胶覆盖，连同黏合剂，厚度不超过 4 毫米。球拍两面不论是否有覆盖物，必须无光泽，且一面为鲜红色，另一面为黑色。

3. 球台与球网

乒乓球的标准球台为长方形，长为 2.74 米，宽为 1.525 米，离地面高为 76 厘米。比赛台面不包括球台台面的侧面，比赛台面应呈均匀的暗色，无光泽，沿每个 2.74 米的比赛台面边缘各有一条 2 厘米宽的白色边线，沿每个 1.525 米的比赛台面边缘各有一条 2 厘米宽的白色端线。台面中间有一条 3 毫米宽的白线垂直于中线，将球台划分为两个相等的"半区"。中线与边线平行，并应视为右半区的一部分。

球网装置包括球网、悬网绳、网柱及将它们固定在球台上的夹钳部分。整个球网的顶端距离比赛台面为 15.25 厘米，网长为 183 厘米。整个球网的底边应尽量贴近比赛台面，其两端应尽量贴近网柱。

4. 场地

乒乓球赛区空间应为长方形，且不少于 14 米长、7 米宽、5 米高，但四个角可用不长于 1.5 米的挡板围起。场地周围一般应为暗色，不能有明亮的光源。赛区应由 75 厘米高的同一深色的挡板围起，以与相邻的赛区及观众隔开。

5. 合法发球

发球开始时，球自然地置于不持拍手的手掌上，手掌张开并伸平，保持静止。发球员需用手将球几乎垂直地向上抛起，不得使球旋转，并使球在离开不执拍手的手掌之后上升不少于 16 厘米，球下降到被击出前不能碰到任何物体。当球从抛起的最高点下降时，发球员方可击球，使球首先触及本方台区，然后越过或绕过球网装置，最后触及接发球员的台区。在双打中，球应先后触及发球员和接发球员的右半区。

从抛球前球静止的最后一瞬间到击球时，球和球拍应在比赛台面的水平面之上。击球时，球应在发球方的端线之后，但不能超过发球员身体（手臂、头或腿除外）离端线最远的部分。运动员发球时，有责任让裁判员或副裁判员看清他是否按照合法发球的规定发球。如果裁判员怀疑发球员某个发球动作的正确性，并且他或者副裁判员都不能确定该发球动作不合法，一场比赛中此现象第一次出现时，裁判员可以警告发球员而不予判分。在同一场比赛中，如果运动员发球动作的正确性再次受到怀疑，不管是否出于同样的原因，不再警告而判失一分。无论是任何时候发球，只要发球员明显没有按照合法发球的规定发球，他将被判失一分，无须警告。运动员因身体伤病而不能严格遵守合法发球的某些规定时，可由裁判员做出决定免予执行，但须在赛前向裁判员说明。

6. 合法还击

合法还击指的是对方发球或还击后，本方运动员必须击球，使球直接越过或绕过球网或触及球网装置后，再触及对方台区。

7. 比赛次序

在单打中，首先由发球员合法发球，然后由接发球员合法还击，最后两者交替还击；在双打中，首先由发球员合法发球，其次由接发球员合法还击，再次由发球员的同伴合法还击，最后由接发球员的同伴合法还击。此后，运动员按此次序轮流合法还击。

8. 判定比赛的胜负

（1）乒乓球比赛的一个"回合"

"回合"是指球处于比赛状态的一段时间。从有意识发球前，球静止在不执拍手掌中的最后一瞬间起，比赛的每一方将球合法还击到对方台面，直到有一方失一分或双方均不失分而重新发球为止，这一段时间是一个"回合"。一个"回合"实际上包括一个合法发球、若干个合法还击和一个不合法还击的比赛过程。

（2）得1分的判定

以下情形判本方得1分。

①当对方未能合法发球、合法还击、阻挡（发球、擦网、阻挡判重发球除外）、连击、两跳。

②对方在击球前，球触及了除球网装置以外的任何东西。

③对方击球后，该球没有触及本方台区而越过本方端线。

④对方用不符合规定的拍面击球。

⑤对方或其穿戴的任何东西使球台移动。

⑥对方或其穿戴的任何东西触及球网装置。

⑦对方不执拍手触及比赛台面。

⑧双打时，对方击球次序错误。

⑨执行轮换发球时，接发球运动员或其双打同伴，包括接发球一击，完成了13次合法还击。

（3）一局比赛

在一局比赛中，每人发两个球就应交换发球权，依此类推，直到一局比赛的结束。每局比赛先得11分的（单打、双打）运动员为胜方；但双方比分达到10平后，先多得两分者为胜者。在10平或实行轮换发球后，每人只发一个球，就要交换发球权，直至该局比赛的结束。当一局比赛结束后或决胜局中当一方先得5分时，应与对方交换场地。

（4）一场比赛

通常一场比赛采用三局两胜制或五局三胜制。世界性单打比赛中也采用七局四胜制。一场比赛应连续进行，但在局与局之间，任何一名运动员都有权要求不超过一分钟的休息时间。

9. 双打的发球和接发球

（1）在双打的第一局比赛中，先发球方确定第一发球员，再由先接发球方确定第一接发球员。在以后的各局比赛中，第一发球员确定后，第一接发球员应是前一局发球给他的运动员。

（2）在双打中，每次换发球时，前面的接发球员应成为发球员，前面的发球员的同伴应成为接发球员。

（3）一局比赛中首先发球的一方，在该场下一局应先接发球。在双打决胜局中，当一方先得5分时，接发球方应交换接发球次序。

（4）一局比赛中，在某一方位比赛的一方，在该场下一局应换到另一方位。在决胜局中，一方先得5分时，双方应交换方位。

二、网球

（一）网球基本技术

现代网球技术大体上分为以下几类，每一种技术都不是孤立存在的，但有其独特的地方，下面逐一进行分析。

1. 握拍方法与准备姿势

学打网球，首先要学会怎样握拍，每个人都可以根据自己的特点与习惯采用不同的方法。多年以来，网球运动员所采用的握拍方法可分为东方式、大陆式和西方式三种，其中东方式握拍被大多数运动员所采用。对于初学者来说，东方式握拍是最佳的选择。

（1）握拍方法

①东方式握拍法

A. 正手握拍法。拍面与地面垂直，用右手掌根与拍柄右上斜面紧贴。拇指垫握住拍柄的左垂直面，五指紧握拍柄，食指稍离中指，食指下关节压住拍柄垂直面。

正手握拍也可按以下步骤进行：以右手握拍为例，左手握住拍颈，右手贴住球拍的弦，向后滑动至球拍柄端，如同握手，直到手感觉舒适为止。

B. 反手握拍法。在正手握拍的基础上，拍柄向右转动四分之一，用掌根压住拍柄的左上斜面，拇指直伸贴在拍柄的左垂直面上，食指关节压住拍柄右上斜面。

C. 正反手变换握拍。根据击球的方位进行相应的变换，当球在正手一侧时应用正手握拍击球；当球在反手一侧时，应用左手扶着拍颈，顺球向后摆动准备击球之前，换成反手握拍去击球。

②大陆式握拍法

大陆式握拍法对击正、反手球都无须变换握拍，特别适合在场地软、球弹跳较低的场地进行。无须变换动作，但对腕力要求较高。

在东方式正手握拍的基础上，在柄上向左转动八分之一，使大拇指的底部紧贴在拍柄的上面，拇指包卷拍柄，食指第一指节贴在拍柄的右斜面上。

③西方式握拍法

A. 正手握拍法。将球拍平放于地上，用手抓起后，手掌根贴在拍柄右下斜面，拇指贴在拍柄上部平面，食指下关节握住拍柄的右下斜面。

B. 反手握拍法。正手握拍后，把球拍上下颠倒过来用同样的拍面击球。

（2）准备姿势

正确、规范的准备姿势是打好网球的前提，要求面对球网站立（一般在端线附近），两脚左右开立，略比肩宽，右手持拍，左手扶拍颈，球拍持于体前，两膝微屈，身体略前倾，重心在两脚掌间，两眼注视对方的来球，做好随时迅速起动的准备。

2. 正手击球

正手击球是网球运动中最主要的击球方法，也是最基本和可靠的进攻手段，它击球有力、动作自然舒展、速度较快，打网球必须认真学习和掌握该方法。正手击球可演化成击上旋球、下旋球和平击球。下面分析一下东方式握拍正手击球的技术要领。

（1）准备姿势

身体前倾，双膝微屈呈半蹲状，全身放松，左手握拍颈，右手握拍，准备迅速起动迎击来球。

（2）挥拍

判断好来球方向时，在扶拍颈的手移去的同时，双肩向右侧转动，右手持拍，肘关节略向后移，手臂继续运动，顺势完成后摆动作。身体侧向球网，两脚前后开立，重心落在后脚上。随之转体，应尽量快速、平稳地直线向后摆动球拍，球拍保持垂直于地面，呈水平状态后摆，同时左脚向来球方向迈出，重心由后脚移至前脚。后摆结束时，球拍指向后方，球拍不要下垂，拍头高于手腕。

（3）移动重心

当即将进入最佳击球位置时，在离开击球点一步的距离处停下来，踏出前脚，使重心前移，略呈开放式步法，保持屈膝，从而获得最大的击球力量。

（4）击球

向前挥拍击球时，要握紧球拍，手腕绷紧，球拍从稍低于腰部处开始，做弧线运动，逐步上升，向前挥动，约在齐腰处击球，拍面垂直于地面，拍面与球接触的时间要尽可能地长，便于控制球的方向。当球离弦后，让球拍自然随着击球动作跟进，使握拍手臂向前伸展，肘关节一定要向前上跟进，挥至左肩一侧，直到拍头上对天空，握拍手的上臂与躯干夹角大于90°。两眼一定要紧盯住球，以便将球用最佳击球拍面击中。

拍面向上摩擦整个球体，击出上旋球；拍面稍后倾斜，击出下旋球；拍面较平，击出平击球。

（5）要点

击球过程两眼始终看球，尽早、尽快向后挥拍，击球时握紧球拍，绷紧手腕，挥拍由低到高于肩部结束，球拍跟进动作柔和。

3. 发球

发球是现代网球运动中最重要的技术之一，是唯一由自己掌握的击球方法。在比赛中，发球除了可直接得分外，也可为自己回击球创造条件。发球基本上有切削发球、平击发球和旋转发球三种方法。作为初学者，应重点学习平击发球的技术。

（1）平击发球

①站位：站在端线后，两脚分开与肩同宽，前脚与端线成 45°，重心放在后脚，后脚与端线平行，左肩侧对球网，前脚距端线 7 ～ 10 厘米，用大陆式握拍法。

②抛球：用中指托住球，拇指和食指控制球，持球手臂向上迅速抬起，最后放球，尽可能让球垂直向上，使球在身体前抛至球拍能达到的最高限度。

③挥拍击球：当抛球手向上时，持拍手臂要大弧度地环绕向后拉拍，一旦球拍拉到身后，双膝微屈，腰成反弓形，随后挺胸、展腹、提踵，用鞭打动作向前上方挥拍，对准球的后部，身体和持拍手臂充分向前上方伸展，利用缩胸、收腹、重心跟进的力量，去猛击身体前上方的球。

④随挥动作：随着击球时的重心的跟进，身体自然向场内倾斜，立即向场内跨步，并将持拍手臂自然向斜下方随挥至抛球手臂一侧下方。

（2）切削发球和旋转发球

①切削发球：使用东方式反手握拍法，将球拍拉至背后时，肘关节要抬起，向前挥动加速明显，击球时前臂、手腕和球拍柄几乎在一条直线上，并要用手腕向前叩击。击球后球拍斜着挥动，落到身体的另一侧，两眼始终看球。

②旋转发球：抛球离身体较近，可屈膝和弓背状态在球的下方，重心在后。击球时有明显的扣腕动作，使球拍头向上并翻越过球，身体重心随之跟进。击球后球拍应横挥过身，在身体的另一侧。

4. 接发球

接发球时，要根据对方发球的实际情况及球的线路、力量、速度和旋转情况，做出应有的判断，从而采取有效的击球方法。尽可能用正手击球，以便达到有效的结果。

接发球的技术特点：两眼盯住来球，当对方球速快时，后摆拍的动作要小，在球过网前，做好转体和后摆动作，以绷紧的手腕和充分随挥来加长击球的时间，同时注意对方是否在网上，将球以不同的线路击出。

5. 上网截击

（1）正手截击球

①姿势与正手击球法相同，一般站在发球区与球网的中央位置上，采用大陆式握拍法，持拍在体前，拍头高于持拍手臂和球网。

②击球动作：以髋关节为轴转动上体和肩部，带动球拍向后拉动，球拍后拉时不许超过肩，手腕稍后弯压，拍头保持上翘高于握拍手。球拍向前击球时，拍面应平直，手腕绷紧，在身体前迎击球。两眼注视来球方向，看清球拍与击球点位置，取得良好控制。

③撞击随挥：截击球的前挥动作不是使劲挥臂，而是带有切削性质的前挥，随挥动作是一个急剧地对着来球撞击的动作，动作幅度小。

（2）反手截击球

其动作和正手截击球相似，只是要准备跨步反手击球，注意手腕绷紧，手臂伸直，拍头与手腕向前下方做短切击球时要和谐一致。随挥动作更小。

6. 步法

在网球的各种击球中，都是在跑动中来完成的。步法的移动是为了调整好人和球之间的距离，只有通过精准的判断、及时的移动以获得一个理想的站位，才能更有效地击球。下面以右手握拍为例介绍几种步法。

（1）正手击球步法

原地时，右脚右转 90°，同时转体；左脚向右前方跨出与端线约成 45°，使左肩对网击球。

移动时，右脚向右侧跨出半步，同时右脚向右转；左脚则与击球方向成一定角度跨出，与端线约成 45°，左肩对网击球。

（2）反手击球步法

原地时，左脚左转 90°，同时转体；右脚向左前方跨出，使右肩背侧对网击球。

（3）滑步步法

向右移动时先开右脚再跟左脚，向左移动时先开左脚再跟右脚。

（4）前进步法

正手击球时，左脚向前跨一步，右脚紧跟着向右前方跨出约成 45°，此时重心在右脚，击球后重心移至左脚。

反手击球时，左脚向前跨一步，右脚滑步跟上，左脚向左前方迈步，右脚大步跨到左脚前与球网约成 45°，此时重心在左脚，击球后重心移至右脚。

（5）反退步法

正手击球时，右脚后退，左脚随同后退，右脚向右转，左脚跟随向右转约 45°，重心在右脚，击球后重心移至左脚。反手击球时步法相反。

（二）网球基本战术

网球战术，是指选手们在比赛中通过观察、分析、判断，有目的地运用自己掌握的技术能力，争取主动，力争使对方随着自己的节奏走，最后赢得比赛的方法。网球战术可分为单打战术和双打战术两大类。

1. 单打战术

（1）发球战术

发球不仅是比赛的开始，还是一种进攻的手段。发球有两次机会，称为"第一发球"和"第二发球"。

①发球站位：首先有利于进攻，并便于转入下一步动作的位置。右场发球时一般站在接近中点线的位置，左场发球时可站在离中点线稍远一点儿的位置。

②选择发球：发球尽可能发至对方的弱手位，用不同发球的方法和不同的落点、速度来使对方摸不透，以打乱对方的脚步节奏。

③发球上网：发球后，预测好对方可能回球的路线，积极上网截击对方的回球。

（2）接发球战术

接发球是由被动转变成主动的第一过渡阶段，是由守转攻的开始点。一般接发球首先考虑不失分，然后考虑如何将球回到对方的弱手位或对方端线的两角。

①右区接发球：右脚应靠近单打边线，因为对方发右区球时，球能够拉得较远。

②左区接发球：可往中间靠一点儿，由于右手握拍在左区发球时，不可能将球拉出很远。

③对付发球上网：将球击向发球线附近，或采用直线击向发球边线附近，斜线击向反区边线附近和挑高球击向对方底角附近三种破网（穿越）法。

（3）底线球战术

底线对抽是双方在比赛或练习中时间最多的阶段，应采用不断变换击球的方法，击出不同力量、旋转、线路的球，使对方不能有规律地移动，打乱他的节奏，掌握主动权，争取最终胜利。

2．双打战术

双打比赛，对体力要求较低，可充分利用场地，更好地切磋技艺。

（1）双打站位

①一般站位。发球员 A 应站在中点和单打线中间，发球后可直接上网，同样 B 在发球线和球网之间，稍偏向单打线，应该做到只向两侧各移动一步，就能封住边线的直线和中区的斜线球。换区发球同样站位。

②澳式站位。发球员 A 站位同上，同样 B 在中线上，根据对方回球的情况，以手势暗示自己移动的方向。

（2）双打战术

①发球技术好的人先发球，特别要发好第一球。

②技术水平较高的站左区，主要目的是解决反拍弱的问题。

③接发球尽量打斜线，如果对方上网截击，则可打直线或挑高球。

（三）网球竞赛基本规则

1．球场和器材简介

（1）球场

标准网球场是长方形的，双打标准场地长 23.77 米，宽 10.97 米；单打标准场地长 23.77 米，宽 8.23 米；球场内两网柱之间距离为 12.80 米，网柱顶端距地面 1.07 米，网柱中心距边线外沿 0.914 米，用球网将球场分为两等区，球网中央高 0.914 米；每一区距球网 6.40 米处画一条与球网平行的线叫作发球线。

（2）球

球直径为 6.35 ~ 6.67 厘米，重量为 56.7 ~ 58.5 克，弹力为从 2.54 米的高度自由下落时，能在硬地平面弹起 1.35 ~ 1.47 米高。

（3）球拍

目前以碳纤维制成的球拍较多，球拍拍面有小型头拍、中型头拍、大型头拍；球拍重量有 L（轻型）312 ~ 368.5 克，LM（中轻型）368.5 ~ 382.7 克，M（中型）382.7 ~ 397 克，H（重型）397 ~ 425 克。职业比赛球拍总长度不超过 73.66 厘米。

2. 竞赛办法

网球竞赛办法分为单循环制、淘汰制和混合制三种。

3. 网球裁判规则

（1）裁判人数

国际职业网球比赛的裁判为 10 人，即 1 名主裁判和 9 名司线。其他比赛，根据情况使用不同的裁判人数。

（2）记分方法

网球比赛由盘至局，通常是 3 盘 2 胜制，或 5 盘 3 胜制。每盘中双方各有 6 个发球局。一方先超过对方 2 局达到 6 局，则该方为胜一盘。在每盘的局数为 6 平时，进行决胜局，先得 7 分为胜该局及该盘，若分数为 6 平时，一方须净胜 2 分。

每局中运动员每胜一球得 1 分，先胜 4 分者胜一局。但遇双方各得 3 分时，则为平分。平分后，一方先得 1 分时，为接球占先或发球占先。占先后再得 1 分，才算胜一局。

三、羽毛球

（一）羽毛球基本技术

羽毛球的基本技术主要包括：握拍法、发球法和击球法。击球法中又包含高球、吊球、杀球、放网前球、挑高球、搓球、勾球、推球、扑球、拨球、接吊球、接杀球、抽球、挡球等。在学习羽毛球基本技术中，应强调技术动作的规范化，应特别重视正手与头顶部位的高球、吊球、杀球技术的结构和相应的步法训练。

1. 基本技术

（1）握拍法

羽毛球运动是以运动员手握球拍往返击球的方式进行的，所以握拍方法就成了初

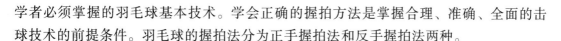

学者必须掌握的羽毛球基本技术。学会正确的握拍方法是掌握合理、准确、全面的击球技术的前提条件。羽毛球的握拍法分为正手握拍法和反手握拍法两种。

（2）发球法

发球分为正手发球和反手发球两大类，正手发球又可分为发高远球、平高球、平射球、网前球；反手发球因受持拍手与身体的限制，挥拍距离较短，一般只能发平高球、平射球和网前球。

（3）后场击球技术

一般将羽毛球场地后半场的击球技术统称为后场击球技术，后场击球可分为正手和反手击高远球和吊网前球、正手杀球。它一般在后场用来主动进攻或调动、控制对方，所以也称为主动进攻技术。

（4）网前击球技术

网前击球技术包括放网前球、搓球、挑球和勾球等。

（5）中场低手击球技术

在中场部位，击球点低于头部高度的击球，称为中场低手击球。中场击球技术主要有：半蹲快打（这是一种介于高手击球与低手击球之间的一种特殊打法）、接杀球、挡球和抽球。半蹲快打和接杀球主要用于中场区，由于中场区是攻防转换的主要区域，双方的距离较近，球在空中滞留的时间也缩短了。因此，中场击球技术要求挥拍预摆幅度小，突出体现一个"快"字，做到快打。

击球点低于头部高度的击球称为低手击球。低手击球技术主要有：半蹲快打、接杀球和抽球。

（二）羽毛球场上的步法移动

羽毛球的步法有基本步法和场上移动步法。基本步法包括跨步、蹬步、并步、垫步、跳步等。场上步法是指运动员在场区移动的方法，一般都是从场地中心位置开始，按移动方向分为上网、后退和两侧步法，场上步法的结构由起动、移动、到位击球（制动）和回位几个基本环节组成。右手持拍者，到位击球时的最后一步一般都是右脚在前，而左脚总是靠近中心位置，位于场地中心。

1. 上网移动步法

①最后一步蹬跨要以球的位置而定。一般在最后一步跨出以后，侧身对网，自然伸直手臂让拍子能打到球为宜，太远打不到球，太近会妨碍击球动作，且延长了回动距离。

②最后的蹬跨步都应是右脚在前，步幅较大，着地点超越膝关节，重心在右脚上。右脚应以脚跟外侧先着地，然后过渡到脚掌，并用脚趾制动，不使身体往前冲。

③放网前球、挑球一般采用低重心姿势。搓球、推球、勾球时身体较直，重心较高。

扑球时往往需向前方蹬跳。

2. 两侧移动步法（接杀球）

从中心向左右两侧移动到击球点上击球的步法，称为两侧移动步法。它一般用于中场接杀球，起跳突击。

（1）向右侧移动步法

离中心较近，时用蹬跨一大步到位击球。如离中心较远，则垫一小步后右脚再跨一大步。

（2）向左侧移动步法

其与向右侧移动步法相同，方向相反。

（3）起跳腾空步法

为了争取时间，高点击球，用单脚或双脚起跳，居高临下，凌空一击的方法，称为起跳腾空击球。主要采用并步加蹬跳步，这种步法在两侧突击进攻时较多使用。

3. 后退移动步法

从中心移动到后场各个击球点的位置上击球的步法，称为后退步法。

（1）正手后退（右场区）步法

一般采用侧身后退步法，有利于到位后挥拍击球，多采用并步加跳步。

（2）头顶击球（左场区）步法

一般采用侧身后退步法，移动方向是向左后场，采用后交叉加跳步法。

（二）羽毛球基本战术

1. 羽毛球基本技术与战术的关系

技术是战术的基础，是组成战术所必不可少的基本要素，只有在比赛实践中将各种技术有意识地按一定的程序有机地、合理地组合在一起运用，才能发挥出技术的战术作用，从而达到战术的目的。

所谓打法，就是对在比赛过程中所采用的相对固定或重复出现的技术、战术运用的组合方式的描述。羽毛球运动的竞赛项目分为单打、双打（包括混双），实战中它们所需要运用的技术、战术组合方式是各有其特点的，这必然形成它们在打法上有明显的不同。而各个运动员在技术、战术组合方式上各有特点，打法上就表现出明显的个体性。因此，羽毛球的打法具有多样性和个体性，同时还必须适应运动发展的趋势。

2. 几种基本打法类型

在多种打法中运用不同的技术手段，而又有基本相同的战术目的，把这些基本的技术、战术组合方式归纳为一个类别，称之为某种打法类型。下面简单介绍几种打法及技术、战术特点。

（1）单打的打法类型

①压后场底线的打法类型

压后场底线是一种以高远球压对方后场底线，迫使对方后退，然后寻找机会以大力扣杀或吊网前空当争取得分的打法。这也是初学者必须学会的基本打法。应当注意：压后场时，不论是高远球还是平高球，都要压得狠、压到底，如果压后场软而无力且达不到底线，则易遭受对方的攻击。

②打四方球的打法类型

打四方球是以高球或吊球准确地将球打到对方场区的四个场角，调动对方前后、左右跑动，打乱其阵脚，在对方来不及回中心位置或回球质量较差时，向其空当部位发动攻击。它要求运动员本身有较强的控制球的能力和快速、灵活的步法。

③快拉快吊的打法类型

快拉快吊是以平高球快压对方后场两底角，配合快吊网前两角，吸引对方上网，以网前搓球、勾对角球结合推后场底线，迫使对方疲于奔命、被动回球，从而为自己创造中后场大力扣杀或上网扑杀的机会。它要求运动员有较全面的攻守技术，且手法准确熟练、步法快速灵活。

（2）双打的打法类型

①前半场进攻的打法类型

该打法从发球抢攻开始，以左右分边站位，平抽、平打、快速杀球为主，压在前场进攻。这种打法非常强调前半场的作用，它通过控制前半场来组织进攻。要求判断反应快，抢位跟进快，前半场出手快、击球点高，紧封挡压，落点刁准，力争半场结束战斗。要求运动员要有较好的半场平抽打技术和较强的封网意识，力争在前场结束战斗。

②推压底线进攻的打法类型

该打法以快速的平高球或长抽球压住对方底线两角，即使在对方扣杀时，也能以平抽反击或挑高球达到对方两底角来调动对方，伺机进攻。这种打法具有硬压的特点，控制对方的中后场，并组织进攻。要求中前场的击球点高，击球动作小而有力，强调推、抽、压技术的运用。要求运动员具有较强的防守能力和较好的底线平抽球技术。

（三）羽毛球竞赛基本规则

1. 球场和球场设备

羽毛球场应是一个长方形。双打球场对角线长为 14.723 米，单打球场对角线长为 14.366 米。线的颜色一般使用白色、黄色或其他容易辨别的颜色。所有的线都是它所确定区域的组成部分。

羽毛球应有 16 根羽毛固定在球托部，羽毛顶端围成圆形，直径为 58 ~ 68 毫米，球托直径为 25 ~ 28 毫米，底部为圆形，羽毛球重 4.74 ~ 5.50 克。

羽毛球网全长 610 厘米，宽 76 厘米，球网的最上端以 7.5 厘米的白色帆布对折缝合，用细钢丝绳从中穿过，并悬挂在两端的网柱上（球网中，球网中心距离地面高度为 1.524 米，在网柱上的两端距地面 1.55 米），球网一般用深绿色或深褐色的优质绳子，以 2 厘米左右的小方孔编织而成。

从球场地面起，球网中央顶部应高 1.524 米，双打边线处网高 1.55 米。

2. 竞赛通则

羽毛球比赛有男、女单打，男、女双打，男女混合双打五个单项比赛，有单、双打组成的男、女团体比赛以及男女混合团体比赛。在单项比赛中，均采用三局两胜制，且不受时间的限制。所有项目都以一局 21 分制计分。现行的羽毛球比赛规则中规定：率先得到 21 分的一方赢得当局比赛；如果双方比分打成 20 ∶ 20，获胜一方需超过对手 2 分才算取胜；如果双方比分打成 29 ∶ 29，则率先得到第 30 分的一方取胜；首局获胜一方在接下来的一局比赛中率先发球；当一方在比赛中得到 11 分后，双方队员将有不超过 60 秒的休息时间，运动员可以接受场外指导；两局比赛之间有不超过 120 秒的休息时间；在双方比分为 1 ∶ 1 时，双方进行决胜局的比赛。在决胜局中，一方达到 11 分，双方要交换场地。羽毛球比赛的计分方法是每球得分。

单打比赛从 0 ∶ 0 开始，当发球方的得分数为 0 或偶数时，运动员必须站在自己的右发球区将球发到对方的右发球区内（场区的界线包含在场区内），而当发球方的得分为奇数时，则应该将球从左发球区发到对方的左发球区内。接发球的运动员也必须相应地站在斜对角的本方发球区内接发球。

双打比赛只有一次发球权。开局时运动员 A 在右场发球区发球，当他得 1 分时，发球方两名队员互换位置，即运动员 A 在左场区发球，对方接发球员位置不变，此时比分为 1 ∶ 0；当运动员 C、D 得分，比分为 1 ∶ 1 时，运动员 C 在左场区发球，运动员 A、B 站位不变，即运动员 A 在左场区接发球。比赛进行中，双方都必须在球未落地之前将球回击过网，若一个队员有两次挥拍击球动作，或双打中同队队员连续各击一次（连击）、持球、击球出界、触网、过中线、过网击球（阻挠）、球撞网或网柱后落在击球者本方场区内、身体的任何部位被球击中等任一情况发生，将被判"失分"或被对方夺回发球权。

羽毛球双打比赛中，除接发球必须由相应的接发球员接球外，两名队员中的任何一人可无限制地回击来球，直到该回合结束，但在同一次回击中不允许同队两名队员连续两次击球。

第七章　大学体育其他类型运动实践

第一节　田径健身运动

一、田径健身运动的概念

田径运动是以走、跑、跳、投掷等运动技能组成的以个人为主的运动项目。中国和一些国家将田径运动分为田赛和径赛两大类，"田"是指广阔的空地，是用高度和远度来计算成绩的；"径"是针对跑道而言的，用时间来计算成绩。

（一）田径健身运动的定义与属性

田径运动是人类在走、跑、跳、投掷等自然运动基础上发展起来的一项竞技运动。它以"更高、更快、更远"为目标，以当代科学技术和专业基础理论为基础，不断挑战人类运动能力的极限，是人类体育运动文化的重要组成部分，是人类走、跑、跳、投掷等基础运动能力的升华和典型表现。田径运动可以归纳为是由田赛、径赛、全能比赛、竞走、公路赛和越野赛等组成的运动项目，这是对竞技性田径运动的高度概括。

经过教学实践和改革尝试，人们在转变以竞技体育为中心的课程体系观念上达成共识，田径运动是由人们进行竞技和锻炼身体的走、跑、跳跃、投掷等身体练习组成的。这一新概念使得体育教学中田径运动由竞技性向健身性的发展在观念上得以拓展，在内容上得以扩充，为田径健身运动概念的提出奠定了基础。

田径健身运动是以健身为目标的多种走、跑、跳、投掷的练习或运动方式的总和。它以健康为目标，以现代科学技术、运动与健康基础理论为基础，全面发展人的基础运动能力。田径健身运动与田径竞技运动的目标不同，所以各自的内容也有所不同，既有田径竞技项目，也有降低难度的亚竞技项目，而更多的是由走、跑、跳、投掷等多种运动方式构成的非竞技项目。田径健身运动以接近人体自然的走、跑、跳跃、投掷等运动方式，有效而全面地提高身体素质和基础运动能力等特点，在学校体育教学中具有重要的地位和作用。

无论是田径竞技运动，还是田径健身运动，都具有竞技与健身的双重属性，但这两者各有所侧重。田径竞技运动的健身性表现在运动训练过程中对人的身体素质和运动技能发展的积极作用，而田径健身运动的竞技性则表现在练习者自身或练习者与同伴之间的基本运动能力的比较上，了解两种属性可以更好地理解田径健身运动的概念，推动田径健身运动在学校体育中的开展，发挥田径健身运动的基础功能和作用。

（二）田径健身运动的特点

田径健身运动除与其他体育项目一样具有促进身体运动能力发展、提高健身水平的共性特征外，还具有其自身的特点：

①田径健身运动是以个人为单位进行的走、跑、跳跃、投掷等练习，可以是个人的锻炼，如晨练长跑；也可以是多人合练，如集体长跑、接力游戏等，参加者无人数限制，或多或少，灵活方便。

②田径健身运动的内容极为丰富，广义地说，凡是以自身能力进行的走、跑、跳跃、投掷等自然动作的练习，都可以成为田径健身运动练习的内容，这些健身练习内容的集合构成了田径健身运动。

③田径健身运动规则简便，有些练习本身就是人类的基本运动方式，不受规则限制，因此能够为大多数人所接受，使人们在无所约束的条件下进行锻炼。

（三）田径健身运动的价值

田径健身运动的价值主要表现在全面发展身体素质和运动能力的基础性两个方面。

1. 为身体全面发展打好基础

学校体育教学的本质是通过运动的方式促进学生身心全面发展。发展速度、力量、耐力和协调力等基础素质是田径教学的重要任务和目标。各种走、跑、跳跃、投掷等练习，首先考虑的就是发展学生全面的基础运动能力，发展这些基础性的运动能力，对青少年在生长发育阶段打好体能和素质的基础有重要的意义。

2. 为学习田径技术打好基础

田径技术是人体走、跑、跳跃、投掷的典型运动方式，而多种形式的健身性练习能发展青少年全面的走、跑、跳跃和投掷能力，为学习田径技术奠定基础。在学校田径教学中，通过多种形式的田径健身练习，充分发展学生多种形式的走、跑、跳跃和投掷能力，为学习和掌握这些田径技术打好基础。

3. 为学习其他体育项目打好基础

田径运动是各项运动的基础，其价值在于提高身体素质的全面性和动作方式的基础性。通过多种形式的田径健身练习提升学生的基础运动能力和动作技巧，为学生学习球类运动项目、现代休闲体育项目和其他体育项目打好基础。

4. 为培养体育意识与良好的心理素质打好基础

田径健身练习对运动者负荷相对较小，而练习的内容与方式丰富多样。田径运动与日常生活中的动作比较接近，故练习者进行练习的兴趣较高。与田径运动技术学习相比，练习效果较好。练习者不易产生厌倦、排斥和畏惧心理，可以积极主动地参加学习和锻炼，并能够持之以恒地坚持练习。经常性地进行田径健身锻炼，可以在发展身体运动能力的同时，养成锻炼身体的习惯，培养体育健身意识，并对健康心理素质培养有一定的促进作用。

二、田径健身运动的分类与内容

田径运动竞技与健身的双重性决定了各自不同的目标，以"跑得更快，跳得更高、更远，投得更远"为目标的田径竞技运动，旨在不断完善运动技术，最大限度地发展专项素质，挑战人体运动的极限。而以健身为目标的田径运动，旨在合理地、适度地、持之以恒地进行田径健身锻炼，保持和发展人的基本运动能力，从而达到增强体质、促进健康的目的。对于大多数人而言，参加田径运动的主要目的是健身。

两种不同的属性和目标使田径健身运动的分类方法、内容与田径竞技运动有所不同。田径竞技运动的分类按项目的特征分为田赛与径赛，田径健身运动的分类按人体最基本的运动方式分为走、跑、跳跃、投掷四大类。田径竞技的内容即各个竞赛项目，围绕各专项进行的技术与素质练习均视为手段。在田径健身运动中，这些手段则成为内容，更广泛地说，各种走、跑、跳跃、投掷的运动方式都可以视为田径健身运动的内容。

在确定田径健身内容时，应当注意田径健身的属性与目标，对传统的田径竞技项目进行生活化、趣味化、游戏化的改造，挖掘、开拓田径健身新方法、新手段，使广大练习者易于接受，便于进行锻炼。丰富与发展田径健身运动的内容，对促进田径运动的普及与发展，有效地实施"全民健身计划"有积极的推动作用。

（一）田径健身运动的分类

田径健身运动按照人体自然运动的方式分为走、跑、跳跃、投掷四大类。

（二）田径健身运动的内容

1. 走

"走"是人体最基本的运动方式。正是由于"走"在日常生活中司空见惯,人们几乎忽视了"走"的健身意义。一个充满健康活力的人可以"健步如飞",而一个体弱多病的人"步履蹒跚"。可见,从走姿、走速可以判断一个人的健康情况。

通过多种多样的"走"的锻炼可以达到强身健体的目的。休闲散步是最为常见的"走"的练习方法,谚语"饭后百步走,能活九十九"就是对散步的健身效果的总结。

坚持散步锻炼有助于消除身心疲劳,保持人体基本的运动能力;中老年人健身一般是齐步走;正步走有助于培养正确的走姿,塑造良好的体形;快步走可以发展腿部力量和耐力;而竞技项目"竞走"则是人体"走"的运动能力的最高表现形式。

2. 跑

"跑"是人体最基本的运动方式,可分为慢跑和快跑,慢跑是田径健身运动中最常见的方式,在一些教材中又称为长跑。坚持有规律的慢跑锻炼可以给人体的呼吸系统、循环系统及运动系统以良性刺激,有助于保持和发展人的耐力,保护良好的机能,因而具有较高的锻炼价值。慢跑几乎不需要任何设施,因而极易普及,常见的有定时跑、定距离跑及越野跑。

快跑是发展速度素质的有效手段,一些教材中称为短跑,一般需要在田径场跑道上进行。健身性快跑练习多为各种游戏和接力跑,可以提高练习者的兴趣。

障碍跑是发展人在跑的过程中跨越、绕过、钻过障碍物能力的一种运动方式,典型的跨越障碍物跑是跨栏,在田径健身运动中不多见。

集体跑是一种集体参与、相互协作的活动方式,可以是发展速度素质的快速跑,也可以是发展耐力素质的长跑,使参与者体验在集体中合作的乐趣,从而提高锻炼的兴趣。常见的集体跑运动有短跑中的接力跑和长跑中的团体赛等。

3. 跳跃

健身意义上的跳跃是指人体在水平和垂直两个方向上以原地或行进间两种运动方式所表现出来的跳跃能力,竞技运动中的跳高、跳远是跳跃能力的最高表现形式。

在水平方向上常见的跳跃运动有立定跳远、行进间跳远、连续蛙跳和跨步跳等。在少年儿童中流行的游戏"跳方格"则是一种单腿跳与双腿跳交替连续的活动方式。

在垂直方向上最为常见的跳跃运动有原地摸高、跳绳、行进间助跑摸高、三步上篮等,在青少年中十分普及。在跳高辅助练习中,可以将动作变化成各种形式的非正规姿势跳高,以发展向上跳的能力。

4. 投掷

健身性投掷是指人体运用自身的能力,用双手或单手将投掷物投出的运动方式,用以发展人体的投掷力量素质。它可以分为肩上投掷和肩下投掷两大类，肩上投掷是健身最常见的方式。在中学教材中有投手榴弹、沙袋、实心球等；掷标枪是肩上投掷最典型的运动方式，目前国家体育锻炼标准中规定的推铅球是一种非生活化的特定运动方式，该项目在评定人体力量素质信度和效度上远低于评定人体的协调能力标准。

肩下投掷方式的运动也很多，如抛飞碟、打水漂、掷地滚球、打保龄球等。在教学中较为常见的有前后抛实心球等。

三、田径健身运动与学校体育

(一) 田径健身运动在学校体育教学中的地位

田径课程是从小学到大学体育教学中的必修课程，田径运动能有效地发展人的基础运动能力，在学校体育教学中具有重要的地位和作用。

田径健身课程的基础地位，首先表现在全面发展学生身体素质和基础运动能力方面，通过多种形式的走、跑、跳跃、投掷等身体锻炼，提高力量、速度、耐力、柔韧、协调、灵敏等身体素质，提高跳跃、投掷等基础运动能力，促进学生身体全面发展；其次表现在为学习其他体育运动技术奠定良好的基础方面。在全面发展身体素质的基础上，学习球类、武术、健美操、休闲体育运动项目等，为其熟练掌握一两项适合自身兴趣与发展的体育项目打好基础。田径健身课程由于其练习内容与手段接近生活，丰富有趣，有助于学生学习兴趣的培养和主动参与学习与练习积极性，有助于教学效果的提高，对培养良好的健身意识和体育锻炼习惯有积极的作用。在"面向全体学生"展开的田径健身教学的基础上，可以发掘和培养具有田径运动天赋的青少年优秀运动员苗子，为田径竞技运动水平的提高提供后备人才。

(二) 田径健身运动与"全民健身计划"

青少年是实施全民健身计划的重点。学校体育部门承担着实施全民健身计划的重要任务，青少年是祖国的未来，是社会主义现代化建设的后备人才。田径健身课程的教学与生活、工作技能密切相关，丰富而实用，不仅对发展学生的体质和运动能力有促进作用，而且在愉快的氛围中进行田径健身锻炼有助于培养健身意识，养成锻炼习惯，建立正确的体育价值观。学生走向社会之后，会自觉地成为进行体育锻炼的积极参与者和倡导者，为全民健身计划的实施做出贡献。

人类追求健康，健康体质的标志是人的各种机能旺盛，包括运动能力，田径健身运动为增强人的机能提供了丰富的锻炼手段与方法，具有良好的效果和作用。因此，田径健身运动在实施全民健身计划的过程中，具有独特的价值和功能，通过提高人的基础运动能力和发展良好的心理素质水平，达到全面提高人的健康水平的目标。

四、田径健身运动的健身原理

生命在于运动所说的"运动"既指生命体自身内部的生命活动，也指生命体所表现出的外部运动能力，两者相辅相成、紧密联系，生命活力越强，所表现出的运动能力也就越强。适宜的运动锻炼可以促进生命活动的加强和延续，这是生命在于运动的基本道理。

（一）新陈代谢与适应性变化

新陈代谢是一切生物体生命活动的基本特征，包含同化作用和异化作用两个方面。机体不断地从外界摄取营养物质合成为自身的组成成分，并储藏能量的过程称为同化作用；机体不断地将已衰老的组成成分和能源物质分解，释放能量，完成各种生命活动的过程，称为异化作用。当新陈代谢积极、旺盛，同化作用大于异化作用时，机体处于生长发展阶段；当新陈代谢迟滞、衰退，异化作用大于同化作用时，则导致机体衰老，各器官系统的功能减弱。

身体锻炼是人们有意识、有目的、有计划地消耗体能的身体活动，即加强机体的异化作用，求得恢复过程的同化作用的增强。机体的物质储备水平提高，可使机体向更完善的方向转化，这就是身体锻炼可以增强体质的生理过程和理论依据。

（二）运动负荷与超量恢复

运动负荷是指练习的次数、时间、密度等指标的总和，运动负荷越大，消耗的能量物质就越多。在一定运动负荷的练习之后，经过一段适宜的休息，身体内能量物质的合成（恢复）不仅可以达到练习前的水平，还可以超过原有水平，这就是超量恢复原理。超量恢复的程度与运动负荷的大小有关，在一定范围内，负荷越大，超量恢复越明显。运动训练的基本原理就是依据超量恢复理论来进行设计的，通过控制合理的运动负荷和休息间隔，使运动能力不断提高。

五、田径健身运动对人体的作用

田径运动的走、跑、跳跃、投掷四种运动形式是人类最基本的运动方式。经常参加田径健身锻炼，能够有效地提高人的基本活动能力，促进青少年的生长发育，提高人体各器官系统的机能水平，全面发展身体素质，对强身健体有积极作用。

第二节 武术运动

一、跆拳道

（一）跆拳道运动的特点及作用

1. 跆拳道的特点

（1）以腿为主，手足并用

首先精湛多变的腿法是跆拳道有别于其他技击术的重要特征，腿法所占的比例高达70%，因为腿的长度是人体中最长的、力量是人体中最大的，而且攻击时威慑力大，因此提倡腿法的运用。腿的技法有很多种形式，可高可低、可近可远、可左可右、右直右屈、可转可旋、威胁力极大，是比赛时得分和实用制敌的有效方法。其次是手法，手臂的灵活性很好，可以自如地完成防守和进攻动作，同时也可以变化为拳、掌、肘、肩的多种用法，进行实战。在比赛中，手法往往只用于防守格挡，进攻时主要运用多变的腿法得分或重创对手，规则的导向作用也促使跆拳道向着腿法灵活多变的方向发展。在竞赛规则以外的跆拳道实战中，人体的一些主要关节部位亦可以用来做进攻的武器，或防守的盾牌，这是跆拳道技术的本质，如人体的手、肘、膝、脚等关节部位，是跆拳道实战中最常用、最有效的击打武器。

（2）方法简练，刚直硬打

无论是在比赛时还是在实战中，无论是腿法还是手法，跆拳道的进攻方法都是十分简捷而实效的。对抗时双方都是直接接触，以刚制刚，用简练硬朗的方法直接击打对方，多用连续快速的腿法组合进攻，此外，或拳或腿，速度快、变化多；防守的动作也是以拳、掌、手、臂直接格挡为主，随即是连续的反击动作。防守时很少使用躲闪防守法，而是追求刚来刚往、硬拼硬打，尽可能保持或缩短双方间的距离，以增加击打的有效性，在近距离拼斗中争取比赛或实战的胜利。

（3）内外兼修，功法独特

跆拳道运动的特点是：赤手空拳、专心致志地进行训练和比赛。长期训练会使手快脚疾，产生常人难以达到的破坏力，这就是内功和外力综合作用的效果。跆拳道理论认为，经过专门训练，人的关节部位能产生不可思议的威力，特别是拳、肘、膝和脚四个部位，尤以脚和手为甚。长期专门练习跆拳道，可以使人达到内外合一的程度，即内功和外力达到统一的巅峰。由于无法确定人体关节部位武器化的威力和潜力到底有多大，一般采用木板、砖瓦等无生命物体作为参照物来进行测试，而不是以人体作为目标。

（4）以击破为测试功力的手段

跆拳道练习者对跆拳道进行推广时，大多会采用击破的方式进行宣传，以此向人们展示其威猛无比的功夫，也就是用拳、掌或脚分别击碎木板、砖瓦，以此来展示练习者的功力。这种独特的方法现已成为跆拳道训练、晋级、表演、比赛的一个主要内容。

（5）强调气势，发生扬威

无论品势还是竞技跆拳道，都要求在气势上给人以威严，多以发出洪亮并带有威慑力的声音来显示自己的能力。尤其是在竞技跆拳道比赛中，双方练习者都会以规则允许的发声来提高自己的斗志，以便在气势上压倒对手，甚至在出击时大喊以配合击打效果，使裁判得以认可，争取在心理上战胜对手。所以，跆拳道练习者都要进行专门的发声练习。

（6）礼始礼终，培养良好的道德品质

跆拳道给人们留下的较深的印象是：跆拳道练习者始终是在不同的场合行礼鞠躬。这是因为跆拳道练习者始终把"礼"作为训练内容，强调"礼始礼终"，即练习活动都要从礼开始、以礼结束。跆拳道练习者在练习技术的同时，在道德修养方面也要不断提高自己。通过向长辈、教练、老师、队友鞠躬施礼，使跆拳道练习者养成发自内心的行礼习惯，以养成恭敬谦虚、友好忍让的态度和互相学习的作风，并培养其坚韧不拔的意识品质。

2. 跆拳道的作用

（1）改善和增强体质

跆拳道的技术动作是要由全身协调配合的，主要通过各种各样的腿法来表现。它能很好地促进人体的力量、速度、灵敏、耐力、协调等身体素质的全面发展，具有强身健体的作用。由于练习者在比赛及平时训练中要经常临场应变战术，或是快速进攻，或是主动后撤再反击，或是腾空劈腿，或是后踢接后旋踢，这对提高神经中枢的灵活性和支配各器官的能力，起着良好的作用。

（2）防身自卫

跆拳道运动是直接接触对抗、较技斗力、攻防一体的运动。在习练掌握各种攻防技法的同时，提高了人体神经系统的灵活性和反应能力以及各种运动素质，增强了击打和抗击打能力。因此，在实践中自然掌握了实用技击术和防身自卫的本领。

（3）磨炼意志，培养提高品格的修养

跆拳道推崇"礼始礼终"的尚武精神。其宗旨是礼义廉耻，忍耐克己，百折不挠。通过跆拳道的训练，可以培养练习者坚韧不拔、勇敢无畏、顽强坚毅的意志品质，尤其讲究未曾学艺先学礼、未曾习武先习德。使练习者从开始就养成谦虚、宽容、礼让的高尚品德和尊师重道、讲礼守信、见义勇为的情操，并以此影响社会。

（4）娱乐观赏

跆拳道是一项对抗性很强的运动，比赛中双方选手不仅较力斗勇，而且较技斗智。尤其是跆拳道精妙高超的腿法，具有极高的观赏价值。它不仅被视为勇敢者的运动，也给人以美的享受，赏心悦目，激发人的斗志，鼓舞人奋发向上的精神，以达到娱乐的美感，陶冶人们的道德情操。

（二）跆拳道运动的基本技术

1. 礼仪

标准礼为鞠躬前自然立正，鞠躬时腰部前倾15°，头部下倾45°，两手握拳贴于双腿两侧，双方相互鞠躬。

2. 实战姿势

动作方法：以左势为例（左脚在前为左势，右脚在前为右势），两脚开立步站立，两脚倾斜方向大约35°，两脚开立与肩同宽。两手握拳，左拳在前，右拳在后，左手臂弯曲，肘关节夹角80°～100°。左拳与鼻同高，右手臂弯曲，肘关节夹角小于80°，大小臂靠近右侧肋部，重心在两脚之间，两手紧护躯干以上部位。

3. 步法

（1）上步

动作方法：实战姿势开始。以前脚掌为轴，后脚蹬地向前迈步，身体呈另一侧实战姿势。出脚时后脚用力蹬地，速度要快，并且迈步时贴近地面。

（2）退步

动作方法：实战姿势开始。以后脚为轴，前脚蹬地向后迈步，身体呈另一侧实战姿势。出脚时前脚用力蹬地，速度要快，并且迈步时贴近地面。

（3）前滑步

动作方法：实战姿势开始。前脚向前滑行一步，后脚随即蹬地跟上。

（4）后滑步

动作方法：实战姿势开始，后脚向后滑行一步，前脚掌随即蹬地跟上。

（5）原地跳换步

动作方法：实战姿势开始。两脚同时蹬地使身体腾空，空中两脚前后交换，同时转体，落地时身体姿势呈另一侧实战姿势。重心起伏不宜过大，尽量使重心平稳移动，两脚稍离地即可。

（6）前（后）垫步

动作方法：实战姿势开始。后（前）脚向前（后）脚并拢的同时，前（后）脚蹬地向前（后）迈（退）步，仍成原来的实战姿势。

（7）180°后撤步

动作方法：实战姿势开始。以后腿为轴，前腿蹬地向身后撤退180°呈实战姿势。注意后撤的方向。

4.基本腿法

（1）前踢

动作方法：以左势实战姿势开始。右脚向后蹬地，身体重心前移至左脚；右脚蹬地顺势屈膝提起，左脚以前脚掌为轴外旋约90°，同时，右腿迅速以膝关节为轴伸膝、送髋、顶髋，小腿快速向前踢出，力达脚尖或前脚掌。踢击目标后右腿迅速放松弹回，落回原地仍呈左势实战姿势。

膝关节上提时大小腿折叠，膝关节夹紧，小腿和踝关节放松，有弹性。踢击时顺势往前送髋；高踢时往上送髋。进攻部位：腹部、肋部、胸部、颏部。

（2）横踢

动作方法：右脚蹬地，重心移到左脚，右脚屈膝上提，两拳置于胸前；左脚前脚掌辗地内旋，髋关节左转，左膝内扣；随即左脚掌继续向内旋转180°，右脚膝关节向前抬置水平状态；小腿快速向左前横向踢出；击打目标后迅速放松收回小腿。右脚落回呈实战姿势。

膝关节夹紧，向前提膝，尽量走直线；支撑脚外旋180°；髋关节往前顺，身体与大小腿成直线，严格注意击打的力点在正脚背；踝关节放松，击打的感觉是"面团""鞭梢"。横踢攻击的主要部位：头部、胸部、腹部和肋部。

（3）后踢

动作方法：左脚掌为轴内旋约90°，上身旋转重心移到右脚，屈膝收腿直线提出，重心前移落下。

起腿后上身于小腿折叠成一团；动作延伸，用力延伸；转身，踢膝，出腿一次性完成，不能停顿；击打目标在正前方稍偏右。

（4）下劈

动作方法：实战姿势开始。右脚蹬地，重心前移至左脚。同时，右腿以髋关节为轴屈膝上提，两手握拳置于胸前；随即充分送髋，上提膝关节至胸部，右小腿以膝关节为轴向上伸直，将右腿直举于体前，右脚过头。然后放松向下以右脚后跟（或脚掌）为力点劈击，一直到前面，呈实战姿势。

腿尽量往高、往头后举，要向上送髋，重心往高起；脚放松往前落，落地要有控制；起腿要快速、果断；踝关节要放松。劈腿的主要攻击部位有头项、脸部和锁骨。

（5）推踢

动作方法：实战姿势开始。右脚蹬地，重心前移，右脚以髋关节为轴提膝前蹬，用右脚掌向前蹬推，力点在脚掌，推力向正前方。

提膝后尽量收紧膝关节；重心往前移,利用身体的重量；推的时候腿往前伸展、送髋；推的路线水平往前。推踢的攻击目标是腹部。

（6）勾踢

动作方法：从左势实战姿势开始。右脚向后蹬地，身体重心前移至左脚，左脚支撑，右腿屈膝提起；左脚以前脚掌为轴，脚跟向内旋转约180°，右腿膝关节内扣，右腿向左前方伸出，伸直后用脚掌向右侧用力屈膝鞭打，然后右腿顺势放松屈膝回收，落回原地呈实战姿势。

起腿后右腿屈膝抬过水平，然后内扣；右脚要尽量向左前伸展；右脚掌向右鞭打时要屈膝扣小腿；鞭打后顺势放松。进攻部位：头部、面部、胸部。

（7）双飞踢

动作方法：两人从闭势实战姿势开始。攻方先用右横踢攻击对方左肋部，同时，左脚蹬地起跳，身体腾空右转，腾空高度在膝关节以上，但不宜过高；左脚起跳后在空中用左横踢迅速踢击对方胸部或腹部；左右脚交换，右脚落地支撑，左脚横踢目标后迅速前落，呈左势实战姿势。

右腿横踢目标的同时，左脚蹬地跳；左脚起跳后迅速随身体右转横踢目标；两腿在空中交换，右脚先落地。进攻部位：肋部、胸部、腹部、头部。

（8）后旋踢

动作方法：实战姿势开始。两脚以两脚掌为轴均内旋约180°，身体随之右转约90°，两拳置于胸前；上体右转，与双腿呈一定角度；右脚蹬地，将蹬地的力量与上体拧转的力量合在一起，将右腿向后上以髋关节为轴直腿摆起，右腿继续向右后旋摆鞭打，同时上体向右转，带动右腿弧形摆至身体右侧，右腿屈膝回收；右脚落至右后呈实战姿势。

转身、旋转、踢腿连贯进行，一气呵成，中间没有停顿；击打点应在正前方，呈水平弧线；屈膝起腿的旋转速度要快；重心在原地旋转360°。后旋腿攻击的主要部位有额头和胸部。

（9）旋风踢

动作方法：两人从闭势实战姿势开始，攻方左脚向右脚右前方跨一步，左脚内扣落地，身体向右旋转180°；左脚落地的同时右腿随身体继续右转向右后摆起，此时身体已转动360°，左脚蹬地起跳，顺势在空中用左横踢击打对方腹部或头部，右脚落地支撑。

攻方上步转体动作要迅速果断，左脚内扣落地时脚跟对地；右脚摆起时不要太高，以能带动身体旋转起跳为宜；左脚蹬地起跳，身体腾空,但不过膝,目的是快速旋转出腿；左脚横踢时，右腿向下落地，要快落站稳，即横踢目标的同时右脚落地。

5. 主要技术的脚靶训练法

不同技术动作的练习采用不同的拿靶方法。踢靶时要踢靶的中心，也称靶心位置，拿靶时拿靶柄的中间稍前端的部位。

（1）前踢

握靶柄的前端部位，靶面分别在水平位置的上下，靶柄后端与靶前边缘在握靶人的身体右前、左前位置。踢时用正脚背踢击靶心位置，如果技术正确，部位准确，踢击的瞬间脚靶的两面相互撞击，会产生清脆洪亮的声音。

（2）横踢

握靶柄的前端，靶面与水平面成15°～45°的夹角，靶的两面分别指向左斜下和右斜上（踢另一侧时相反），靶的前边缘在前斜上方；整个靶位在人体前方。横踢分为中段和上段两个高度，中段在腹胸之间，上段即为头的高度。踢击时用正脚背击打靶心，产生清脆洪亮的声音。

（3）劈踢

靶位在握靶人的体侧，一种握法是握靶柄的前端，靶身和地面平行，靶面微向斜上方。另一种握法是靶柄指向上方，靶前边缘在下方，靶面与地面垂直。劈踢时靶位与头同高，用脚掌击打脚靶发出清脆声响。

（4）侧踢和推踢

侧踢和推踢练习时的握靶方法：用单手握靶柄的中间，靶柄、靶前边缘与水平面垂直，靶面朝向踢靶人。

（5）后踢

后踢靶时有两种握靶方法：一种是单手靶，握靶柄的中间，靶柄、靶前边缘与地面垂直，靶面正对踢靶人，靶位在握靶人的身体侧面；另一种是双手靶，握靶人双手各握一个，两个靶心贴紧，靶位在握靶人的胸部以下和髋关节以上的位置，靶在握靶人的身体正前方。后踢时，分中、高两个高度。中段后踢时用双靶，上段后踢时用单靶，都是击打靶心的位置。

（6）后旋踢

后旋踢靶时有两种握靶方法：一种是单手靶，另一种是双手靶。单手握靶时，握靶柄的前端，靶柄与水平面垂直，靶面微向外侧倾斜，靶位在握靶人的正前方。双手握靶时，握靶柄的前端，两靶柄与水平面呈垂直方向，两靶分别面向左、右方向，间隔约15cm，与踢靶人的头部同高。后旋踢时用脚掌击打靶心位置，产生清脆洪亮的声音。

（7）冲拳攻击

握靶柄的前端，靶柄、靶前边缘与水平面成垂直方向，靶面微向内侧斜。用拳面击打靶心位置发出声音。

二、中国武术运动

（一）认知武术运动

中国武术也称"中华武术"。中华武术是以传统哲学为理论基础，以徒手或器械的技击动作为练习内容，以套路和格斗为运动形式，注重内外兼修的传统体育项目。中华武术源远流长，有着悠久的历史和广泛的群众基础，是中华民族在长期生活与斗争实践中逐步积累和发展起来的一项宝贵的文化遗产。武术的内容丰富多彩，形式多样，风格独特。它具有强身健体、防身自卫、锻炼意志、陶冶性情、竞技比赛、娱乐观赏、交流技艺、增进友谊的功能，是一项具有广泛社会价值和民族文化特色的中国传统体育项目。

武术是注重内外兼修的中国传统体育项目，在其漫长的发展历史中，一直深受我国传统文化的影响。它的形成、内容和方法，都体现着中国古典哲学理念、美学思想、兵法思想、伦理道德等丰富的传统文化。

（二）武术的内容和分类

1. 功法运动

功法运动是以单个武术动作作为主体进行练习，以达到健体或增强某方面体能的运动。例如，专习浑圆桩可以调心、调身、调息，长时间站马步桩可以增强腿力等。

传统功法运动的内容丰富多彩，按其形式与内容可分为内功（内养功）、外功（外壮功）、轻功（弹跳）、硬功（击打和抗击打）四种。拍打功、沙包功等仍是提高武术专项技能的有效训练方法和手段。

2. 套路运动

套路运动是指以技击动作为内容，以攻守进退、动静疾缓、刚柔虚实等矛盾运动的变化规律为依据编成的整套练习动作，主要内容有拳术、器械、对练、集体演练。

（1）拳术是指徒手练习的套路动作

拳术的种类很多，如长拳、太极拳、南拳、形意拳、八卦拳、通臂拳、象形拳等。

（2）器械是指手持兵器进行练习的套路运动

器械又可分为长器械、短器械、双器械、软器械。目前最常用的器械是刀、剑、枪、棍，它们也是武术竞赛中的主要项目。

（3）对练

对练是指在单练的基础上，两人或两人以上在预定条件下进行的假设攻防练习。其中包括徒手对练、器械对练、徒手与器械对练等。

（4）集体表演

集体表演是指六人以上徒手或手持器械同时进行练习的演练形式。练习时可变换队形，可用音乐伴奏，要求队形整齐、动作协调一致。

3. 搏斗运动

搏斗运动是两人在一定条件下按照一定的规则进行斗智、较力、较技的实战练习形式。目前武术竞赛中正在开展的有散打、推手等。

（三）武术的特点和作用

1. 武术的特点

（1）动作具有攻防技击性

武术动作的攻防技击性是它的本质特性。例如，散打的技术与实用技击术基本是一致的，集中体现了武术攻防格斗的特点，只是从体育的观念出发，竞赛中以不伤害对方为原则，严格规定了禁击部位和保护器具。作为中国武术特有表现形式的套路运动，虽然拳种不同，风格各异，但无论何种套路，其共同特点是以踢、打、摔、拿、击、刺等攻防动作为主要内容。虽然套路中不少动作的技术规格与技击原形不同，或因连接贯穿及演练技巧的需要，穿插了一些不具备攻防意义的动作，但通过一招一式的表现，攻与防的内在含义仍然是套路技术的核心。

（2）具有内外合一、形神兼备的运动特色

既讲究动作形体规范，又要求精气神传意，内外合一的整体运动观是中国武术的一大特色。所谓内，是指人的精神、意识和气息的运行；所谓外，是指人体手眼身步的活动，如太极拳要求"以意识引导动作"，形意拳讲究"内三合、外三合"等。套路演练特别要求把内在的精气神与外部的形体动作紧密结合，做到手到眼到，形断意连，使意识、呼吸、动作协调一致。这一特点充分体现了武术作为一种文化形式在长期的历史演变中备受中国古代哲学、医学、美学等方面的渗透和影响，是一种独具民族风格的运动形式和练功方法。

（3）内容丰富多彩，具有广泛的适应性

武术的内容和练习形式丰富多样，不同类别的武术项目其练习方法、动作结构、技术要求、运动风格和运动负荷不尽相同，分别适应不同年龄、性别、职业、体质的需要。人们可以根据自己的条件和兴趣爱好加以选择。同时武术运动不受时间、季节的限制，场地器材也可以因陋就简，这种广泛的适应性给开展群众性体育活动创造了有利条件。

2. 武术的作用

（1）壮内强外的健身作用

武术注重内外兼修，对身体有着多方面的良好影响，经常练习有壮内强外的效果。

例如长拳类套路，包括屈伸、回环、跳跃、平衡、翻腾、跌、扑等动作，通过内在神情贯注和呼吸的配合，以及人体各个器官的积极参与，尤其是坚持基本训练能加强人体肌肉力量，提高肌肉韧带的伸展性，加大关节运动幅度。而散打对抗中的判断、起动、躲闪格挡或快速还击等，对人体的反应速度、力量、灵敏、耐力都有良好的促进作用。太极拳和许多武术功法练习一样，注重调息运气和意念活动，长期练习对治疗多种慢性疾病和调节人体内环境平衡均有良好的作用。

（2）提高防身自卫能力

武术以技击动作为主要内容，通过练拳习武，不仅可以增强体质，还可以学习一定的攻防格斗技术，掌握防身自卫的知识和方法，提高人体的灵活性，以及对意外情况的应变自卫能力，若长期坚持系统练习，还可以直接为国防、公安建设服务。

（3）培养道德情操的教育作用

武术在长期的发展中，继承和发扬了中华民族知礼仪、讲道德的优秀传统。习武以德为先，说明武术练习历来十分重视武德教育。尚武崇德的精神可以培养青少年尊师重道、讲礼守信、宽以待人、严于律己等高尚的道德情操。同时，武术的练习，特别是在追求技艺提高的过程中，需要有吃苦耐劳、坚持不懈的精神，这不仅能培养坚韧不拔、自强不息的意志品质，也是一种修身养性的重要手段，有益于人的全面发展。

（4）娱乐观赏，丰富文化生活

武术运动具有很高的观赏价值，如套路运动的节奏美，踢、打、摔、拿、跌巧妙结合的方法美，内外合一、形神兼备的和谐美，引人入胜。搏斗对抗中双方激烈的争夺，精湛的攻防技巧，敢打敢拼的斗志，可以给人一种美的享受和精神上的激励。群众性的武术活动讲究以武会友，即通过习武的共同爱好，切磋技艺，扩大交往，交流思想，增进友谊，丰富业余文化生活。随着武术在世界上的广泛传播，在我国人民与世界各国人民的友好交往中发挥的作用越来越大。

第三节　形体训练与健美运动

一、形体训练

（一）形体训练的特点与作用

1. 形体训练的概念

形体训练是一项比较优美、高雅的健身项目，主要通过舒展优美的舞蹈基础练习（以芭蕾为基础），结合经典、身韵、民间和各个民族的舞蹈进行综合训练，可塑造人们优美的体态，培养高雅的气质，纠正生活中不正确的姿态。可以说它是所有运动项目的基础。

形体训练有狭义和广义之分，形体美训练主要是处于狭义层面。而广义的形体训练相对较为宽泛，凡是出现形体动作的训练我们就可以理解为形体训练。人们通过形体美训练来达到对自身形态的完美塑造，带有较强的目的性。

2．形体训练的特点

形体与其他项目比较，具有不同的特点。只有了解了这些特点，才能更好地发挥形体训练的作用，有目的、有计划、有针对性地进行训练，从而满足身心需求，促进人的全面发展。

（1）内容和方法多种多样，适用不同水平的练习者

形体训练内容：形体训练的动作不仅有适于身体局部练习的单个动作，还适用于形体练习的健身系列、成套动作以及整体形象塑造和礼仪训练。

形体训练方法：它是在人体解剖学、运动心理学、运动训练学、运动生理学、美学等科学理论指导下进行的。可根据不同的年龄和不同的性别，不同的体型和体质，不同的训练目的和各自的水平，选择不同的训练方法。

形体训练项目：有健身强体的练习；有健美体型的练习；有训练正确的站、坐、行走姿势的练习；有塑造形象的着装、发式、化妆及言谈、举止、礼仪等形体语言的练习；有适合胖人减肥的锻炼；有适合瘦人丰腴健美的锻炼。

形体训练形式：有局部练习，也有全身性的练习；有单人的练习，也有双人练习，还有集体练习；有徒手练习，也有器械练习；有站姿练习，也有坐姿练习；有节奏柔和缓慢的练习，也有节奏快动感强的练习。

（2）具有一定艺术性

形体训练的内容涉及体操、舞蹈、音乐等，是一门综合性艺术。丰富多彩的练习内容及形体美的表达形式、舒展优美的姿态和矫健匀称的体型、集体练习中巧妙变换的队形展示了其强烈的艺术表现力和感染力。

音乐是形体训练的灵魂，不同风格的乐曲，可以创造出不同风格的训练。经常练习能提高学生的音乐素养，培养良好的气质和修养。形体训练具有其他艺术形式难以达到的综合美的艺术表现力，它在提高人的素质方面有着其他教育学科不可替代的作用。

（3）组织形式灵活

形体训练可以集体锻炼，也可以个人锻炼；可以按统一的规定时间锻炼，也可以分散安排锻炼，根据不同的需要进行灵活组织。

（4）实用性强、价值高

①提高体能素质，培养学生终身发展意识

健康、长寿、智慧是人类的美好愿望。每一个人要获得健康必须有一定的体能，

健康的体能是健康的保证。因此，就必须做一些特别的运动训练来增强自己的体能，来维持我们基本的健康。

形体训练是以身体练习为基本手段，匀称和谐地发展人体素质，增强体质，促进人体形态更加健美的一种体育运动。学生可根据自身实际情况，选择基本动作练习或强度不同的成套动作练习，对身体各关节、韧带、各主要肌群和内脏器官施加合理的运动负荷，对心血管功能、柔韧性、协调性、力量及耐力素质、有效地改变体重、体脂等身体成分有十分显著的作用。例如采用压、拉肩、下桥、体前、侧、后屈、压、踢、控腿等练习来发展学生的柔韧性。

②塑造完美的外在素质，促进人的和谐发展

人体形体美是世界上一种永远新鲜、永远洋溢着生命力的最动人的美。人的美丽直观的表现首先在于形体美。从遗传学角度分析，影响体形的因素主要是遗传和环境，遗传因素虽然生成了人的基本体型，但后天再次塑造却是完全可能的，比如，营养、劳动、生活条件、体育锻炼等，但塑造体形的最佳时期为青春发育期，因为这个时期人体对外界环境最为敏感。

健康的形体美的标准，从追求层次上看，通常认为动态美和整体协调美更能够显示出一个人的气质和魅力。动作美是形体美的一种表现形式，姿态美是通过动作表现出来的，而动作美在完成动作时应显示出姿态美。在形体训练动态美练习中强调步态、姿势、表情等形体语言，强调动作的节奏感和优美感。通过科学的形体训练，可以改变和改善不良体型，使人肌肉匀称、比例协调、举止和谐、姿势优美、气质高雅，可以说形体训练是一种特殊的人体雕塑艺术。

③塑造良好个人形象，提高职业素质

形象是当今社会的核心概念之一，人们对形象的依赖已经成为一种生存状态。个人形象主要指的是容貌、魅力、风度、气质、妆容、服饰等直观的（包括天生的外表）东西，这是一种值得开发、利用的资源。

个人的人性特征特质通过形象表达，并且容易形成令人难忘的第一印象。第一印象在个人求职、社交活动中会起到非常关键的作用。大学生是未来职场的主要力量，社会对他们提出的要求会更高。掌握职业礼仪的规范与标准，能获得今后职业所需的悦目的仪表和得体的举止，具有应变各种工作和生活环境的能力，在激烈的职业竞争中立于不败之地。

3. 形体训练的作用

（1）改善神经系统和大脑功能

神经系统由中枢神经系统和周围神经系统组成。中枢神经系统由脑与脊髓组成，而周围神经系统则是由脑和脊髓发出的神经纤维组成。整个神经系统是人体主要的机能调节系统，人体各器官、系统的一切活动都是在神经系统的控制下进行的。通过神经系统的调节，人体对内外环境的变化产生相适应的反应，使内部与周围环境之间达到协调统一，从而使人体的生命活动得以正常进行。

形体训练，是外环境对机体的一种刺激。这种刺激具有连续、协调、速度、力量的特点，使肌体处于一种运动状态。在这种状态下中枢神经将随时动员各器官及系统使之协调、配合肌体的工作。经常参加形体训练，就能使神经活动得到相应的提高。除此之外，形体训练还要求动作要迅速、准确；而迅速、准确地动作又需要在大脑的指挥下来完成。脑是中枢神经的高级部位。形体训练时，脑和脊髓及周围神经要建立迅速而准确的应答式反应，而脑又要随时纠正错误动作，储存精细动作的信息。经过经常、反复不断的刺激，能够提高人的理解能力、思维能力和记忆能力，从而使大脑更加聪明。所以说，经常参加形体训练，可以加强肌体神经系统的功能和大脑的工作能力，使之更加健康和聪明。

（2）提高心血管系统的功能

心血管系统即由心脏与各类血管所组成，并以心脏为动力的闭锁管道系统，也就是人们常说的血液循环系统。形体训练主要由运动系统即骨骼与肌肉运动的参与完成。运动系统在进行工作时要消耗大量的氧气、养料，又要排泄大量的废物，在消耗的同时也要不断地补充供给大量的新鲜氧气及养料，与此同时还要排泄大量的废物。这一繁重的任务，只有依靠体内的闭锁的管道系统——心血管（循环）系统来完成。

人体在处于安静状态时，平均心率为 75 次 / 分，而心脏的每搏血液输出量为 50 ~ 70 毫升，每分钟输出量约为 4.5 升。在强烈的肌肉运动时，血液输出量可以达到安静时的 5 ~ 7 倍，这就势必使心肌处于激烈收缩的状态。经常的刺激会使心肌纤维增粗，心房、心室壁增厚，心脏体积增大，血容量增多，从而增加了心脏的力量。由于心肌力量的增加，每搏射出的血量就会增多，心跳的次数就相应减少，在平时较为安静的状态下，心脏能够得到较长时间的休息，从而减轻心脏的工作负担，使心脏永葆青春。

（二）形体美的概念

1. 人体美概述

形体是指人体的外在表现，它是一门艺术，人体只有在四肢、躯干、头部及五官的合理配合下才能显示出姿态美、体态美、线条美和外部形态与内部情感的和谐统一美。

对于形体美的看法也有两种意见：一种认为形体美应该是体态的曲线美；另一种认为形体美应该是挺拔的美，体态要尽可能直。

2. 形态美的阐述

假如芭蕾舞演员的体态比一般人都更加弯曲，那么将曲线美作为体态美的标准当然无可非议。但实际上恰恰相反——芭蕾舞演员的体态特征是直，而且这种直也远远超过了常人的想象，业内称之为非自然体态。军人的标准姿态也是一样，特别是仪仗兵，背部姿态必须直，称为拔军姿。

3. 形体美的文化

人体的形态美，主要包括人体的容貌美、身材美、肤色美和气质美。人体头部的外观形态组成了人的容貌，人体躯干和四肢所组成的外观形态构成了人的身材，包裹人体的皮肤的质地和颜色构成了人的肤色，人的神情特征和肢体语言特征构成了人的气质。

人体的外观形态通常俗称为形体。在现实生活中，我们每个人的形体都各不相同。有的人的形体被人们认为美；有的人的形体被人们认为不美；有的人的形体被一部分人认为美而被另一部分人认为不美；有的人的形体过去被人们认为美而现在被人们认为不美。在追求形体美的文化实践中，不同地区和不同时代的人们创造出了许多相同的和不相同的形体文化。形体文化始终对人们的社会生活产生着非常重要的影响。

4. 形体美的成因

客观事物给人的美感，是以人对客观事物的主观需求为根据的，而人的主观需求的产生又是以人一定的观念形态为基础的。人在主观上需要何种客观事物，该客观事物的外部形态就会使人产生美感；人在主观上需要何种客观事物的某个功利方面，该客观事物的某个功利方面的外部形态就会使人产生美感。

总结人们的社会生活，人们在社会生活中的主观需求主要表现为四个方面：一是需要获得丰富的生活资料和受人尊敬的社会地位；二是需要拥有美满真挚的感情生活；三是需要拥有丰富多彩的休闲娱乐生活；四是需要拥有繁盛兴旺的子孙后代。

（三）形体基本素质训练

1. 形体训练的基本内容

（1）基本姿态练习

人的基本姿态是指：坐、立、行、卧。当这些基本姿态呈现在人们眼前时会给人一种感觉，比如，身体形态所显示的端庄、挺拔与高雅，给人的印象是赏心悦目的美感（包括日常活动的全部）。由于一个人的姿态具有较强的可塑性和稳定性，通过一定的训练，可以改变诸多不良体态，比如，斜肩、含胸、松垮、行走时屈膝晃体、步伐拖沓等。

（2）基本素质训练

形体训练最重要的内容是素质训练，一般主要包括单人练习和双人练习两种形式。经过反复大量的素质训练，能够大大提高人体的柔韧性和支撑能力，尤其是对人体的肩、胸、腰、腹等部位，为塑造良好的人体形态打下良好的基础。由于形体基本功练习的内容较多，所以在训练时，应本着从简单到复杂的原则进行，更要结合自己的实际情况和配合者的承受能力，万万不能超负荷练习，以免发生运动损伤，造成不必要的伤害。

（3）基本形态控制练习

基本形态控制练习是对练习者身体形态进行系统训练的专门练习，是提高和改善人体形态控制能力的重要内容。是通过徒手、把杆、双人姿态等大量动作的训练，进一步改变身体形态的原始状态，逐步形成正确的站姿、坐姿、走姿，提高形体动作的灵活性。这部分练习比较简单，个别动作要求比较严格，训练必须从严要求，持之以恒。

2．形体训练的基本要求

①训练前必须做好准备活动。

②训练时要穿有弹性的紧身服装或宽松的休闲服、体操鞋、舞蹈鞋或健身鞋。

③训练时不能佩戴饰物，以免发生伤害事故。

④训练要有计划、有步骤，循序渐进，切忌忽冷忽热、断断续续。要持之以恒，力求系统地掌握形体训练的有关知识和方法。

⑤要保持训练场的整洁和安静。

⑥在做器械练习时，要有专人指导和帮助，特别是联合器械的运用，要注意训练的安全。

⑦在训练中和训练后要注意补充水分，同时要注意饮食营养的合理搭配。

3．不同形体特征的练习方法

（1）正常型

正常型表现为身体各部生长发育比较协调一致，体型匀称、苗条，胸、臀等部位中等突出或偏小，坚实而富有弹性；全身肌肉较发达有力；脂肪沉着中等，身体曲线稍显现。正常型体型的练习，主要以增强全身的曲线感，发达各部肌肉和力量，提高肌肉的协调性和灵活性为主。练习安排多以各部肌肉群的动作为主、以整体练习为辅，适当增加各种舞蹈（如迪斯科）和徒手动作练习，以发展身体协调性和各韧带的柔韧性。具体练习项目以胸部为主。在此基础上，进行第二步训练，选择成套舞蹈动作及综合训练，发展各部肌肉的徒手练习或负重练习。随着体力的不断增长，这两步练习可循环多次。对去脂减肥、发达肌肉均有较好的效果。

（2）消瘦型

消瘦型一般表现为身材瘦削、细长单薄；肌肉块头很小、全身脂肪沉着少，一般在0.5cm以下；胸、臀部位不丰满。这类体型者首先要分析产生消瘦的原因，然后采取相应的措施。属于正常消瘦者，其锻炼应以发达肌肉、增加脂肪沉着为主。开始练习时，先以自身重量做徒手练习，如俯卧撑、仰卧起坐、俯卧两头起、仰卧挺髋成桥等。通过这个阶段的练习，在各部力量增长的基础上，再做负重的专门肌力训练。锻炼要循序渐进，运动量要由小到大，负荷则由轻到重。同时还要加强适当的饮食营养，增强其适度的脂肪沉着。

（3）肥胖型

肥胖型的特征，体重与身高比例严重失调。全身肥胖臃肿并松弛有抖动现象；腰腹脂肪大量囤积；臀部宽厚；腿部肥粗。上下呈笼统趋势，毫无肌肉显现感。这类体型的练习，主要以减肥为主，在减肥的基础上，进行肌肉练习。

二、认知健美运动

（一）人体健美的标准

1. 人体健美的基本要素

构成人体健美的要素有 3 个，即体型、骨骼和肌肉。

（1）体型

人的体型各异，一般与遗传、运动、劳动、疾病等因素有关，有的还受自然和社会环境的制约。体型大致可分为肥胖型、匀称型、瘦长型 3 种类型。

（2）骨骼

骨骼构成人体的"框架"，骨骼的大小关系着人的体型的发展，同时，对肌肉的健壮与否也有很大的影响。

（3）肌肉

肌肉的质量是健美体格的重要标志。健而美的肌肉是"刚如铁，柔若绵"。如果肌肉在放松时仍然僵硬，就容易疲劳和失去弹性，久之不再健美。

肌肉的发展，较骨骼而言，先天的因素较少，通过健美锻炼可以使肌肉发达起来。

2. 人体健美的标准

人体健美的 10 条标准如下：

①骨骼发育正常，身体各部位之间的比例匀称。

②肌肉均衡发展，体态丰满而无肥胖臃肿感。

③眼大有神，五官端正，与头部配合协调。

④双肩对称，男宽女圆，微显下削，无耸肩垂肩。

⑤脊柱背视成直线，侧视具有正常的生理曲度，肩胛骨无翼状隆起和上翻。

⑥胸廓宽厚，比例协调。

⑦腰细而有力，微成圆柱形，腹部扁平，男子处于放松时也有肌肉垒块隐现。女子腰部比臀部约小 1/3。

⑧臀部圆鼓丰满，男子匀称，女子不显下隆。

⑨下肢修长，无头重脚轻之感。大腿线条柔和，小腿较长，腓肠肌位置较高而突出，足弓高。两腿并拢时，正视和侧视均有曲线感。

⑩整体观是体格壮实，体态优美，体力充沛，热情奔放，举止大方，风度潇洒，

无比例失调和形态异常的感觉。

3. 健美锻炼的原则与方法

健美锻炼是肌肉与形体的专门性练习，锻炼者除应遵循一般体育锻炼的原理之外，还应当掌握以下原则与方法。

（1）原则

①熟悉肌肉分布规律，懂得不同的动作活动方式主要锻炼哪部分肌肉群。

②采用适宜的运动负荷。以增加肌肉横断面的健美锻炼应当采取中大重量的负荷，即使用本人能举起的最大重量的 50% ~ 70%，完成 10 ~ 15 次为一组，重复 4 ~ 6 组；以减肥和提高肌肉质量弹性的健美锻炼应采用中小重量的负荷，即使用本人能完成的最大重量的 30% ~ 40%，做 30 ~ 40 次为一组，重复 4 ~ 6 组。

③合理安排练习的前后顺序。健美练习应从小肌肉群开始至大肌肉群结束。

④注意锻炼—疲劳—休息—恢复—再锻炼的平衡交替，增强肌力的锻炼应适当补充蛋白质、维生素等营养物质。

（2）方法

①初级阶段

这一阶段主要的任务是：提高身体素质，发展肌肉群的围度。此阶段主要遵循"渐进性超负荷"法，用中小重量做一些"基本动作"。如负重深蹲、卧推、硬拉、颈前和颈后推、直立划船、双杠双臂屈伸、引体向上、俯身划船等，使全身肌肉协调发展，增强肌力，增粗肌束。练习时间应为一周 3 次，经过 1 ~ 2 年的每周 3 次锻炼，身体会呈现出美的基本体态。

②中级阶段

这一阶段的主要任务是：在健美的基本体型的基础上，进行美化身体系列加工。此阶段的练习应减少基本动作，增加一些以某一肌肉群为主要锻炼对象的"孤立动作"。如蹲或膝内弯举，仰卧臂屈伸，立式侧飞鸟，坐式屈伸，立式提踵，卧式屈膝等。它将使各部肌肉都各自呈现隐块，线条分明。

锻炼时间安排应由上阶段一周 3 次增加到一周 4 ~ 6 次。

（二）健美运动的基本练习方法及要求

1. 宽握卧推

锻炼部位：胸大肌、三角肌、斜方肌。

动作方法：以胸大肌的突然收缩力，将杠铃向上推起至两臂伸直，然后慢慢屈臂将杠铃放下，到胸部靠近乳头平行线的位置，之后再将杠铃推起至两臂伸直。

动作建议：注意在推举过程中，躯干始终保持桥形，不要憋气，否则会减少参加工作的肌肉数量。

2. 仰卧飞鸟

锻炼部位：胸大肌和前锯肌，三角肌前部。

动作方法：两臂慢慢向侧下分开，两手所持哑铃要降至低于身体水平面，充分把胸部拉开，然后用力夹胸使两臂在胸前上方合拢。将哑铃放到水平位置，之后再向下、向外推举，当胸部肌肉有拉伸的感觉时，两臂放下的位置应低于身体的水平位置。

动作建议：两臂向侧下分开时，肘关节稍屈，如果在整个动作过程中两臂始终伸直，那么对于发展胸部肌肉并不是很好。

当下落时深吸气；当还原时呼气。

3. 直立飞鸟

锻炼部位：三角肌中束、前束及斜方肌的上部。

动作方法：两臂同时外展，直至同肩部水平位置，再还原。

动作建议：如果肘部和腕部始终保持微屈，那么对发展三角肌中束有很好的作用。当两臂向外、向上举时，手部翻转，小拇指向上，而当两臂落下时正好相反，小拇指向下。

4. 坐姿颈后推举

锻炼部位：三角肌、斜方肌、胸大肌上部和肱三头肌。

动作方法：将杠铃垂直向上推起直至两臂伸直，然后慢慢将杠铃放下，还原。

动作建议：定期改变两手的握距可以发展不同部位的肌肉。宽握可以最大限度地发展三角肌；窄握主要发展三头肌。

5. 颈后深蹲

锻炼部位：股四头肌、股外肌、股直肌、臀部肌肉和腰背肌，还锻炼腹肌、小腿和肩部肌群。

动作方法：双腿屈膝至深蹲。当下蹲至大腿低于水平面时，静止片刻，然后缓慢起立还原至起始姿势。

动作建议：在深蹲过程中，保持平衡会很困难，在脚跟下垫一个 $5cm \times 10cm$ 的木块有助于保持身体的平衡。要求在整个动作过程中挺胸拔背，脊柱不要侧弯，头部保持正直。

6. 坐姿腿屈伸（穿铁鞋）

锻炼部位：股四头肌。

动作方法：固定大腿，以股四头肌的力量使小腿上举至全腿伸直，然后缓慢放下还原。

动作建议：铁鞋对膝关节有拉伸作用，因此在休息时不要穿铁鞋坐着。可以将小腿放在凳上休息。

7. 站姿单腿屈伸（穿铁鞋）

锻炼部位：股二头肌。

动作方法：大腿不动，将负重腿的小腿向上屈起至股二头肌充分收缩，脚尽量靠近臀部，静止片刻，然后控制速度伸直还原。两腿交替进行练习。

动作建议：完成的次数越多，效果就越好。

8. 颈部肌肉抗阻练习

锻炼部位：颈部肌肉。

动作方法：两手放在前额作为阻力，尽量阻止头向前运动，之后将头尽量向后仰，然后将头向右（左），将手放在头的一侧，施加阻力，动用颈部肌肉来对抗阻力。最后将两手置于脑后，两手用力阻止头部向后运动。

动作建议：也可用毛巾来对抗颈部的肌肉，但只限于前、后方向，不适用于左、右方向。

9. 杠铃划船

锻炼部位：背阔肌上部肌肉，然后是对斜方肌、三角肌后束、股二头肌及前臂肌群。

动作方法：在提拉杠铃时要使杠铃垂直向上直至胸部为止，然后将杠铃慢慢复原。

动作建议：弓身提铃（杠铃划船）等练习应经常变换两手的握距。握杠铃杆的次数越多，越有利于肌肉的全面发展。

10. 直立杠铃弯举

锻炼部位：肱二头肌，然后发展前臂肌群。

动作方法：前臂向内弯曲，将杠铃弯举到胸部下缘，然后沿原路线将杠铃放下，还原。

动作建议：应注意当屈臂时上体保持不动，身体晃动或背部弯曲会减小训练的效果。在将杠铃举到最后点后向下放杠铃时，应使两臂充分伸直。每个动作都应用最大幅度来完成。

11. 仰卧臂屈伸（法图式卧推）

锻炼部位：肱三头肌。

动作方法：以肘关节为轴，以肱三头肌之力使前臂下落至头后和伸直于体前。

动作建议：这个练习可以用站立、坐姿、仰卧等方式完成。

12. 上斜哑铃弯举

锻炼部位：臂部肌群，尤其是肱二头肌。

动作方法：双臂同时用力屈伸，将哑铃由下向上举至肩际。

动作建议：如果在弯举过程中由开始位（两个大拇指朝里）到结束位（两个大拇指朝外）转动手腕，可以使更多的肌肉收缩。

13. 小腿搁凳仰卧起坐

锻炼部位：腹肌力量。

动作方法：两臂向上使身体离开地面2.5～5cm，保持这一姿势几秒钟，然后复原。

动作建议：为了达到更好的训练效果，当抬起上体时，应将臀部紧贴在地板上。

14. 斜板仰卧腿上举

锻炼部位：腹直肌下部。

动作方法：确信背部受到稳定的支撑。两腿膝部微屈，上举至与身体垂直位置，然后将两腿放下，但两腿不接触斜板。

动作建议：为了使腹直肌下部收缩得更充分，在两腿上举过程中，背部应紧靠在板上保持适度紧张。

15. 站立提踵

锻炼部位：腓肠肌和比目鱼肌。

动作方法：两腿伸直，尽力向上提踵，然后脚跟缓慢下落至起始状态，重复动作。这个练习也可采用单手握哑铃完成。

动作建议：慢提，保持平衡。两脚尖方向的不同角度对腿肌群的锻炼效果也不同。

16. 翻举

锻炼部位：背部上、中、下肌群，以及斜方肌、颈部、大腿和臂部屈肌群。这是全面发展身体力量的练习。

动作方法：用一个动作将杠铃翻举到胸部位置，同时背部挺直，将杠铃靠近身体，注意力放在加快翻举动作速度上。

动作建议：动作过程中腿和腰用力。

17. 单手哑铃划船

锻炼部位：背阔肌、三角肌后部、大圆肌和肱二头肌。

动作方法：用力屈肘，尽可能上拉哑铃至肩部或更高，然后慢慢放下，感到有拉伸感。

动作建议：两手轮流完成练习。当将哑铃上提至最高点时，可稍微转动身体，使动作幅度更大，效果更好。

18. 仰卧屈臂上拉

锻炼部位：胸部肌群、肱三头肌、上背部肌群，尤其是背阔肌。

动作方法：使杠铃慢慢向头的后下方下落，两臂屈肘，充分拉长胸大肌，杠铃的位置要降至头部水平面以下。然后用力把杠铃从头后下方拉至胸部上方。

动作建议：在这个练习中，采用较大的负重可以更有效地提高力量水平及增大肌肉体积。

19. 直立推举

锻炼部位：三角肌、肱三头肌以及背阔肌。

动作方法：杠铃正直向上推起，至两臂伸直，再慢慢还原。

动作建议：当向上推举杠铃时，身体不要向后退，不要憋气，同时要记住系举重腰带。

20. 杠铃直立高位上拉

锻炼部位：三角肌、斜方肌。

动作方法：先将两上臂慢慢向上提起，两手贴近身体将杠铃拉至胸锁骨以上位置，即接近下颌处，然后慢慢还原。

动作建议：在将杠铃放下时，应保持慢速。

21. 弓身飞鸟

锻炼部位：斜方肌、大圆肌、三角肌后束。

动作方法：臂用力向上、向外侧运动，使哑铃高度达到与肩平或稍高于肩的位置，然后还原。

动作建议：如果肘关节、腕关节稍屈，那么三角肌后束会得到更大的锻炼，在练习中将注意力集中在用力的肌肉部位。

22. 垫肘单臂弯举

锻炼部位：肱二头肌及前臂肌群。

动作方法：慢慢屈臂，将哑铃向胸部方向靠近，上臂保持固定不动。

动作建议：不要屈腕，保持最大收缩状态3秒，之后慢慢还原。

23. 弓身单臂屈伸

锻炼部位：肱三头肌。

动作方法：上臂夹紧，以肘关节为轴，用力伸前臂，使臂完全伸直。

动作建议：在动作最后部分要使肌肉充分用力。

24. 腕弯举

锻炼部位：前臂肌群。

动作方法：手腕向上弯起至极限，然后缓慢下放还原。

动作建议：掌心向上握杠铃发展前臂屈肌，掌心向下握杠铃发展前臂伸肌。

25. 负重箭步蹲

锻炼部位：股四头肌、股二头肌和臀大肌。

动作方法：一腿向前跨步，并慢慢下蹲至大腿与地面平行，然后用力使身体还原。另一腿向前，重复上述动作。

动作建议：如果在复原时，腿不完全伸直，那么股四头肌将处在始终紧张状态。

26. 坐姿腿屈伸

锻炼部位：股四头肌。

动作方法：小腿慢慢向上伸直，保持伸直状态2秒，然后小腿向下复原。

动作建议：可以单腿交替进行练习。

27. 俯卧小腿屈伸

锻炼部位：股二头肌。

动作方法：腿用力向上弯起至股二头肌充分收缩，静止2秒，然后慢慢还原。

动作建议：可两腿交替完成练习。

28. 屈腿硬拉

锻炼部位：下背部、臀部肌群、斜方肌。

动作方法：以腰背肌的力量控制上体缓慢前屈，直至杠铃接近地面，稍停，握铃挺身起立。当上体将要立直时，两肩后展，胸部尽量前挺。

动作建议：负重不要太大。

29. 上斜卧推

锻炼部位：上胸部及三角肌前束、肱三头肌。

动作方法：将杠铃向上推起至两臂伸直，然后慢慢屈臂将杠铃放下。

动作建议：采用宽握距时对胸部肌群的锻炼效果更好。

30. 窄握卧推

锻炼部位：胸大肌，尤其是胸大肌内侧部。

动作方法：两臂弯曲，慢慢将杠铃放下至胸部，然后用力向上推起杠铃至两臂完全伸直。

动作建议：两手握距越宽，负荷就越向胸大肌外侧部转。

31. 杠铃前平举

锻炼部位：上胸部和三角肌束。

动作方法：肘关节略屈，以肩部肌群的收缩力，直臂将杠铃或哑铃提举至胸前，与肩齐高，静止片刻后，再以肩部肌力控制住杠铃或哑铃，使其缓慢下落，经原路返回。

动作建议：如果采用哑铃，则在提举动作快结束时转腕使大拇指向上，这对发展三角肌前束的效果更好。

32. 坐姿颈后单臂屈伸

锻炼部位：肱三头肌。

动作方法：用力向上伸直手臂，掌心始终朝前，保持上体肩部固定。当还原时，应将哑铃尽量向下置于最低位置。哑铃运动的路线应始终一致。两臂交替完成练习。

动作建议：使哑铃在头部后方运动。

33. 坐姿交替弯举

锻炼部位：上臂肱二头肌，前臂肱桡肌和旋前圆肌。

动作方法：一臂屈肘，将哑铃匀速举至肩际，之后还原，另一臂做同样动作，交替进行。

动作建议：完成此练习时，也可以手持哑铃，掌心朝下，在将哑铃向上举时转腕，使掌心朝上，能更好地发展肱二头肌。

34. 反握弯举

锻炼部位：前臂肌群。

动作方法：上臂紧贴体侧不动，以肘关节为轴，前臂向上弯起至肩前，动作要慢，之后还原。

动作建议：在前臂向上弯起时，手腕部不要过于紧张，身体要避免晃动，这些都会降低训练效果。

35. 负重提踵行走

锻炼部位：小腿肌群。

动作方法：行走，每一步都尽量将脚向上抬起，直到感到小腿部肌肉疲劳为止。

动作建议：当小腿肌肉充分活动开以后，可以轻轻跳跃。

36. 上斜仰卧飞鸟

锻炼部位：胸大肌、三角肌。

动作方法：两臂慢慢向侧下分开，两肘微屈，将哑铃降至身体水平面，感到胸部充分拉伸，然后用力夹胸使两臂在胸前上方合拢。

动作建议：在动作过程中两臂始终伸直，难度会更大，对胸部肌肉的锻炼效果会更好。哑铃放下时，深吸气；上举时呼气。

第八章 基于体育强国背景的大学体育运动训练过程监控

第一节 运动训练过程监控的理论体系

一、运动训练过程监控的概述

（一）运动训练过程概念的界定

为了增强运动训练过程概念的可操作性，一般都从狭义和广义两个层面对运动训练过程的概念进行界定。其中，狭义的运动训练过程就是指运动员在教练员的指导下进行运动训练的一个持续的过程，或这种过程的积累；广义的运动训练过程则是指运动员从事运动训练期间，参加的训练活动以及训练活动以外的持续的时间，这一持续时间可以是一天、一周，也可以是一个月或一年。本书所说的运动训练过程即广义的运动训练过程。

（二）运动训练过程监控的内涵

运动训练过程监控是监控的一个下位概念，它同它的上位概念——监控一样，可以应用的范围较广，而对它概念的界定及其内涵外延研究得较少。训练监控其实是教练员对运动员予以训练控制的一种方法，是教练员为了保证训练实施效果与预定目标的一致性，而运用监控手段测量运动员的训练效果与目标的偏离情况，并对其进行及时调整，使运动训练恢复到预定的轨道上来的一种方法。一方面，教练员制订训练计划，实施运动训练对运动员施加训练刺激，并在训练的过程中通过对运动员训练效果的各项因素的监测，来测量运动员机体对运动训练刺激的反应情况，以便为下一步训练提供参考和借鉴；另一方面，运动员经由教练员的训练，在完成训练计划后，通过训练监控可以测量运动员对运动训练的反应，辅助教练员通过对运动员训练的反应与训练计划中的标准评价的对比分析来得出运动员运动训练的质量，为控制运动员训练的质量提供依据。

运动训练过程监控是"监"和"控"的统一，也就是将以科研人员为主组织实施的运动训练结果的监测、评定，与以教练员为主实施的运动训练过程调控相统一的一个过程。在这个过程中，科学的"监"是有效的"控"的前提和基础。在整个训练过程监控中，科研人员和教练员需要共同参与。

虽然每个阶段对运动员训练结果的监控都是必要的，但若从发现问题、分析问题、解决问题的角度来看，仅仅对训练结果予以监控显然是不够的，它只能帮助教练员了解训练活动对运动员机体的刺激情况。只有加强对运动员整个训练过程的监控，对运动员每次训练课的负荷种类与负荷量、负荷强度、每种负荷强度的比例等进行监控，才能在每一个环节上都做好对运动员训练情况的把握，也才能切实发挥运动训练过程监控应有的作用。

运动训练过程监控就是为了确保运动员训练过程的科学性，以科研人员为主对运动员的训练过程予以检测和评定，并结合训练实施的情况对训练过程实施调控的一个统一体。这一概念包含了以下几个方面的要点：

1. 运动训练过程监控是一个活动过程

由于运动训练进行的步骤和程序本身是一个动态变化的过程，因此，对训练过程的监控显然也应是一个动态的过程。只要运动训练过程发生，运动训练过程监控就应进行。运动训练过程的一个重要特征是长期性和不间断性，因此，训练过程监控也应是一个长期的、不间断的过程。

2. 运动训练过程监控实施的主体是科研人员和教练员，运动员是监控实施的客体

科研人员和教练员是运动训练监控的主体，他们负责运动训练过程监控计划的制订、监控方法的选择与设计、监控过程的实施、监测结果的分析、监控信息的确定等。他们组织、控制着整个运动训练过程监控的活动过程。运动员是运动训练过程监控的唯一客体，在训练过程中，运动员承担的训练负荷、竞技能力状况、机体机能的变化与疲劳恢复、伤病、营养等均是运动训练过程监控的直接对象。

3. 运动训练过程监控以确保运动训练的科学化，实现训练目标为主要目的

运动训练的主要目的就是最大限度地发挥人的机体的潜力，创造最好成绩。要达到这个目的，确保训练过程的科学化，就要提高训练的质量，进而提高训练效果。而运动训练过程监控的目的与任务就是通过对训练过程的不断监测、检查、评价，并对运动训练计划制订提出调控信息，确保训练的质量。

4. 运动训练过程监控是"监"的活动与"控"的活动的统一

运动训练过程监控实施分两个阶段：

（1）是对运动员训练过程中的各个因素进行监测、检查。

（2）是对监测的结果进行评定、分析，并对下一阶段的训练计划提出修改意见或建议。这两个过程不是孤立存在的，而是紧密联系的，前者是后者的前提和基础，后者是前者的目的和结果，二者是有机的统一。

在对以上要点进行理解的同时，还应明确以下要义。

①在对运动训练过程监控中"监"以科研人员组织实施为主，并不是说教练员不参与"监"，而是教练员的监测更为重要；同样，"控"以教练员组织实施为主，并不是说其他人员不参与"控"，科研人员也是"控"的重要实施者，如对疾病的调控，对心理的调节，需要运动医学和运动心理学方面的人员来实施。

②在对运动训练过程监控实践中，由于对训练过程"控"的活动十分复杂，并且主要是以教练员为主，所以，对"控"的研究主要是根据"监"的结果，对训练过程提出调控信息，而如何实施调控则不列为监控的主要研究内容。

简言之，运动训练过程监控，就是对运动员训练过程监测结果，提出对运动员训练过程进行调控的信息。

③在运动训练过程监控中，有时运动员对自己各个方面的感觉更直观，能够实现自我监控。对于运动员的自我监控，把它看作教练员与科研人员实施监控的手段的延伸，它只是教练员和科研人员获得运动员信息的一个重要途径，所以，从这个意义上讲，运动员不是监控的主体。

二、运动训练过程监控的类型

按照不同的分类标准，我们可以将运动训练过程监控分为不同的类型。

（一）按监控内容与运动成绩的关系分类

按监控内容与运动成绩的关系，可将运动训练过程监控分为决定性（或内因性）因素监控和影响性（或外因性、保障性）因素监控。

决定性（或内因性）因素监控是对决定运动成绩与运动训练效果的因素的监控，而影响性（或外因性、保障性）因素监控是对影响运动成绩和运动训练过程实施的可控因素，主要指对运动营养状况、机能恢复状况、身体健康状况等因素进行监控。其中，决定性因素是训练和比赛的核心因素，只有改进训练方法和手段，才能提高竞技能力，才能实现运动成绩的提高。影响性因素是运动员训练和比赛正常进行的保障。

（二）按监控实施间隔的时间长短分类

按监控实施间隔的时间长短可以将运动训练过程监控分为即时监控、日常监控和阶段监控。

即时监控是对运动员一次运动训练的身体变化所做的监控，日常监控是对运动员一次或几次运动训练后发生的身体变化情况所做的监控，而阶段监控是对运动员在一定时间段内（如一周、一个月或几个月等）由训练效果累积而获得的相对稳定的状态所做的监控。教练员只有及时和准确地了解运动员的状态，才能有效监控训练的进程，并确保训练的效果。

（三）按评价类型分类

按照评价类型的不同，可以将运动训练过程监控分为终末监控和过程监控。

终末监控也就是传统的运动训练过程，它主要侧重于监控运动员在阶段性或周期性训练完成后的结果，即评价的是运动员在特定时间段内竞技能力与身体机能的变化情况。在通常情况下，终末监控的时间间隔较长，有的是一周，有的是一个月，有的则是一个训练周期。

过程监控是对整个训练过程的监控，是在一定的时间序列上，对运动员每次运动训练所采用的方法、手段，所训练的内容对运动员身体机能和运动竞技水平与竞技能力产生的影响的监控。此外，运动员每天的饮食、伤病情况也属于过程监控的范围。

假如说终末监控反映的是一段时间运动员的训练情况和训练效果的话，过程监控则展现的是这一效果产生的原因。因此，也有将即时监控和日常监控归入终末监控的范围，而将阶段监控归入过程监控的范围的。当然，这都是相对的，对于由四个月组成的准备期来讲，每一个月的监控相对于每次训练课来说是终末监控，而相对于四个月来说又是过程监控。

第二节 运动训练过程监控的组织实施

一、运动员选材

（一）运动员选材的概念和意义

1. 运动训练选材的概念

运动员选材就是依据科学的原理与方法，挑选优秀运动员苗子的过程。科学选材就是要在充分研究和认识少年儿童生长发育规律及遗传学特征的基础上，根据不同运动项目的特点和要求，综合运用有关学科的知识，采用调查、测试、评价和预测等科学的方法，把具有发展前途的少年儿童选拔出来，进行科学训练，以取得高水平的运动成绩。

2. 运动训练选材的意义

学校是培养体育人才最重要的地方，加强对运动训练人才的培养，能够使竞技运动水平得到更好、更快的提高。

科学的训练选材是当代竞技体育运动发展的需要，科学的训练选材能够将具有运动天赋的苗子挖掘出来，从根本上保证体育运动水平的发展和提高。运动员的先天条件是科学训练的基础。当今世界上体育发达的国家在训练理论、训练方法和手段、物质条件保证等方面的差距日益缩小，因此要培养和造就优秀的运动员，出色的先天性条件是必不可少的。先天性条件优越的运动员，更容易取得成功。因此，这就要求要高度重视科学的训练选材，并且将其作为重要的工作内容。

在选材实践中，选材的方法有多种，这就要求选材要与实际情况和需要有机结合起来，选择出具有较高运动天赋的人才，从而对竞技体育运动水平的发展和提高起到积极的促进作用。

（二）运动训练选材的方法

1. 年龄选材法

年龄选材法是通过对人体生长发育的年龄特征、发育程度的鉴别以及各运动项群的适宜选材年龄的确定进行运动选材的方法。了解人体生长发育和运动素质发展的年龄特征以及对少年儿童发育程度的鉴别方法是该方法应用的关键。对人体发育程度进行鉴别，常用的判断依据是日历年龄与生物年龄的关系以及青春发育高峰期起始时间和持续时间的长短。通常来说，对发育程度进行鉴别的方法有很多种，其中，骨龄法、齿龄法以及睾丸和"第二性征"法等是较为常见的几种方法。

2. 遗传选材法

遗传选材法的具体方法有很多，比如家族选材法、皮纹选材法、遗传力选材法、环境选材法、染色体选材法、性别选择法、相关选材法、经络选材法等。每一种方法所适用的范围以及侧重点都会有一定的差别，因此，这就要求根据实际情况和需要来进行选择和运用。下面就对运动训练中较为常用的家族选材法、皮纹选材法和遗传力选材法这三种方法进行简要的分析和介绍。

(1) 家族选材法

通过对备选者家族情况的调查，对影响运动员运动能力的某个或某些因素（性状）的遗传规律、遗传方式和遗传情况进行了解，从而对运动员的现状和未来发展趋势进行测评，决定取舍的方法，就是所谓的家族选材法。该方法是对某个选材对象的某个指标（性状）进行调查时，首先要对这个人家庭中若干代直系和旁系与这个指标的关系和表现进行调查，然后对调查结果进行分析研究。

(2) 皮纹选材法

通过对备选者皮肤纹式的研究，探讨其与组成竞技能力各性状之间的关系，并运用这些特征和规律对备选对象的状况进行辅助测评，从而准确地选拔优秀运动员的方法，就是皮纹选材法。

(3) 遗传力选材法

通过对组成运动能力的性状的遗传力的研究，结合对备选对象直系或旁系亲属有关性状的了解，评定运动员在某方面运动能力的方法，就是所谓的遗传力选材法。最佳选材指标的优选是遗传力选材方法的主要适用方向。

3. 形态选材法

形态选材法是指根据运动员的体型或未来体型的发展趋势，对其进行测量、评定的选材方法。比较常见的形态选材法主要有以下几种。

(1) 体型测量法

体型测量法测量的内容主要包括长度、宽度、围度以及充实度等几个方面，具体如下。

①长度测量。常用直尺或卡尺来测量，主要是身高、臂长、下肢长、坐高、手长、足长、跟腱长等。

②宽度测量。常用测径尺来测量，主要是肩宽、手宽、足宽等。

③围度测量。常用皮尺进行测量，主要是胸围、臂围、腿围、臀围等。

④充实度测量。即通过对肌纤维类型的测试，对肌肉中红白肌的比例进行判断。

（2）体型预测法

体型预测法主要是指对身高和体宽的预测。

①身高预测。该方法包括：用父母身高预测子女未来成人身高法；用少年儿童身高预测未来成人身高法；用少年儿童肢体发育长度预测未来成人身高法；在判断发育程度的基础上预测未来身高法。

②体宽预测。该方法主要通过对不同年龄段少年儿童的体宽指标占成人体宽的百分比来计算。

（3）体型评价法

体型评价法主要用于对身体的胖瘦、高低及身体各部分的比例等进行评价。常采用体型的外在特征和体型指数来评价。

4. 机能选材法

通过对运动员生理机能的测评选拔优秀运动员苗子的方法称为机能选材法。在机能选材法中，生理机能测评的方法有很多，常用的测评方法有呼吸系统机能测评法和心血管系统机能测评法两种，具体如下。

（1）呼吸系统机能测评法

呼吸系统机能测评法主要包括肺活量测定法、最大摄氧量测定法等几个方面。

（2）心血管系统机能测评法

心血管系统机能测评法主要包括30秒三次蹲起机能试验法、60米跑心功能指数法、哈佛台阶试验法、联合机能试验法等几个方面。

5. 技能选材法

技能选材法指通过运用科学诊断和经验判断，对备选运动员的技术和战术能力进行分析和评价，从而选拔优秀运动员苗子的方法。运动技能选材法通常在中级选材过程中运用。

6. 身体素质选材法

身体素质选材法指通过对运动员身体素质的测评，决定运动员取舍的选材方法。身体素质的测评指标应根据不同专项而有所不同。

常用的指标包括：握力、背肌力、腿力、引体向上、俯卧撑、仰卧起坐、屈臂悬垂、纵跳、跳远、不同距离跑、体后屈等。

7. 心理选材法

运用现代心理学的理论，从心理素质方面选拔优秀运动员后备人才的方法，就是所谓的心理选材法。

一般来说，心理选材法的测评内容主要有以下两个方面。

（1）个性心理特征测评

运动员的个性心理特征主要包括：性格、气质、神经类型、兴趣、能力、意志品质等方面。其特征常用个性测试量表及运动员专项个性测试量表来测评。如神经类型测定方法有感觉测定法、视听觉测定法、问答题测定法、数字划消法、声响记录法等。

（2）心理能力测评

运动员的心理能力主要包括：注意力的集中和持久性、运动记忆的准确与牢固性、运动知觉的广度与深度、运动反应的速度与稳定性、运动表象的完整与清晰性、运动感觉的敏锐与稳定性、运动思维的迅速与实效性等。

另外，又可以将运动员的心理能力分为一般心理能力和专项心理能力。其中，专项心理能力的具体测评指标有视觉反应时、起跑反应，动作反应的迅速性与准确性测试，臂腿动觉方位辨别测定，动作频率及频率感测定，肌肉用力感测定，速度感测定，动觉时间估计，注意力测定，平衡力测定，计数耐力测定，空间定向能力测定，动作稳定性测定，九洞仪测定，抗干扰听力测定，记忆测定，时间知觉测定，视觉深度知觉测定，动觉时间估计准确性测定，时间节奏感测定等。

8. 测试竞赛法

被选者通过考试或者竞赛的方法进行比较，优胜劣汰选出人才的方法就是测试竞赛法。这种选材方法有着较为显著的特点，主要表现为公平公正、直观简单、利于使用，因此，其对于大规模的初级人才的选拔是较为适用的，但同时不可忽视的是，这种方法也存在着一定的缺点，主要表现为选材比较片面。

测试竞赛法又可以分为多种具体方法，其中，目测法、考试问卷法、公平竞赛法等是比较常见的几种，下面就对这几种具体方法进行介绍。

（1）目测法

考官根据已有的经验，通过肉眼测量进行选材的方法称为目测法。目测法主要用于运动人才的初期选材，因为通过目测，可以对具有一定体育基础的学生的外形特征和一般体育能力进行了解，对其建立起初步认识。

（2）考试问卷法

考试问卷法指通过答卷、问答以及难题求解等方法选拔人才。通过考试（包括文化课考试和专业理论、专业技术考试），智力水平高、运动技术好、基础知识雄厚、具有较强的分析和解决问题能力的学生能够被选拔出来。在经过专业的学习和训练后，他们可以成为可用的优秀人才。考试问卷法是一种较为公平而准确的运动员选材的方法，因为该方法的考试和录取制度都非常严格，且选拔条件人人平等。

（3）公平竞赛法

在竞技运动的后备人才选拔中，遵照一定的规章制度，在同等条件下，通过公平竞争，裁判出优胜者并加以录用的方法是公平竞赛法。它通过各种规模、各种形式和各种级别的竞赛，选拔出那些成绩优异且具有发展潜力的学员，并对其进行重点培养。

公平竞赛法通常以成绩论高低，优胜劣汰，同时对学员的未来发展的潜力的考查也非常注重，通过对影响学员成才的各种积极和消极因素的了解，在全面分析学员的各种利弊条件后，再进行取舍，因此具有比较准确的选拔结果。在选拔运动人才时，这是一种最常见也最有效的方法。

9. 综合考查法

综合考查法是指通过对被选拔者的摸底预测、综合信息的分析等方法选出后备人才的方法。该方法选拔客观，可全方位地考查被选拔者的整体情况，但操作复杂，费时费力，一般只适用于少量中高级人才的选拔。

在通常情况下，较为常用的综合考查法包含的方法主要有摸底预测法、训练观察法、信息跟踪法等几种，具体如下。

（1）摸底预测法

摸底预测法是根据竞技人才应有的素质要求，较大面积地对备选人员的有关指标进行测定，预测出未来的发展潜力的一种方法。运用摸底预测法选材难度较大，需要有科学的理论指导，有专门的仪器进行测检，还要有相关专家的配合，但它的科学性较强，选出的运动员成才率较高。

（2）训练观察法

这是通过运动训练对学员运动能力进行考查的方法。学员是否适合从事运动训练，能否成才，只有通过训练观察其表现来做判断，如对运动素质、心理素质、思想品质、作风，对运动的感受和接受能力等综合素质进行观察。

（3）信息跟踪法

人才不是一个孤立的、封闭的系统，它总是不断地向外界输出有关信息。从信息论的角度看，发现竞技后备人才的过程就是对人才输出的信息（对发现者来说就是信息输入）进行收集、整理、分析和判断的过程。

从上述内容的分析中可以看出，运动训练选材的方法有很多，在实际操作中为了提高选材的正确性，也为了能够更好地提高运动员的成才率，一般在选拔人才时，往往把两种或者两种以上的选材方法综合起来加以运用。

二、运动竞赛的组织

（一）运动竞赛的意义

运动竞赛是体育活动的常见形式之一，是以一定的规则为依据，以争取优胜为目的的比赛活动。运动竞赛的组织可以吸引和鼓舞人们参加体育锻炼，推动群众性运动项目的普及和发展，推动体育运动水平的提高，同时，运动竞赛的组织也能让观众感受到高尚体育道德作风的熏陶和激励，丰富人们的业余文化生活。此外，运动竞赛还能使不同国家、民族、地区的体育爱好者和运动员聚集在一起，加强国内外各民族之间的联系，促进世界各国人民之间的相互了解和友谊。

现代运动竞赛具有更加广泛的国际性和紧张激烈的竞争性。以国际体育运动竞赛中规模最大的奥林匹克运动会为例，它一般采用统一的规则和标准，并且包括多种竞赛项目，如田径、游泳、足球、篮球、排球等。此外，这些赛事的影响力也很大，全世界有很多人在关注这些赛事。

（二）组织运动竞赛活动的工作程序

运动竞赛活动的组织管理是一项非常复杂且十分具体的工作，特别是一些规模较大的运动竞赛，它们涉及诸多部门和人员，组织工作也是纷繁复杂，若组织不当，很可能出现混乱的局面。因此，一般规模较大的运动竞赛都会成立大会组织委员会（或筹备委员会）及相关下属部门来系统组织开展竞赛的相关工作。组织委员会是在主办单位的领导下，由各方有关代表人员组成的，负责组织和领导竞赛的全部工作。组织委员会下设若干工作机构，负责各项工作组织、竞赛过程的工作程序。

（三）运动竞赛的组织机构设置及各部门的职能

1. 运动竞赛组织机构的设置

组织机构的建立是体育运动竞赛组织管理工作的关键环节。机构设置必须合理，各机构的工作任务要明确，只有这样才能保证竞赛活动顺利进行。一般竞赛的组织机构采用委员会制。竞赛组织委员会的建立，要与竞赛规模相适应。规模小的单项体育运动竞赛，应以完成各项任务为准，尽量简化组织机构。

规模较大的综合性运动会，可根据需要增设接待部、财务部、大型活动部、对外联络部和学术活动部等职能部门。此外，每一个单项比赛，必须设立单项竞赛委员会，直属大会组委会领导。有的竞赛活动为提高规格、扩大影响，还可成立大会主席团，邀请层次较高的党政领导干部担任大会名誉职务。

2. 各部门的职能

（1）组织委员会

组织委员会又称组委会，是整个竞赛组织工作的最高领导机构。组织委员会的主要职能包括以下几个方面。

①审议通过组织委员会人员名单。

②审议批准各组织机构的设置和主要负责人名单。

③审议批准竞赛活动的各项实施方案。

④审议批准大会经费使用的原则、范围及预算、决算方案。裁决竞赛活动过程中

出现的重大问题。

（2）组委会办公室

组委会办公室又称秘书处，是组委会的综合职能部门。其主要任务是拟定文件、组织会议、文档管理、督促调控和上传下达。一般综合性运动会办公室由主任、联络员、综合管理、文秘等人员组成，也可根据运动会的规模灵活设定人员。

（3）竞赛部门

竞赛部门的主要任务是负责运动竞赛方案的制订与实施，是竞赛组织管理过程中处于核心地位的办事机构。在赛前准备阶段，竞赛部门的职责包括：选择各项目比赛的场馆，落实承办单位，报组委会审批通过，并按规格要求布置、检查和验收场地与器材的准备情况；确定各单项竞赛的仲裁委员会（或技术代表）成员和副裁判长人选；按照竞赛规程的有关规定，做好竞赛报名、注册与统计工作；编排大会竞赛总秩序册，制定活动总日程表；编印大会（运动会）秩序册等。在竞赛实施阶段，竞赛部门需要检查各项准备工作，引导协助各赛区单项竞赛委员会做好报道、接待工作。在比赛正式开始后，提前做好公布记录和成绩统计的各项准备工作等。在赛后总结阶段，竞赛部门要将部门的书面工作报告及其他文件、资料整理好，在组委会办公室规定的时间内交给组委会办公室归档。

（4）宣传部门

宣传部门是组委会统一领导下的职能部门，它的主要任务是做好新闻赛事的宣传。

（5）后勤部门

后勤部门的主要任务是加强财物管理，做好生活接待，在交通、食宿、医疗、卫生、通信等方面提供良好的服务。

（6）保卫部门

保卫部门的主要任务是负责组织并实施竞赛活动的各项安全保卫工作。它是举办运动会不可缺少的机构之一。通常保卫部门是由主办或承办单位内部的保卫组织、公安机关和有关部门共同组成的。

第三节 现代运动训练管理理论与具体实施

一、运动训练管理的基本内涵

（一）运动训练管理的概念

运动训练是竞技体育的重要组成部分，它是一个涉及多种因素、涵盖多种内容的有序系统。运动训练这一系统要求运动训练管理的组织活动必须依据运动训练过程的有效控制，达到不断提高效率、使运动员创造专项优异成绩的目标。因此，运动训练是对运动员的一种改造活动，运动训练管理也是对这种改造活动的管理。

（二）运动训练管理的特点

1. 全面性

随着现代竞技体育运动的不断发展，运动员的竞技能力的构成因素越来越复杂，运动员竞技能力的高低已不再仅由单一的或几个因素的优劣来决定，而是众多因素相互影响、相互作用的结果。因此，为了能更好地提高运动员的竞技能力，就必须拓宽运动训练的范围，加强运动训练系统的管理，将运动训练管理的所有因素都考虑在内，兼顾局部利益和整体利益，避免因小失大，促进运动训练管理系统的全面发展。

2. 系统性

运动训练管理是一个包含诸多要素的完整的系统，因此具有重要的系统性特征。在现代竞技体育领域，现代运动训练的显著特点是推行全年程序化的系统训练，这是一种对运动员从开始接受基础训练，直至达到个人运动竞技水平的高峰，再到停止参加竞技训练活动的完整训练过程。

要保证运动员具有较高的竞技水平，就必须保证训练的系统性，无论是宏观的训练过程还是微观的训练过程，都应体现出系统性。

3. 动态调整性

运动训练目标的实现主要受内部因素和外部因素两方面的影响。外部因素主要包括竞争对手的情况，竞赛规则的变化，竞赛场地、器材的特点，竞赛分组情况等；而内部因素主要包括运动员自身的年龄、性别、身体机能、运动水平、心理素质等方面。运动训练系统内外部因素的变化，都会对运动训练目标产生影响。

因此，在运动训练管理的过程中，管理者应及时、准确地把握内外部相关因素的变化，并根据内外部环境的变化对整个运动训练系统的计划组织进行动态调整，以保证运动员运动训练的科学、有序进行以及运动训练目标的实现。

二、运动训练管理系统

运动训练管理系统主要是由管理者和被管理者两个部分组成的，是以教练员和运动员的训练关系为核心的系统。在该系统中，管理者、管理对象和信息是三个基本要素。

（一）运动训练的管理者

运动训练的管理者主要包括各级行政管理干部以及教练员，运动员有时也会成为自身的管理者。

1. 教练员对运动队的管理

在整个运动训练系统中，教练员担负着培养运动人才的主要任务。建设一支高水平的教练员队伍对于整个运动队的长远发展来说具有非常重要的意义。

2. 运动员的自我管理

运动员对自身的管理是现代运动训练中的关键因素，有助于现代运动训练的管理队伍的形成。

3. 其他管理人员

现代运动训练逐渐向科学化发展加深、加强，对运动员的文化教育、科学指导、医务监督以及物质技术保障的要求逐渐提高，这就从客观上要求运动训练的内容扩展其深度和广度，要求必须依靠有关科研人员、领队、文化教员、医师及其他人员的密切配合。

综上所述，不论是居于何种层级的运动训练管理系统中的管理者（尤其是一个系统中最高职位的管理者），就其本质而言，他们都是运动训练管理系统中的主观能力的体现者和代表者，是运动训练管理系统整体行为的指挥者、主导者。由此不难看出，管理者的核心职能是决策。因为一般所说的管理者的具体职能活动，不论计划、组织、监督、控制等都必须通过决策来实现。所以，作为一名管理者，其必须具备很强的决策能力。有人认为运动训练管理者的专业只是运动训练，这种认识失之偏颇。实质上，只要是管理者，其专业都应该是管理。当然不能否认运动训练管理者必须了解和掌握有关运动训练的规律。

（二）运动训练的管理对象

一般而言，运动训练的管理对象主要包括运动训练管理系统中所包含的人员、经费、场地、设施、仪器器材以及训练体制、机制等，决策对运动项目的管理也是一个不可忽视的重要内容。

从运动训练管理最直接、最基本的作用目标来看，运动训练管理系统是由运动员（队）或由教练员与运动员组成的运动训练系统，运动训练及其管理的一切效果最终要通过运动员（队）或通过教练员与运动员反映出来，因此，运动员（队）或由教练员与运动员组成的运动训练系统是运动训练管理最主要的管理对象。

在运动训练管理系统中，对人的管理是运动训练管理的重点。运动训练过程本质上也是一个直接对人的身心实施深刻改造的过程，因此，运动训练管理更应当重视对人的研究，必须做到如实地把运动员当作人去研究。人是其意识和肉体构成的矛盾对立统一体，人的本质是其本人的意识、思想或智慧，人的一切社会实践行为都是在其意识支配下产生的。

因此，运动训练管理中必须高度重视对运动员、教练员等人的思想（行为的内因）

的管理，这是开发人力资源的关键。从这个意义上讲，运动训练管理的核心本质是研究运动员的思想与环境（内因与外因）相互作用的规律，进而实现对作为管理对象的运动员的行为的有效管理。

随着运动训练管理系统层次的逐级上升，低层次的运动训练管理系统的管理者就成为高层次运动训练管理系统的管理对象。可以说，所有居于最高管理层次以下的子系统都是其上一层次系统的管理对象。虽然不同层次的管理者可以有不同的管理对象，但必须对管理的基本对象有深刻的认识。

（三）信息

事物（系统）间的一切联系或相互作用都可概括为信息。因此在运动训练管理系统内外的各种相互作用或联系，都统称为信息。信息有内信息和外信息之分。

1. 内信息

管理者教练员与管理对象运动员之间的相互作用和联系是运动训练管理系统的内信息，它是该系统存在与运动变化的内因和根据，又可分为作用信息和反馈信息。

（1）作用信息

作用信息是运动训练管理者根据运动训练管理目标对运动训练管理对象施加的各种物质性和精神性作用，引起管理对象的运动，进而使运动训练管理系统从初始状态向目标状态转移。

（2）反馈信息

反馈信息是运动训练管理对象对作用信息的反馈，是对运动训练管理效果的反映。运动训练管理者通过获得这种反馈信息，发现运动训练管理系统的实际状态与计划目的偏差，通过分析偏差的原因，寻求消除偏差的方法、手段，并对管理对象进行新的训练调控，以达到消除偏差、实现目标的目的。这种作用信息与反馈信息的相互作用和往复循环构成了运动训练管理系统的管理实践活动。

2. 外信息

运动训练管理系统与环境的相互作用和联系就是运动训练管理系统的外信息。在运动训练管理中，外信息可以分为对系统的输入与输出两种信息。

（1）输入信息

输入信息主要是指环境对运动训练管理系统的作用。运动训练管理系统的输入信息对整个管理活动有着重要的前提意义，尤其是上级卜达的运动训练管理目标，它是运动训练管理者行使管理职能（如制订运动训练管理计划）的依据，因此它就成为衡量全部管理质量与效果的标准。输入信息十分复杂，还包括社会生活各个方面对管理系统的作用，其中包括大量扰动信息及不利因素的作用。

（2）输出信息

输出信息是指运动训练管理系统对环境的作用。它在一定程度上反映了整个运动训练管理的实际状况。如完成管理目标或计划目标的情况，取得的社会效益、经济效益和存在的问题等。总之，输出信息体现了整个系统的价值及其在社会生活中的实际功用，同时又是对上级指令的反馈，因此也是高层次运动训练管理系统中的内信息，是上级对运动训练管理系统进行有效管理的重要参考数据之一。

三、运动训练管理的基本原理

运动训练管理的基本原理主要有系统原理、人本原理、效益原理、责任原理、竞争原理、动态原理等。下面重点阐述一下人本原理、责任原理和效益原理的内容。

（一）人本原理

1. 人本原理的概念

人本原理是指在管理过程中要以人为根本，就是对一切管理活动均应以调动人的积极性、做好人的工作为根本规律的概括。

在整个管理系统中，管理的最终目的是满足人们的物质需要和精神需要，实现人的全面发展。人不仅是管理的主体，同时也是管理客体中最主要的因素，各项管理措施和管理手段的运用，首先是作用于人，然后才通过人来发挥其能动作用，最终协调与其他管理要素的关系。

2. 人本原理在运动训练管理中的应用

在人本原理实践中如何体现以人为本的思想，使人性得到最完善的发展，是人本原理所要研究和解决的问题，人本原理的应用体现在由其引申出来的主要管理原则的运用上。具体来说，在运动训练中应用人本原理主要应遵循以下几个基本原则。

（1）能级对应原则

在现代管理中，机构、法和人都存在着一定的能量问题，能量大小就可以分级，高能级办高能级的事，低能级办低能级的事，做到能级对应，这就是能级对应原则。贯彻能级对应原则，尤其要注意人的能级对应。人的能力有大小，要根据人的能力水平安排相应的能级（职位等）工作，才能适得其所、各尽其能。

（2）行为原则

行为是人们思想、感情、动机、思维能力等因素的综合反映，人的行为主要包括两个部分，即内在行为和外在行为。其中意识是人们的内在行为，动作是人们的外在行为。人的动机支配着人的行为，而人的需要决定着人的动机。行为原则，就是了解人的需要与动机，根据人的行为规律来进行管理的原则。贯彻行为原则，必须对人的心理反应有所了解，使人的动机得到激发、心理适应性得到提高，进而扩大人的心理容量。

（3）动力原则

运动训练管理活动必须有动力，这样才能更好地推动管理活动的进行，这就是管理的动力原则。在运动训练管理活动中，管理者要善于综合运用各种动力，使管理活动持续而有效地进行。动力是决定管理效能具有决定性的因素，它不仅是管理的能源，也是一种制约的因素，如果没有强有力的动力，其他原理原则的效能就会受到制约，人的积极性也就会受到制约，难以发挥出来。因此，在管理过程中必须建立有效的激励机制，遵循动力原则，以调动人的积极性、主动性和创造性。这样才能保证训练管理活动的顺利进行。

①动力的种类

A.物质动力。物质动力是指以适量的物质刺激来调动人的积极性。物质动力主要包括工资、奖金、福利等。物质动力是最基本的动力，把工作成果与物质利益有机结合起来，按劳分配，是有效地发挥物质动力作用的正确途径。但应注意的是，物质动力不是万能的，使用不当也会产生副作用，因此，物质动力应与其他动力结合使用。

B.精神动力。精神动力是指用精神的力量来激发人的积极性。人具有一定的精神支柱，总是受一定思想、信仰的影响。因此，一个人的精神状况如何，对其行为影响很大。精神动力在一定程度上可以弥补物质动力的不足。精神动力包括爱国主义、远大的理想、受到尊重、组织关心等。在残疾运动员的运动训练管理中尤其应注意发挥精神动力的作用。

C.信息动力。信息动力是指通过信息的交流而产生的动力。一般来说，信息动力主要包括知识性动力、激发性动力和反馈性动力三种。其中，知识性动力是最基本的动力，管理者掌握的知识越多，越有利于管理工作的进行。激发性动力是最重要的动力，如通过体育比赛来了解运动项目的发展动向、比赛对手的训练和技战术水平，以此来调整自己的训练和比赛方案。运动训练管理过程中需要多渠道、多途径地收集体育信息，进行长期的体育信息交流，不断激发管理者工作的积极性。反馈性动力能使管理者随时了解训练效果与管理目标的差距，不断加强对运动训练过程的控制，以促进运动训练管理目标的实现。

②动力的综合运用

在运动训练管理中，不同的动力都有自己的优点和不足，管理者应结合运动训练的实际情况，充分发挥各种动力的长处，为了保证运用的效果，还要重视不同动力的综合运用。要正确认识和处理好个体动力与集体动力之间的关系。在一定程度上，个体动力与集体动力是对立的，个体动力得到最大发展，往往就会损害集体动力；集体动力得到最大发展，就会抑制个体动力。让个体动力与集体动力在方向基本一致的前提下得到充分发展，以求获得较大的集体动力是较为理想的效果，要达到上述效果，运动训练管理者应做到以下两点。

A.要掌握好适宜的动力刺激量。刺激量的制定应以调动人们的积极性为标准，必须掌握好度的问题。刺激量过大,不利于以后开展管理工作;刺激量过小,又达不到目的。另外,在施加刺激时要根据管理环境、对象等实际情况,做到针对性较强、循序渐进、逐步提高,并且要公开,激发集体的积极性和创造性。

B.要综合、协调运用物质动力、精神动力和信息动力。对任何管理系统来说,三种动力都应同时存在,但其比重有所差异。在具体运用过程中,可根据实际情况,有所侧重,即以某种动力为主,结合运用其他动力,优势互补、扬长避短。

(二) 责任原理

1. 责任原理的概念

责任原理是指为了实现组织目标、挖掘人的潜能,应在合理分工的基础上明确规定各个部门及个人必须完成的工作任务和必须承担的与此相适应的责任。

在系统管理中,要想充分挖掘人的潜能,不断提高管理功效,就必须在合理分工的基础上明确部门、个人必须完成的工作任务和相应的工作责任。责任原理是组织的各单位或个人所应完成的工作任务及应承担的相应责任,也是组织对社会应尽的责任。目前,责任制在运动训练管理中的应用非常广泛,取得了良好的管理效果。

2. 责任原理的理论依据

在合理分工的基础上确定每个人的职位,明确规定各职位担负的任务,这就是职责。职责是职位和责任的统一,是维护管理正常秩序的一种约束力,也是个体的任务。管理不仅是一门科学,同时也是一种艺术,创造性地运用系统化的科学知识是管理者能力的具体体现。能力是承担一定职责的关键因素,不同的管理工作对应不同的能力。

从某种意义上来讲,管理是对人、财、物、信息的支配与使用,如果没有一定的人事权、物权,就没有人能对工作进行管理。执行与职责相对应的权力,就意味着责任者要承担一定的责任风险。根据一定的职责,执行相应的权力,才是真正意义上的管理,才能够使体育管理者认真履行职务责任,才能提高管理组织内部人员的积极性,充分挖掘每个人的潜能,引导组织中的每个人的行为向符合管理需要的方向变化,提高体育管理的效率和效益。

3. 责任原理在运动训练管理中的应用

在运动训练管理实践中,应用责任原理应注意以下几个方面。

(1) 建立完善的责任制进行规范管理

建立完善的责任制度,对系统进行规范有效的管理是保证责任原理能够有效应用的重要前提和必要条件。具体来说,应建立相应的岗位责任制、考绩制、奖惩制,组成一个环环相扣、相互配合的管理制度体系,以保证责任原理能够有效应用。

(2) 明确各部门和每个人的具体职责

分工是确定职责的重要基础,只有分工明确了,职责划分才能明确。运动训练管理是一项系统工程，任务重、工作杂，必须有一个明确分工，管理工作才能顺利开展；分工不明，工作必然混乱。但需要注意的是，分工不等于职责。分工只是对工作范围做了形式上的划分，分工对于工作的数量、质量，完成的时间、效益等要求，还不能完全地体现出来。职责是在分工的基础上，在数量、质量、时间、效益等方面的严格的行为规范。

（3）合理进行职位设计和权限委授

管理的基本原则是一定的人对所管理的一定的工作完全负责，完全负责是由权限、利益、能力等因素决定的。明确了职责，就要授予相应的权力，即一定的人事权、物权、财权，否则已承担的职责便难以完成。对工作完全负责，仅合理委授权限是不够的，还要让其必须承担风险。同时，在职位设计和权限委授的过程中，还要注意每个人承担的职责要与其能力相对应。只有这样，才能真正做到人尽其责、物尽其用。

（4）奖罚要分明、公正、及时

在运动训练管理中，要引导每个人的行为朝积极的方向发展，这时就要引入一定的奖惩机制，即要奖优惩劣，做到奖惩的公开、公正、及时，否则奖惩就失去了其本身的作用和意义。

（三）效益原理

1. 效益原理的概念

效益原理是指管理的各个环节、各项工作，都要紧紧围绕提高社会经济效益这个中心，科学地、节省地、有效地使用有限的人力、财力、物力、智力和时间信息等资源，以创造最大的社会经济效益。

在现代管理中，任何管理都要以取得经济效益为根本目标。因此，为创造最大的社会经济效益，就必须遵循效益原理，将效益原理贯穿于管理的全过程，比如，运动训练管理的目的是提高优秀运动员的利用率和训练成功率，以期用尽可能少的经费投入和物质消耗培养出更多的优秀运动员。

2. 效益原理的理论依据

价值工程是效益原理的重要理论依据之一，价值工程既研究技术，又研究经济，是使两者的综合效益处于最佳状态的一门科学理论。

价值工程理论要求进行一项管理活动时，既要考虑怎样去做，又要考虑需要多少费用。而怎样做是一个技术问题，多少费用则是一个经济问题。对于管理者和经营者来说，要想收获最大价值，就必须提高产品、工作成果的功能，满足社会要求；同时，要有效地利用资源，减少各种浪费，降低成本，这是提高效益的关键所在。

3. 效益原理在运动训练管理中的应用

在运动训练管理中，运用效益原理必须重视以下两个方面的工作。

（1）追求效益

管理过程就是对效益不断追求的过程，从某种意义上讲，效益是管理的根本目的。在运动训练管理实践中，追求效益是有规律可循的，需要做到以下几个方面的要求。

①确定管理活动的效益观，即要以提高效益为核心。

②管理效益的直接表现形态是经济效益，因此应为实现经济效益努力创造条件。

③影响管理效益的因素有很多，其中主题管理思想正确与否，具有相当重要的作用。

④追求局部效益必须与追求全局效益协调一致。

⑤管理应追求长期稳定的高效益。

（2）评价效益

评价效益可以由不同的主体、从不同的角度去进行。在运动训练管理中，有效地管理首先要求对效益的评价尽可能公正和客观，因为评价的结果直接影响组织对效益的追求。一般来说，首长有评价有一定的权威性，全局性掌握得较好，其结果对组织的影响也较大，但可能不够细致和具体；群众评价一般比较公正，但可能要花费较多的时间和费用，才能获得结果；专家评价一般比较细致，技术性较强，但可能只注重直接效益而忽视间接效益。显然，不同的评价都有它自身的长处和不足，应综合运用，以求获得客观公正的评价结果。

评价运动训练管理的经济效益可以从以下三个方面入手。

①评价人力资源使用效率。提高人力资源的使用效率，是一切管理工作的基本要求。运动训练管理也不例外。运动训练管理中的人力资源使用率，主要通过人员的绩效评估（对人员在工作岗位上的行为表现进行测量、分析和评价，包括德、才、绩、勤四个方面）来反映。绩效好，使用效率就高；反之则低。

②评价物力资源使用效率。运动训练管理中的物力资源主要表现为管理过程中物化劳动的占有和消耗两个方面。具体来说，包括各种设施、设备、材料等。管理过程中物力资源使用效率的综合衡量指标主要有两个：每个人占有固定资产利用率、每一年固定资产消耗额。管理过程中物力资源使用效率的综合衡量指标的分项指标主要有三个：固定资产利用率、全年易耗品及材料利用率、一般设备利用率。

③评价财力资源使用效率。运动训练管理的财务活动是随着管理过程中各项活动同时运转的，有其自身的分配和使用规律。每种资金的运转使用都包含收入与支出、分配、使用、结算四个环节。每个环节都有静态和动态表现，都存在一个如何发挥最大效率的问题，不同种类的资金应根据具体情况分析使用。

四、运动训练管理的具体实施

运动训练管理大致可分为对教练员、运动员的人力资源管理、对运动训练经费的财力资源管理、对体育场馆等体育日常设施的物力资源管理。

（一）运动训练人力资源的科学管理

人力资源是运动训练管理中重要的组成部分，在运动训练管理中，人力资源管理主要包括教练员管理和运动员管理两个部分。

1. 教练员管理

（1）教练员分类

随着现代运动训练水平的不断提高，教练的功能也开始变得更加丰富，从单一的教练负责制发展到现在的总教练、主教练、教练和助理教练以及科研教练等多种类教练共存的局面。教练员的角色不同，所承担的职责也不同。

在运动训练系统中，总教练肩负着训练的全责，在工作中需要广泛听取单项教练的意见，集中全队智慧甚至是全体教练员的经验教训来完成自己的工作规划，特别是制订出各个项目长期发展计划，如整个运动队在十年之内的长期发展计划以及学年训练计划、学期训练计划和单元训练计划框架，确定运动队要参加的主要比赛等。

主教练和教练则主要是负责一个单一运动项目的队伍或若干运动员的训练。其任务是落实总教练制订的计划的内容，并对运动员进行具体的管理，指导运动员参加比赛，争创佳绩。

教练员和助理教练的主要职责是协助主教练落实训练计划，指挥比赛和对运动员的生活、心理和思想等多个方面进行深入细致的工作，使经济效益得到细化和优化。

科研教练协助专项教练推进训练工作的科学化水平，是提高专项训练过程科技含量的主要成员。科研教练能为整个运动队的科学训练提供必要的有益建议。

（2）教练员在运动训练管理中的角色定位

首先，总教练是训练管理工作的决策者和引导者。运动训练工作的主要任务和核心工作就是全面提高运动员的训练水平，而总教练则是训练过程的主要设计者，也是训练活动的引导者，具有龙头地位作用，总教练水平的高低对本项目运动水平的高低有着至关重要的影响。

其次，教练员是运动队管理链中的信息沟通者。教练员在运动队中对训练工作最有发言权，因此，他应该时刻掌握本项目运动训练发展的最新动态和与本运动队有关的其他运动队的信息，并及时向领队和其他管理人员通报信息。教练员平时与运动员接触时间最长，最了解运动员的身体、生活和思想情况，因此，教练员应及时、全面地向领队等管理人员提供运动员的情况，有助于他们更好地组织全队的管理工作。

最后，教练员是运动队人际关系的协调者。从管理角度讲，运动队要完成训练工作任务，取得优异的成绩，关键在于调动运动员的积极性。由于各种原因，运动员之间会产生许多矛盾。在执行为运动队制定的许多规章制度时，队内的各种成员之间也可能产生各种矛盾和摩擦。教练员应该从维护正常训练工作秩序出发，协助领队做好其他工作，特别是运动员的工作，化解矛盾、协调关系。

（3）教练员管理的内容与举措

①教练员的智力管理

A.热爱所从事的专业，有事业心和责任感。要想取得成功，首先就要有事业心和责任心，以及事业心和责任心下的钻研精神，所谓天才人，指的就是具有毅力的人、勤奋的人和忘我的人。钻研，能使人的思维高度专注，能启迪人的智慧，发掘出人的天赋。

B.专业知识结构。专业知识结构是指精通本专业的知识技术，有较高的专业训练水平和组织专项教学训练的实践能力，以及结合训练工作从事科学研究的能力。

运动训练是一个动态的过程。运动训练中的运动员、教练员都具有独立的思想、意志，这些因素始终处于动态之中，不断地发生变化。因此，教练员的知识结构是以运动训练的基本理论为核心和主体，以哲学和社会科学知识为基础的，他们掌握多门学科知识，如哲学、教育学、心理学、生理学、解剖学、运动生物力学、运动医学、运动训练学、体育理论、统计学等。这些学科的知识掌握得越广泛、越深刻、越熟练，越有助于训练的科学性和训练质量的提高。

②教练员的能力结构方面

A.学习和创新能力。运动训练是一门不断发展创新的学科，经常会有新的训练理念、新的训练方法和手段的出现。作为一个称职的教练员，就要有终身学习的能力。这个能力，包括敏锐的捕捉信息、选择信息、始终了解本专业前沿动态的能力，包括学习新的运动技术动作、新的运动训练方法和手段，取长补短。除了学习能力，教练员还应具备创新能力。创新能力是一个高级人才不可或缺的素养，创新能力也是一个运动项目保持优势的灵魂。创新能力的要求比学习能力更高，因为，创新能力需要积累，需要沉淀，更需要对专项运动的热爱、专注与投入。创新能力是指怀疑、批判和整合能力，是研究者运用知识和理论，在艺术、技术和各种实践活动领域中不断提供具有经济价值、社会价值、生态价值的新思想、新理论、新方法和新发明的能力。创新能力主要包括创新意识、创新基础、创新智能、创新方法和创新环境等。

B.影响力与沟通能力。教练员要和运动员在运动训练和比赛中打好交道。凡是人都有思想活动，不管愿不愿意做思想工作，在训练和比赛中运动员总是会将各种思想问题暴露出来。如果教练员不能够很好地帮助他们去解决这些问题，那么，就无法驾驭这支队伍，无法很好地完成训练任务，更谈不上去实现既定的任务与目标。在整个运动训练和比赛过程中，教练员的影响力与沟通能力至关重要。人类具有追逐快乐、逃避痛苦的天性，没有人天生喜欢吃苦。训练的苦与乐，完全在于教练员的影响力。教练员可以营造一个快乐和谐的训练集体，在这个集体中大家以苦为乐。教练员可以影响运动员的态度，同样一件事，不同的态度会有不同的结果。教练员必须对训练工作的长期性、艰巨性、反复性有足够的认识，应具有自我牺牲精神、顽强的意志品质和拼搏精神；应关心和爱护运动员，与运动员建立广泛的心理相容；要善于了解运动员心态，掌握并运用相应的激励艺术，充分调动运动员的积极性；应具有善于控制自己情绪的心理品质，用敏锐冷静的头脑组织并指导运动员的训练与比赛，在各方面都成为运动员的表率，带领他们攀登竞技运动高峰。教练员应具有社会工作能力，能够争得学校、家长、社会对运动训练的支持，并善于协调好各方面关系，使运动训练能得到更多的支持。教练员要懂得各年龄阶段、各不同训练水平运动员的身心特征，具有对运动员和运动队进行管理教育的能力。

2. 运动员管理

在整个运动训练系统中，运动员是整个运动训练的主体。因此加强运动员的管理至关重要，它是运动训练管理系统中的一个核心环节。

（1）运动员选材

可以说，运动员选材是运动训练中具有决定性作用的首要环节。选拔运动员时要注意以下几个方面的要求。

①根据运动员的需求量，即根据供求关系确定运动员的选配。

②依据学校的实际情况和需要招收不同项目的体育特长生。

③针对不同项目区别对待。运动员的配置在必要时要向奥运会项目倾斜，同时还要充分考虑运动项目的影响力、实力、获奖效益等客观因素。

（2）运动员的合理流动

在运动训练管理中，要想提高工作效益和成才率，就必须实现运动队伍的优化组合、合理搭配。合理的人才交流是达到这一目标的必要条件。

①运动人才流动的现状。各省、市、区的运动人才流动的现状表现为流动但不平衡，且阻力大。

②运动员合理流动的基本原则。运动员合理流动的总原则是有利于运动员的开发、利用和培养。具体的原则包括四个方面：一是立足于人才培养，流动只是一个补充；二是以集体利益为主，兼顾地方和个人；三是双方受益；四是保护边远、落后地区的利益。

③促进运动员合理流动的具体方法。一是代训流动法，这是一种有偿流动，即委托单位给代训单位一定代训费；二是借聘合同流动法，人才缺乏和人才过剩的地区双方签订借聘合同，运动员在合同期转到借聘的单位，代表该单位参赛，合同期满仍回原学校；三是公开招聘和招考法；四是交流互补流动法，在各省、市、区和单位建立"运动员交流协作区"或通过其他方式进行人才的交流和互补；五是自由选择流动法；六是有偿转会流动法，在职业俱乐部已注册的运动员，可按照协会章程和规定，在各单位间进行有偿转会流动。

（3）运动员管理方法

对运动员的管理是一个十分复杂的问题。它涉及众多领域和多种因素。为了突出对运动员的管理效果，这里仅就经常运用于运动员管理的方法进行分析和阐述。

①目标激励法。人不能没有目标，不能没有追求。运动员把自己的青春奉献给体育运动事业，就自然希望在自己所从事的项目领域大显身手，盼望着成全自己的冠军梦，渴望着通过心血的付出验证自己的人生价值，正是由于每一位运动员都朝着自己追求的目标奋斗着，因此，运用目标激励法定可激发运动员的训练积极性。

运用目标激励法要注意目标选择的可及性。确定目标不能好高骛远，更不能可望而不可即。只有那些经过奋力拼搏而可实现的目标才能产生激励作用。为此，在运用目标激励法时可采用阶段目标确立法和总目标分解法。

②责任激励法。教练员要善于吸收运动员参加训练工作计划制订等活动，使运动员认识到这一训练计划的安排是自己参与制订的，形成目标实现的责任感。比如经常召开的赛前准备会，经过全体队员集思广益而有针对性地制订出的技战术方案，就容易被队员接受，并积极完成自己的主动行为。

③奖惩激励法。每个人都希望从别人那里得到赞扬，而不是批评。为了达到这种目的，表扬或批评就会对运动员产生吸引力或压力，从而产生训练动力。然而，在表扬时要注意物质奖励与精神奖励的统一，在批评时又要讲究方式方法，防止挫伤运动员的训练积极性。把握批评的时机是形成批评最佳效果的关键问题。

④利益驱动法。利益是在规定范围内，通过自己的能力、贡献而获取的正当收获。目前，各行各业所进行的人事分配制度改革中的岗位津贴或业绩贡献奖等，就是采用正当利益驱动而刺激人们全职服务于本职工作的具体体现。当今，各体育职业俱乐部为运动员设置的贡献奖和高额年薪制，都是驱动广大运动员奋力拼搏的有效方法。

⑤思想教育法。思想政治工作是克服困难、解决问题的有效武器。通过深入细致的思想工作，可以帮助运动员树立正确的人生观和价值观；可以化解矛盾，消除误解，使大家的思想行动统一起来；可以变消极为积极，变被动为主动，使大家的积极性被充分地调动起来。

（4）运动员管理的注意事项

运动员是整个训练体系的终端，运动训练是围绕运动员竞技能力提高而展开的，运动训练的成功与否要取决于运动员最终在竞赛中的表现水平。加强运动员的管理需要注意以下三个方面的要求。

①以人为本。在现代训练理论体系中，运动员不仅仅是作为一个生物人的身份出现的，更重要的是要从社会人的角度考虑。如果脱离了人的本身单纯去研究运动训练的强度、负荷量，而不去关心人在运动训练时思想、意志、情感的感受和变化，是不会收到良好效果的。因此，运动训练应以人为本。

以人为本就是着眼于塑造受训练者的理想人格，充分遵循和尊重人的身心发展规律、维护人的权利、关怀人的困难和痛苦、容忍人的弱点和缺点、以发展人的自主和独立意识等为特征，鼓励和促进人的创造才能的生成和成熟。

②提高运动员的整体素质水平。培养运动员树立远大理想，勇攀世界竞技体育高峰的宏伟志向，使他们养成吃苦耐劳、不怕挫折、乐观向上的生活习惯。

运动训练的过程，也是对运动员进行全面培养教育的过程。不仅需要培养在竞技场上"摘金夺银的健儿"，更需要培养在生活中有较强的生存能力、适应社会能力的全面人才。物竞天择，适者生存。如果仅从生物学角度对运动员进行训练，而忽视对运动员的人文素养的培养，那么运动员结束运动生涯之后，他们的人生之路该怎么走？对运动员不是仅负责一阵子，而是要负责一辈子，走可持续发展的道路。要想做到这一点，就需要对运动员进行全面的培养教育。

③解决好读训矛盾

A.领导重视、经费保障、管理到位。各级领导应充分重视运动员的文化课学习，齐抓共管，将文化课与金牌同等看待，充分认识到文化课学习是运动员退役后就业安置的前提；保证优秀运动队文化教育经费的足额投入，专款专用，并且逐年增加；改善优秀运动队文化课教师的待遇，优化师资队伍水平。

B.切合实际，增加教学的实用内容。优秀运动队现行使用的教材已不符合优秀运动队运动员的情况，应精简部分内容，保留基础知识，增加职业内容及就业、生存教育的内容。改革课程设置，调整教学内容，注重教学过程。针对运动员的特点，结合培养目标，注重基础知识和基本技能的传授与培养，增加人文社会学科和社会通用学科及实用学科的比重。在教学内容选择上，尽量结合运动员的实际情况和运动项目的特点，既要加强基础学习，又要突出重点。

读训矛盾不难解决，最主要的是能不能正确对待眼前利益与长远利益，能不能正确对待运动员的物质关怀与人文关怀的深层次的问题，以及是不是下决心去解决这个问题。

（二）运动训练财力资源的科学管理

1. 体育训练经费的预算与收支

（1）体育训练经费的预算

体育经费的预算，就是按年度对体育教育的各项经费进行收支预算。做好体育训练经费的预算是非常重要的，一般来说要依据以下几个方面进行。

①国家有关财政法规制度。

②当年度训练机构经费预算的指导思想。

③上年度收支指标完成情况分析和决算财务分析。

④体育训练机构对经费预算的内容要求。

⑤本年度开展训练活动及相关工作所需要的经费预测或者与上年度相比主要增减项目。

⑥本年度训练机构自我创收经费估计。

⑦熟悉预算科目和预算表格。

体育训练经费的预算应本着勤俭节约的原则，依据财务管理的规定和权限，履行相应的报批手续，严格执行国家和训练机构制定的财务制度与经费使用办法。

（2）体育训练经费的收支

①体育训练经费的收入。体育训练经费的收入来源主要有事业拨款、训练机构筹措、社会集资和自行创收等几个方面。

A.事业拨款。事业拨款是指从政府行政部门下拨的事业经费中用于体育的比例部分，主要包括维持训练工作开展的体育维持费、用于购置大型体育设备所用的体育设备费、体育场馆建设专项经费等。

B.训练机构筹措。这是指训练机构内部在创收、校办产业等方面的收入，主要包括教练员的奖励经费、酬金补贴等。

C.社会集资。社会集资是指训练机构（室）通过举办重大比赛、参加重大比赛以及体育场馆建设等向社会各界募集得到的赞助费。

D.自行创收。这是指训练机构通过合法的手段向社会人员提供有偿服务而获得的收入。

②体育训练经费的支出。体育训练经费的支出主要包括维持正常训练活动、场馆器材维护、运动队训练竞赛的体育维持费用；购置一些大型器材设备的费用，体育场馆的专项建设费用，用于体育管理机构的日常办公经费，用于教练员和行政后勤人员的酬金补贴和后勤经费等。

2. 体育器材经费管理

体育器材分为大型器材和小型消耗品。大型器材一般不会经常购置，只有小型消耗品需要每年添置。要加强管理，处理好体育器材的使用效率，降低体育器材成本，使体育器材经费发挥高效率的作用。

（1）采购器材预算

通过每年体育器材消耗费用、第二年增减项目的器材费用、教练员工作服、机动费用等来对年度采购进行预算。每年体育器材的消耗费用一般是固定的，如篮球、排球、足球、羽毛球等，每年在球和球拍的使用上消耗比较大。这笔费用是每年采购预算必列项目。第二年增减项目的器材费用一般是应对改革需要和特殊情况处理对器材购置做调整而准备的。各学校及体育机构需要根据自己的具体实际，可以集体采购，也可以由体育教师或教练员自己购买，但是必须纳入年度采购的预算项目内。机动费用一般是灵活经费，由于每年经费都会有一定的增减，机动费用是以备不时之需的。

（2）采购行为规范

在运动训练中，每年体育器材的磨损是比较大的，因此采购体育器材也是一笔不小的开支，采购的质量和渠道关系到有限的体育经费是否能够充分发挥作用。因此要杜绝这些经济交往中的不正常行为，并且要购买物美价廉的产品，增加采购透明度，规范采购行为。

（3）减耗增效

在使用体育器材时要注意合理的使用和维护，要充分发挥体育器材的作用，把其损耗降到最低。但是器材只要使用就肯定会有损耗，因此一定要在管理方面加大力度，建立健全的体育器材管理制度，规范器材管理，减少不必要的损失，同时合理减少体育器材采购的开支。

3. 体育活动经费管理

体育活动经费是训练活动顺利开展的基本保证。体育活动经费管理人员要遵循群体活动经费的使用规律，把每一分钱都用在运动员的身上。

体育运动训练竞赛的经费开支主要有组织编排费、裁判劳务费、添置器材费、体育竞赛奖品费等。缺少任何一项都有可能影响体育竞赛的顺利进行。

（1）组织编排费是负责编排的教练员组织制定竞赛规程、召集有关人员开会布置工作、培训裁判、编排竞赛日程、准备裁判器材、安排裁判和比赛队、准备奖品等各种竞赛事项所得的报酬。

（2）裁判劳务费的标准要根据各校或体育机构的具体实际来制定，并且教练员和运动员要有所区别，在一定的情况下，可以给予适当的经济补贴。

（3）添置器材的费用一般在年度体育器材预算中已经体现了，如出现事先无法预料的事情，需要临时添置物品等，则要动用机动费用。

（4）体育竞赛奖品费应以鼓励运动员为主，以经济奖励为辅；集体荣誉为先，个人荣誉在后。因此，在奖励分配上，要重集体、轻个人，加重集体名次的奖励，个人名次以发给荣誉证书为主，也可以发给少量奖金。

4. 体育教研经费管理

充足的体育教研经费是保障体育学科发展的重要条件，其主要包括以下内容。

（1）外出考察观摩学习费用

对于学校体育运动训练而言，在体育课程教学改革过程中，对上级下发的文件的理解每个学校都会存在着差异，要想充分理解就必须通观全局，找到适合本校的改革方案，进一步改进本校的体育课程教学，外出考察观摩学习便是一个非常好的方法。因此，每年的体育经费预算中就需要列入外出考察的费用。

（2）出席各级体育科研研讨（报告）会议费用

体育教练员进行体育科学研究要发表论文，论文发表后，体育教练员就可能被邀请参加各级体育科研论文报告会，年度经费预算中这也是不可缺少的一部分。

（3）邀请有关专家做科研成果鉴定的费用

在体育科研项目中，为了鉴定科研成果，必须邀请有关专家来做评估和调研。年度经费预算中也应该列入此项。

5. 体育竞赛经费管理

以学校体育运动训练的经费管理为例，体育竞赛费用主要指的是学校体育代表队进行校外大型比赛的经费开支，可以执行专款专用的模式，也可把经费细化，这些竞赛大多都会关系到整个学校的荣誉问题，因此管理要到位。

（1）**运动员训练补助**

在学校中，运动员的训练不同于学生体育协会的活动，他们是为学校争得荣誉的。他们参与训练需要消耗体力，要有营养补充，而这笔费用在非训练学生中是不需要的。这些补助发放的依据是运动员的等级、贡献的大小、技术水平的高度等要素。

（2）**教练员训练课酬**

教练员训练课酬不同于其他公共课，因为竞赛需要教练员全身心投入，而且要根据每个成员的情况随时调整训练计划。不仅要抓运动员的训练，抓文化学习，还要抓思想作风，抓生活，抓招生（体育特长生），外出比赛还需要联系交通车，比赛期间要解决运动员的洗澡、吃饭、住宿问题，还要随时掌握竞争对手的情况等，这些需要耗费很大的精力。为了让教练员能集中精力搞好训练和竞赛，学校应该有一定的倾斜政策。

（3）**运动员比赛服装**

运动员的比赛服装要求每年在大赛前添置一套，配置两短一长一双鞋，也可根据本校情况增加配置。经费按照市场价格决定，服装要求符合竞赛规则、实用、美观、耐久。

（4）**训练竞赛器材**

训练竞赛需要配备专门的体育器材，要贴近实战要求，宜高不宜低，因为它的质量和档次直接影响比赛的结果。

（5）**校外竞赛费用**

校代表队进行校外竞赛时，根据距离远近，花费也不一样，近距离时需要交通车，远距离时需要交通费，甚至需要住宿费、餐务费等。这些都需要在年度预算中列支。

（6）**外出招体育特长生经费**

为了学校体育教育发展，教练员有时会外出招体育特长生，这是一笔不小的经费。它需要长期的礼尚往来、情报沟通。除了一般的工作关系外，还需要有感情交流，才能招到满意的体育学员。一般包括差旅费、交际费、电话费等各种费用。

（7）比赛奖励

校代表队在正式比赛中取得好成绩，理应进行奖励。奖励可以鼓舞运动员的士气，也可以利用重奖作为招生的有利条件，吸引高水平队员来校就读。

奖励要分级别，分名次。不同级别的比赛及获取不同的名次有不同的奖励。一般情况下，省一级比赛取得前六名就应有奖励。奖励也是学校代表队可持续发展的措施之一。

（三）运动训练物力资源的科学管理

运动训练物力资源管理主要包括对体育场馆、体育场地、体育器材等的管理，这是训练管理的重要组成部分。

1. 体育场地设施科学管理的基本要求

（1）体育场馆管理的基本要求

体育场馆是开展运动训练所必需的硬件设施，为了保障体育教学工作的顺利进行，体育场用的有效管理是至关重要的。体育场馆的管理有以下几个方面的要求。

①卫生整洁，环境优雅。体育场馆必须做到整洁、安全、环境优雅。在体育场地周围两米以内不能有障碍物，长期使用的大型器材应相对固定摆放，并定期进行检查维护，以保证安全使用。体育器材和场馆地面要保持卫生，对其进行定期的消毒和保洁，保证师生的身体健康。体育场地周围和体育馆内的环境尽量保持优雅舒适，使运动员在训练时心情愉快，这是体育场馆有效管理的方法之一。

②环境安静，不影响训练。体育环境的管理并不仅仅局限于体育场馆内部，也会受到来自课堂外部的一些因素的影响，譬如其他人的走动或者观望等，势必会分散一部分运动员的注意力，甚至引起混乱。因此教练员必须正确对待和处理这些外界环境因素。

③制度健全，责任分明。体育场馆管理是一项非常复杂的工作，需要管理人员保持耐心，对工作负责。因为体育场馆中的很多工作都是周而复始的，比如保洁人员每天的工作都是打扫同一个地方，收拾同一件物品，管理人员有时会检查同一批器材，巡视同一个地方。简单工作的单调重复，会让人感觉枯燥，并容易产生视觉疲劳、精神疲惫，使人对工作失去激情，时间长了对工作的热情就会降低，情绪就会下降，致使工作质量缩水、淡化。所以，对工作进行制度化、常规化管理是非常有必要的，可以施行岗位责任制；可以采用周期安排，以一周或一月为一周期。按照事情的轻重缓急将各项工作均匀地安排在一个周期内，这样，在保证工作不单调的同时又能把需要做的事都做完。而且要把工作的质量以制度的形式规定下来，循规办事，就可以有效地保证工作的正常进行，有利于工作人员操作和管理人员检查。

（2）体育器材管理的基本要求

体育器材的管理工作异常复杂，需要分门别类和经常的保养和维护。学校体育器材的管理需要做到以下几个方面。

①体育器材要分门别类放置。使用频率不同的分开放，不同材质的分开放，形状不同的分开放。标枪、横竿、铅球、篮球、排球、足球等要上架；服装、小件器材要入柜；羽毛球拍、网球拍等要悬挂整齐。

②外借体育器材要手续齐全。器材管理人员在外借器材过程中，首先要当面点数检验器材，做到如数、完整、完好；最后回收器材时，也要当面检验，而后一次性地放回原来的位置，严禁随意堆放。

③保持体育器材室的清洁。体育器材室内应该随时保持整洁的状态。卫生工作要每天一小扫、每周一中扫、每月一大扫，要做到每个角落都清洁。经常保持一个优美舒适的工作环境，通风条件要好，减少细菌的传播，保证师生的身体健康。

2. 体育场地的日常管理

（1）塑胶跑道场地的管理

一般来说，塑胶跑道场地的性能是任何场地都不能比拟、不能代替的，它已成为现代化的国际比赛的标准场地，是田径运动场的重要标志之一。为了提高塑胶跑道的使用年限，保持其性能色泽的稳定，必须加强管理和维护。对此，要做好以下几个方面的工作。

应按塑胶场地适应范围合理使用，一般只供场地所承担的专项训练和比赛使用。塑胶场地禁止各种机动车辆在上面行驶，以防滴油腐蚀胶面。禁止携带易爆、易燃和腐蚀性物品进入塑胶场地，严禁在场地上吸烟和吐痰。发令枪要妥善保管，以免走火损坏场地，更不得用锋利器物穿刺、切割。进入场地者必须穿运动鞋。跑鞋鞋钉不得超过9毫米，跳鞋鞋钉不得超过12毫米。为防止剧烈的机械性冲击和摩擦，严禁在塑胶场地上使用杠铃、哑铃、铅球、铁饼、标枪等器材，以免场地的弹性减弱和变形。还要避免长时间的重压。紧靠内侧沿的第一、二条跑道使用较多，平时应限制使用，必要时可设置障碍物。跑道上的各种线和标志要保持清晰醒目，模糊后要及时喷一层塑胶液，重新描画标志线。

场地除需要天天清扫、有污秽随即清洗外，还要做到每季度大洗刷一次，污秽重的地方可加适量洗衣粉擦洗。比赛前后要冲洗，夏季炎热天气要喷洒凉水，以降低其表面温度。场地如发生碎裂、脱层等现象，应按规格要求及时修补，以防蔓延。场地和周围的铅球区、沙坑、草地要经常洒水，以防尘土飞扬，影响场地的清洁。场地下水道要时常清理，以防堵塞，影响场地的正常使用。

（2）煤渣跑道的管理

禁止在跑道上行驶各种车辆（含自行车），禁止行人横越跑道。跑道表面经常保持30%左右的湿度，因为跑道的湿度会影响跑道的硬度。干旱季节最好每天傍晚洒水，以降低地面温度，便于地下水气融合。

在进行比赛前，体育场地维护人员要修整场地、平整跑道、喷水、压实，使用后也要修整场地。夏季，跑道黏性较差，尘土大，为保证训练或比赛的顺利进行，使用前后都要洒一次水，以调整场地软硬度。冬季和雨季前，要做好一些保护性工作，确保场地四周必须有良好的排水通道并保持畅通，认真检查和修缮排水通道，如入冬前保护好 3000 米障碍跑的跑道；雨季前疏通下水道、清除杂物等。冬季也要经常洒水，以防大风吹掉表面的浮料，并最好选择中午太阳光照充足的时候，适当的水会迅速渗透下层，表面不致结冰。下雪后，清理堆雪时要注意轻扫，防止表层煤渣被扫走，以免引起地面不平，损坏跑道。场地上的杂草应随时铲除，雨季更应加强除草工作。有条件的场地周围应种上树木，净化空气，防风尘，保护地面，保持清洁。

（3）水泥混凝土场地的管理

如果水泥混凝土场地能得到很好的维护与保养，其使用寿命就会很长，而一旦出现破损，破损面积很快就会扩大。因此做好预防性、经常性的维护工作非常重要。

水泥混凝土场地上的砂、石、泥土和污物要及时清扫，保持整洁。雨季应及时清除积水，冬季应及时清除冰雪。在不同季节及时填充或铲除填缝料，保持接缝完好，表面平顺。填缝料的主要功能是防止雨水从接缝处渗入基层，并避免砂、石等杂物嵌入接缝内导致水泥混凝土板壁被挤碎。

填缝料应具备夏季高温时不流动的特性，在使用过程中保持一定的弹性和耐久性；冬季混凝土面板收缩变化时与缝壁黏接牢固不脱开。选择在当地气温最低时对较大接缝空隙进行灌缝填料。当气温上升填缝料挤出缝口时，应适当铲除并设法防止砂、石挤进缝内。对宽度在三毫米以下的非扩展性裂缝，可用沥青、环氧树脂等低黏性材料灌注。

（4）草坪场地的管理

一般情况下，草坪场地主要用于足球、棒球、垒球、板球、高尔夫球以及部分田赛等项目，使用草坪场地的时间要根据季节和草的生长情况来安排，具体使用时间应根据当地气候等方面的条件来确定。

作为草坪场地的维护管理人员要禁止机动车辆进入草坪。田径运动的掷标枪、铁饼和推铅球等项目，只能在比赛时使用草坪场地，训练时尽量不使用或少使用。一切使用单位和使用者都必须严格遵守草坪场地的使用规定，爱护草坪和场内的一切设施，并且注意场内卫生。

草坪场地的管理人员要及时了解各种草的生长规律，了解运动场草坪养护的一般标准。根据标准进行维护和管理。

（5）木质场地的管理

如果没有得到主管部门或主管人员批准，任何单位和个人均不得进入场地内训练或活动。进入场地的人员必须穿软底鞋，禁止穿皮鞋、高跟鞋和带钉鞋入内。场内严禁吸烟、吐痰和泼水。禁止在场内踢足球、投掷、拖拉重器械。场内固定器材不得随意移动。比赛前后布置和收拾器材用具时，要注意轻拿轻放。

木质场地的维修与保养工作主要包括涂地板蜡、涂地板油、涂防滑油，还有对防滑膜地板和海绵垫（包）、地毯覆盖地面的维护。

（6）游泳池（馆）的管理

①游泳池水质要求。游泳池水直接与人体皮肤、五官相接触，为防止水对人体的侵蚀和疾病的传染，国家对水质的卫生条件有严格的标准。一般来说，游泳池水质与饮用水的水质相同，在有些方面如水温还有更高要求，游泳馆内室温一定要比水温高出 $2℃\sim3℃$，还要保证水温相对稳定，水温一般在 $26℃$ 左右为最好。对游泳池的补充水量、游泳池水循环周期要求也有严格标准。

②游泳池水质保护。对于游泳池水每年更换次数和时间，国家有关部门都有出台相关规定及设计要求，应该严格遵照执行。水质正常时一般可一年换水一次。

更衣室、通道和池边走道在开放前后都应用水清扫、擦洗、消毒。淋浴室通往游泳池走道中间应设强制通过式淋浴走廊及浸脚消毒池。浸脚消毒池池水含余氯量为 $5\sim10$ 毫克/升，且 4 小时更换一次。最好每周清理一次池底，以保证池底无沉积物。

游泳池使用中，水质情况应与当地卫生防疫部门取得联系，定期取池水水样进行化验，每周至少化验两次，如果发现池内有致病菌，必须更换新鲜水，同时要根据实际情况，一天多次或定时循环过滤或将泳池水全部抽换。

根据每次水质检验报告，及时调整混凝剂、消毒剂、中和剂等的投入量，以保证池水符合水质规定要求。

③游泳池的维护。游泳池对外开放前后都应将溢水槽洗刷一遍，并将堆积物排出，使排水口通畅，同时要捞出池水表面的杂物，另外，要将池底污物清除。泳池外的地面，一定要保持清洁，做到池边无青苔、无杂物。每天应打扫一到两次，并用水清洗。

更衣室、通道和池边走道在开放前后都应用水清扫、擦洗、消毒，以防游泳者将不洁物带进水中。游泳池正常使用情况下，要求每天对池底及池壁进行一次清洗。

游泳池停止开放后，在北方地区使用晾池的方法保养池子。大约在 10 月中旬用稻草帘铺盖池面、池壁和池底，以防冬季冻裂池子。防冻应由专人负责，同时注意防止发生火灾。在南方地区，池子使用后不放水，用水温保护池子。在北方只有深水池铺不了稻草帘时才用水温保护池子。如池水结冻，则应每天早、晚两次用棍棒敲碎池边冰块，以防涨坏池子。

游泳池停用后，将淋浴室和厕所等处的喷头和把手以及饮水器之类的器材拆下来，妥善保存，以免腐蚀，以便再用。此外，要把过滤罐中的滤料倒出来晾晒和过滤，排出杂物。然后用水冲洗滤罐，滤料冲洗晾干后，再一层层装好，以便再用。游泳比赛器材在比赛结束后要有专人妥善保管，防潮、防霉变。同类器材放在一起，不要混放。

（7）滑冰场的管理

①修整冰场。冰场使用一段时间后，四边（尤其是四角）会比其他部位厚一些，这时就应对冰场进行修整。常用的方法有两种：第一，把制冷机器停开数日，使冰面自然融化，到了所需高度，开动机器重新冻冰。第二，用修边器或打边机首先将四边及四角高出的地方修整得与整个冰面厚度相同，其次用冰车刮刀找平，最后浇水，使冰层冻至所需厚度。修整冰场一般每月应有一次。

②冻冰、化冰。冻冰工作顺序：安装界墙→水刷场地→画比赛用线→开机预冷（6～8小时）→浇第一遍水（浇水前要塞住可能跑水的缝隙）→浇第二遍水（待第一遍水冻上之后）。冰场浇水，一般用四根皮管较合适，由四人每人手持一根皮管，自场地中圈向四处浇，要求水量、时间、速度都保持一致。

浇水的人员要穿防寒服。每次浇水时，要让水管平稳地滑动，不可停留某处。浇完后将水管拿出界墙外。冰面的薄厚要经过测量，达到所需厚度后再用扫冰车浇过热水后方可使用。化冰工作较为简单，停开制冰机器，即可使冰面自然融化，如场地还要搞其他非冰上活动，也可动员人力破冰。化冰前把冰球门和速滑用海绵垫等比赛用品收起，放于干燥处。化冰后，要对冻冰机和扫冰机等进行检查维护和保养。

3.体育场馆器材的日常维护

一切训练活动的正常开展必须依赖于体育场馆设施和器材设备等物质条件。从体育场馆器材管理的实际出发，建立相应的体育场馆器材管理机构，制定各种体育场馆器材管理规定，努力提高体育场馆的使用率。在确保正常教学、训练、竞赛活动的前提下，积极利用现有体育场馆器材条件，为校内外提供有偿服务，实现社会效益和经济效益的统一。

（1）体育器材的种类

体育器材一般可分为比赛器材、教学训练器材和一般性器材。

①比赛器材。比赛器材必须符合该运动项目规则对器材的要求，如球类项目使用球的重量、直径或圆周、充气量和颜色等必须符合比赛规则的有关规定。此外，质量也至关重要，必须能保证运动员的安全。比如体操比赛用的单杠、吊环、跳马、鞍马、高低杠和平衡木等器械就必须能承受比赛时的运动负荷。实践中选择比赛使用的器材设备还应考虑其耐用程度、使用的方便程度和美观程度等。

②教学训练器材。教学训练器材必须适应教学和训练的要求，其种类和数量必须满足教学与训练的基本需求。教学训练器材品种多、数量大，且必须经久耐用，如田径运动的教学训练器材一般有杠铃、哑铃、沙护腿、沙背心、跳绳，以及各种重量的铅球、铁饼、链球、标枪和实心球等。

③一般性器材。一般性器材是举办任何活动都离不开的器材，即通用性的器材，它不是体育比赛和教学训练的专用器材。最常见的一般性器材有桌子、椅子、凳子、

扩音器、运输工具、常用的各种修理工具等。

（2）体育器材的管理

①购置

器材设备的质量直接影响比赛水平的发挥和教学训练的效果，更关系到运动员的安全，同时与器材设备的使用寿命和效益大小密切相关。生产使用的材料和工艺决定了器材设备的质量。所以在购置器材设备时，要对生产厂家和选购的器材进行深入的了解和考察，严把质量关。

由于一些国际单项协会对比赛器材设备上制造厂商的名称、标记或商标的字号、高度等有比较严格的规定，因此，在购置比赛用的器材设备时，更应按比赛规则的要求把关，看其是否符合比赛规则中的有关规定。如果不具备相关知识，往往使购进的器材设备不能用于国际比赛中，既影响了比赛又造成了资源的浪费。

②入库管理

进入器材室或器材库的器材，应根据发货单进行验收，然后登记入库，通常采取填写器材登记表的形式登记器材设备。登记表应包括器材设备的名称、数量、单价、规格、生产厂家、入库时间和备注等。

器材设备的保管多采用分类保管，且必须保证器材设备的质量不受影响。例如，跳高和撑竿跳高用的横杆、标枪等器材的保管，必须保证横杆和枪身不变形。多数器材应放在特制的架子上，大型的器材设备可置于干燥的地面上。

体育器材的种类和数量有很多，使用范围广，更新周期不一致。为加强管理，便于维护，延长使用寿命，必须建立设备档案。首先，对器材进行分类编号，用编号表示器材种类、使用部门、器材序号。其次，将相关的技术资料整理归类，即将设备的品种、名称、规格、价值、数量、生产厂家、购买日期、使用部门、技术数据及使用说明书等有关资料按编号整理保存。

总体来说，每一种器材设备的保管方法都应符合该器材设备的特殊要求，任何器材设备都不能置于露天处，不能受风吹、日晒、雨淋的侵蚀。在器材室或器材库醒目处都应该有本室存放器材设备的目录和地点，具体存放处还应该有本处存放器材设备的名称和数量记录。

③日常管理

A. 制定体育器材使用的方法和制度。制定体育器材使用的方法和制度以便正确使用器材，规定体育器材使用的借用手续、使用方法、归还方法和非正常损坏的赔偿办法等，以此减少不必要的消耗和损坏，以延长器材的使用寿命。体育器材借用手续，多凭工作证、学生证或个人身份证办理，借用一些特殊的体育器材还应交付一定的押金。使用办法包括正确使用的流程、禁止的事项。一些固定性的体育器材附近应注明使用的方法和注意事项。在一些体育器材的使用过程中，还应该做好现场指导、监督工作。体育器材使用后，应归还原处，在归还时，工作人员应核实归还数量与借出数量是否符合，器材是否损坏，并做好记录。器材如有非正常损坏，应根据损坏情况和相关赔偿制度做出恰当的处理。

B.制定清点检查器材设备的制度。为管理好体育器材设备，必须根据各种设备的特点建立清点检查器材设备的制度。通常对于所有器材设备来说，都必须有年终的清查、比赛前的清查和赛后的清查，清查是为了把不能继续使用的器材设备进行及时维修或报废更新。

C.体育器材设备的维护和保养。体育器材设备种类繁多，其制作材料更是多种多样，有金属、木材、人造革、皮、橡胶、棕、毛、布和化纤材料等。器材设备的材料不同，其维护和保养的方法也不同。例如，对于金属器材，可以在其表面上漆或上油。针对木材制品防潮变形的问题，可以根据实际情况给其外表涂油漆、蜡封。皮革制品必须防潮，忌暴晒，长期保存必须涂保革油。凡用橡胶制作的器材设备要防止加速老化，禁止与油漆接触，忌存放在高温环境里。许多体育器材设备，如单杠、双杠、高低杠、铁饼和链球的护笼等，都有一个安全使用的问题。而这些器材设备，达到了一定的耗损程度时要及时更换。电子设备不能长期放置不用，每过一定时间应进行试运转。体育器材的维护管理要科学地安排保养时间和保养内容，并把责任落实到具体的工作人员。要以文字形式提出具体的器材保养要求，如果是进口器材，则应及时将外文部分翻译成中文。要制订日、周、月、季、半年、一年的维护计划。一般日常维护都由服务人员、使用人员承担，大型设备的定期保养由专业维修人员承担。总负责人要定期、不定期地检查器材的维护、管理工作状况，及时发现问题，做出恰当的补救措施。

4.体育场馆的安全卫生管理

（1）体育场馆安全事故的预防

①建立完善的安全制度和安全管理体系。体育场馆的安全关系到人的生命安全，所以要特别重视体育场馆的安全管理，把安全工作放到重要的议事日程上，建立一个科学、完善的安全管理体系，包括安全操作、维护保证体系。

②加强对管理人员的安全培训，强调预防为主。通过对体育场馆管理人员的培训，使管理人员认识到安全的重要性，认识并熟悉安全管理制度，提高其贯彻以预防为主的自觉性和处理安全事故的能力。培训的内容应涉及设施安全、人员安全、消防安全、治安安全等方面。在管理的过程中，强调以预防为主，注意总结经验，摸索规律，采取相应的防范措施和手段。

③加强对人流的疏导。由于体育场馆人流数量大，人流主要有观众、运动员或表演人员、工作人员，便各自流线人流畅通。因此，观众人流与其他人流应隔开。其主要方法是设置观众专用入口、通道或楼梯；工作人员、运动员、贵宾都有相应的专用通道和入口。合理组织、均匀布置内部和外部的通道和疏散口，以保证人流在正常和非正常情况下都能得到安全迅速的疏散。观众席的疏散出口和疏散走道的入口、转折

处应设置疏散标志灯。疏散走道内应设置疏散指示标志。疏散内走道应设有天然采光和自然通风装置。

（2）体育场馆卫生管理

体育场馆卫生管理工作要求针对本场馆的实际，划分卫生区域，建立责任制，做到责任落实到人，职责和标准清楚。坚持卫生工作标准化、检查制度化，做到自查与抽查相结合、普遍检查与重点检查相结合。

体育场馆日常卫生工作标准可根据不同区域、不同设施来制定。以下标准可供参考。

①体育场地卫生标准：地面无尘土，无杂物（烟头、纸屑等），无痰迹，无污点（口香糖迹等）；饮水台清洁，干净，无杂物；标箱和果皮箱内外清洁，无污渍；天花板无灰尘，无蜘蛛网，墙壁洁净无污迹；门板干净，清洁；玻璃干净，明亮，无污点。

②观众席卫生标准：地面清洁，无垃圾，无污迹，不黏脚；座椅干净，无污物，无灰尘；通道和楼梯干净，死角无脏物；墙面及护栏无尘土、无污迹。

③厕所卫生标准：地面清洁无污点，无痰迹，无杂物；墙壁瓷砖无水锈，隔扇门干净无污迹；洗手池和地漏不堵，清洁无杂物，无异味；便池无粪迹，无尿碱，无水锈；水箱、管道和镜子干净，无污迹；灯罩和灯泡无灰尘。

参考文献

[1] 史健，王凯 . 大学在线体育教学研究 [M]. 北京：中国商业出版社，2021.

[2] 于炳德 . 高校民族传统体育教学改革 [M]. 哈尔滨：哈尔滨出版社，2021.

[3] 李进文 . 高校体育教学与体育文化融合发展研究 [M]. 北京：中国原子能出版社，2021.

[4] 施小花 . 当代高校体育教育理论与发展探究 [M]. 长春：吉林人民出版社，2021.

[5] 李慧 . 高校体育教学改革与科学化训练研究 [M]. 沈阳：辽宁大学出版社，2021.

[6] 张琦，柴猛 . 大学体育教学改革与创新 [M]. 长春：吉林科学技术出版社，2020.

[7] 任波，李广国 . 大学体育有效教学艺术 [M]. 长春：吉林科学技术出版社，2020.

[8] 张军，沈建国 . 大学体育教程 [M]. 杭州：浙江工商大学出版社，2020.

[9] 尹新 . 大学群众体育发展研究 [M]. 长沙：湖南大学出版社，2020.

[10] 刘斌，马鑫 . 新编大学体育与健康 [M]. 成都：电子科技大学出版社，2020.

[11] 文渭河，杜清锋 . 当代大学体育健康教程 [M]. 长春：吉林人民出版社，2020.

[12] 杨成，吴正峰 . 大学公共体育俱乐部教程 [M]. 武汉：华中科技大学出版社，2020.

[13] 邱天 . 高校体育创新思维的教学与实践 [M]. 厦门：厦门大学出版社，2020.

[14] 冯伟 . 大学体育选项教程 [M]. 苏州：苏州大学出版社，2020.

[16] 曾佳 . 大学体育教学与管理研究 [M]. 长春：吉林出版集团股份有限公司，2019.

[16] 李尚华，孟杰 . 大学体育教学与管理实践 [M]. 长春：吉林出版集团股份有限公司，2019.

[17] 肖春元 . 大学体育篮球教学改革研究 [M]. 哈尔滨：黑龙江教育出版社，2019.

[18] 时保平.健康、传承、弘扬：大学体育武术教育教学模式多元化构建研究 [M].成都：四川大学出版社，2019.

[19] 徐勤儿.大学体育 [M].苏州：苏州大学出版社，2019.

[20] 施小菊.体育微格教学 [M].厦门：厦门大学出版社，2019.

[21] 邱建华，杜国如.体育与健康教学研究 [M].南昌：江西科学技术出版社，2019.

[22] 李晨.大学体育选项教程 [M].天津：天津科学技术出版社，2019.

[23] 文雄，王永莲.大学体育（第 2 版）[M].重庆：重庆大学出版社，2019.

[24] 罗燕.大学体育与健康 [M].成都：电子科技大学出版社，2019.

[25] 张义飞，刘俊.大学体育 [M].长春：吉林大学出版社，2018.

[26] 李建新，薛胜.体育 [M].北京：研究出版社，2018.

[27] 陈志伟，林致诚.大学体育与健康教程 [M].厦门：厦门大学出版社，2018.

[28] 张清华，周鹏副.大学体育进阶教程 [M].徐州：中国矿业大学出版社，2018.

[29] 张天成，张福兰.中学体育教学设计 [M].成都：西南交通大学出版社，2018.

[30] 金向红，陈德泉.新编大学体育 [M].苏州：苏州大学出版社，2018.

[31] 王庆贤，东芬.大学体育教程 [M].苏州：苏州大学出版社，2018.

[32] 王勇.大学体育教程 [M].大连：大连海事大学出版社，2018.

[33] 张振香.新编大学体育与健康 [M].北京：中国书籍出版社，2018.

[34] 张艳.高校体育教学与体育竞赛活动研究 [M].北京：北京工业大学出版社，2018.